贵州省民族宗教事务委员会资助项目
贵州民族大学民族学学科与博士点建设资助项目

XIANGYE TIYU

TIYU RENLEIXUE LILUN HE SHIJIAN

乡野体育

——体育人类学理论和实践

杨世如　胡小明◎编著

中央民族大学出版社
China Minzu University Press

图书在版编目（CIP）数据

乡野体育：体育人类学理论和实践／杨世如，胡小明编著
—北京：中央民族大学出版社，2018.6 重印
ISBN 978-7-5660-1164-0

Ⅰ.①乡…　Ⅱ.①杨…②胡…　Ⅲ.①体育—人类学
Ⅳ.①G80-05

中国版本图书馆 CIP 数据核字（2016）第 024559 号

乡野体育：体育人类学理论和实践

作　　者	杨世如 胡小明
责任编辑	舒　松
封面设计	汤建军
出 版 者	中央民族大学出版社 北京市海淀区中关村南大街 27 号　邮编：100081 电话：68472815（发行部）传真：68932751（发行部） 68932218（总编室）　68932447（办公室）
发 行 者	全国各地新华书店
印 刷 厂	北京建宏印刷有限公司
开　　本	787×1092（毫米）　1/16　印张：18.5
字　　数	290 千字
版　　次	2018 年 6 月第 2 次印刷
书　　号	ISBN 978-7-5660-1164-0
定　　价	98.00 元

序　　一

我国体育历史悠久，但“体育”却是一个外来词。它最早见于20世纪初的清末，当时，我国有大批留学生东渡去日本求学，仅1901年至1906年间，就有13000多人。其中，学体育的就有很多。回国后，他们将“体育”一词引进到中国。

在我国，“体育”这个词最早见于1904年，在湖北幼稚园开办章程中提到对幼儿进行全面教育时说：“保全身体之健旺，体育发达基地。”在1905年《湖南蒙养院教课说略》上也提到：“体育功夫，体操发达其表，乐歌发达其里。”最早创办的体育团体是1906年上海的“沪西士商体育会”。1907年我国著名女革命家秋瑾在绍兴也创办了体育会。同年，清皇朝学部的奏折中也开始有“体育”这个词。辛亥革命以后，“体育”一词就逐渐运用开来。

体育是人类社会发展中，根据生产和生活的需要，遵循人体身心的发展规律，以身体练习为基本手段，达到增强体质，提高运动技术水平，进行思想品德教育，丰富社会文化生活而进行的一种有目的、有意识、有组织的社会活动，是伴随人类社会的发展而逐步建立和发展起来的一个专门的科学领域。体育的概念有广义和狭义之分。

广义的体育概念是指以身体练习为基本手段，以增强人的体质，促进人的全面发展，丰富社会文化生活和促进精神文明为目的的一种有意识、有组织的社会活动。它是社会总文化的一部分，其发展受一定社会的政治和经济的制约，并为一定社会的政治和经济服务。

狭义的体育概念是一个发展身体，增强体质，传授锻炼身体的知识、技能，培养道德和意志品质的教育过程；是对人体进行培育和塑造的过程；是教育的重要组成部分；是培养全面发展的人的一个重要方面。

人类学（anthropology）是从生物和文化的角度对人类进行全面研究的学科群。此词由 anthropos 和 logos 组成，从字面上理解就是有关人类的知识学问。最早见于古希腊哲学家亚里士多德对具有高尚道德品质及行为的人的描述中。1501 年，德国学者亨德用这个词作为其研究人体解剖结构和生理著作的书名。因此，人类学在 19 世纪以前，相当于我们今天所说的体质人类学，尤其是指对人体解剖学和生理学的研究。进入 19 世纪后，欧洲许多学者开始对考古学化石遗骨的发现感兴趣，这些化石遗骨常伴有人工制品，而这些制品在如今的原始民族中仍在使用，所以学者们开始注意如今原始种族的体质类型和原始社会的文化的报道。这些情况最初是由探险家、传教士、海员等带到欧洲的，而后人类学家也亲自到异文化中去搜集这方面的材料。因此，人类学中关于人类进化不仅仅关注人类解剖学和生理学，并进一步从体质、文化、考古和语言诸方面对人类进行广泛综合的研究。当然，由于各国学术传统的差异，对人类学的名称及各分支学科有不同的理解，在欧洲大陆，“人类学”一词仅作狭义的解释，即专指对人类体质方面的研究，对人类文化方面的研究则称为民族学或文化人类学。总之，19 世纪中叶以后，人类学发展成为主要发掘人类社会“原生形态”的一门学科。

和其他学科相比，人类学田野工作（field work）是人类学最特色的。人类学家进入要研究的文化群体，对这一族群及其文化进行的调查和研究，被称为田野工作。其特征是研究者长期与被研究者居住在一起，参与观察当地的生活，研究其社会结构，了解当地人的思想观念，以达到研究者应该有的工作需要。田野工作研究者收集资料和建立理论规则的主要依据。文化人类学的田野工作开始于摩尔根对易洛魁人的实地调查。如今的田野工作新趋势是“逐渐着重于特定问题或理论的探讨”。田野工作既是一个人为的过程，也是一个科学的过程，它是文化人类学的核心。

体育人类学是从体育的角度去研究人类全面可持续发展的一门学科。作为体质人类学和文化人类学的结合点，它揭示和分析人类与体育相关的因素，综合研究人类的体育问题。它从人类发展的漫长过程中研究体育的一般规律及其在理论上表现的具体形式，揭示体育过程的内在结构，在不同形式的体育过程和与之相似的社会现象中寻找共同的规律。体育人类学的主要研究对象包括：体育原理，以建立全面认识体育的新视角；民族体育，以深挖和弘扬人类传统文化遗产；竞技，以摆脱单纯追求人体极限的误区；定位和标示，以把握未来人类体育的发展轨迹。

一般而言，人类学着眼于人类的过去和现在。但就其新分支和属于应用人类学范畴的体育人类学来说，不能不把目光投向未来。文明的进步带来生存环境的异化，也导致体质的弱化。生产方式的突变，导致人类的体力不再是生产力的衍生因素，这必将引发体育方式的彻底变革。体育人类学正是要结合体质和文化人类学，探讨社会的异化导致的体育需求，揭示体育与人类其他人文社会实践活动的联系，确立体育在未来社会的行进方向。健康，体现着人类对自身前途和命运的基本关怀；体育，是追寻健康的积极方式，是体现这种基本关怀的最佳执行者。体育人类学，为实施基本关怀提供理论依据。国际人类学与民族学联合会第十六届世界大会期间，体育人类学者将在相关专题会议上共同探讨如何将体育和人的健康幸福更加紧密地联系起来，以保持人类作为一个生物物种的生存活力。

网络时代信息传播技术带来及时的前沿动态，极大地方便了资料的查阅，同时也为炮制学术垃圾提供了许多便利，给传统的研究方式带来时尚的负面冲击。在一个未知因素增多、突发事件频发、生活节奏加快、心态相对焦虑浮躁的时代，人类的体育行为随社会发展浪潮起伏，体育研究更需要避免肤浅化浏览甚至随意联想臆断，跨越其他学科早已迈过的看图识字空谈概念的初级阶段，走出书斋，脚踏实地深入事实正在发生的第一线进行实证调查，遵循公认的学术范式进行专心致志的理论思考和创新。因此，人类学方法在体育研究中得到重视，顺理成章。

体育是文化，但它是与人类具体的身体运动行为不可分割的文化；体育学需要哲学，然而它面向的毕竟是一个能看到应用实践效果的领域。立足于中国的体育研究，占有能准确反映国情的真实材料，应该成为一个基本的出发点。采用人类学的立体化理论视角，通过倡导田野调查获得素材的实证方式，是一条很好的途径。

杨世如教授2008年拜于华南师范大学体育科学学院胡小明教授门下，民族体育的情结维系师徒的关系，在沉思与讨论中，一致认为应当培养学生

“两条腿”走路的能力。即一方面当我们面对“伴随身体行为的民族文化”时，不会因为社会科学基础理论和方法的缺失而彷徨。要学会运用民族学、人类学等社会科学理论和方法去获取最有价值的、具有世界认可度的第一手资料，从本源上回答“身体行为”的“为什么”的问题。另一方面从体育学与自然科学理论和方法的角度，掌握体质人类学、人体测量与评价、民族体质的健康评价、现代（奥林匹克）竞技体育原理、运动人体科学等学科方法的实践操作能力。

2009年，杨世如教授与胡小明教授共同提议，组成“贵州苗族独木龙舟实证调查”联合调查组，深入贵州省黔东南州苗族聚居区，运用民族学、人类学理论开展民族传统体育项目的调查研究。这是全国体育人类学首次田野调查工作实践，《乡野体育——体育人类学理论和实践》一书就是这次调查研究的结晶，为民族体育文化研究开创了新的研究路径。

贵州省有18个世居民族，民族节庆、欢娱活动内容丰富，项目繁多的民族民间传统体育活动为体育人类学者提供了广阔的研究平台，不同民族文化背景下的体育活动展示了人们的生存智慧，如果体育人类学研究者愿意深入民间，将会获得“伴随身体行为的民族文化”的理论与实践的参悟。

是以为序。

杨昌儒

2014年12月4日于花溪觉悟斋

序　二

19 世纪中叶文化人类学学者讨论人类社会中竞赛的功能。20 世纪前 50 年，对体育和竞技分析的论文偶有出现在人类学文献中。体育人类学在中国的出现，是东西方进行文化接触、传播、变迁的过程。

体育人类学正是要结合体质和文化人类学，探讨社会的异化导致的体育特殊需求，揭示体育与人类其他人文社会实践活动的联系，确立体育实践活动在未来社会的行进方向，维系体育与人类的发展协调同步。

2009 年 6 月，华南师范大学体育科学学院与贵州民族大学体育学院组成联合调查组，历时十二天开展对贵州苗族独木龙舟的体育人类学田野调查实践活动，结下丰硕的果实。其后，2012 年 3 月由中国体育科学学会体育社会科学分会主办的体育人类学丽江论坛——“文化建设与体育发展”研讨会暨丽江市玉水寨东巴院“第 12 届东巴法会”期间开展的体育人类学田野调查工作中，体育人类学的理论与方法得到更加有力的充实。

时至今年，两校合作成果进一步完善适合我国体育人类学科学研究的理论与方法。尤其是体育人类学对开展民族体育文化研究的空间拓展。

贵州民族学院更名贵州民族大学之际，在贵州民族大学创办一流民族大学和特色学科建设工作中，《乡野体育——体育人类学理论和实践》一书的出版必将为贵州丰富的民族传统体育中的身体活动研究获取更加丰硕的成果带来新的寄予。

王风友

2014 年于花溪

目　录

理论篇

实践篇

竞技体育篇

理论篇

第一章　体育人类学理论

第一节　国内外体育人类学相关研究

体育人类学（Anthropology of Sport 或 Anthropology of Physical Culture and Sport）是用人类学的视角对有关体育活动进行研究的一门学科。体育人类学探讨人类进化过程中身体结构和运动方式的变化，人类各种身体运动文化的起源、进化、发展和变异，人类身体运动文化的原生态类型与自然环境的关系，体育运动与人类社会其他要素之间的关系，各个不同民族的传统体育和竞技文化的继承和发扬等。体育人类学涉及游戏、竞赛、锻炼、舞蹈以及人类身体运动的许多方面。

一、人类学家对体育和竞技的研究

19 世纪中叶和下半叶，是文化人类学发展的早期，进化论占统治地位。古典人类学学派的研究者，仅仅依靠二手资料，试图建立文化的进化模型，将工业化的西方看作是人类成就的顶点。19 世纪已经有一些学者讨论人类社会中竞赛的功能。

人类学正式成为一门学科与英国人类学家泰勒（Edward Burnett Taylor）的积极推动有密切联系，因此他常被称为“人类学之父”。他是首先认识到竞技在学者们调查研究题目中重要性的社会人类学家之一。泰勒认识到：像竞赛事件这样的活动，可以为人类学家提供有关史前文化方面的重要线索。在《竞赛的历史》（1879 年）这篇经典论文中，泰勒认为，当某些简单和普通的竞赛（如投球或摔跤）自己出现的时候，在其他地方也冒出了一些“明显是人造的”具有某些杂技魔术性质的类似竞赛，这些竞赛可用作世界不同地区文化中心之间传播和接触的证据。泰勒通过描述球类竞赛的特征和传播历史，阐明他的观察结果。

泰勒研究体育语言的意义，研究这些特别的体育词汇对其他领域的影响，以及“来自体育竞技的隐喻可能……比它最初的意思存在更长时间。”例如，他注意到，英语 Chicanery（狡辩，也写作 Trickey）来自法文 Chicane（蒙骗），又是波斯语 Chugan 的讹误，这是一种用一条长木槌打击一个黄杨木球的竞赛，类似于徒步打马球。另外，bandy 这个词（如“Don't bandy words with me”，不要乱传我的坏话）也来自早期的曲棍球。曲棍球俱乐部也被称为 bandy。类似于我国在 20 世纪 80 年代“排球热”兴起的时候，“短平快”、“时间差”等比赛术语也流行到社会的各个领域。

在《论美洲的运气竞赛是前哥伦布时代与亚洲交流的证据》（1896 年）一文中，泰勒研究了古代兴都斯坦人的 pachisi 竞赛（今天称为 Parcheesi，是一种掷骰游戏）和墨西哥人的 patolli 竞赛，认为这种相似的游戏是前哥伦布时代新旧大陆之间接触，尤其是美洲与东亚横跨太平洋交流的可靠证据。

泰勒倾向于将体育竞技现象当作分析较广泛文化传播过程的工具。尽管他当时对竞赛的研究，对今天理解体育竞技仍然是一项有价值的贡献，但他并未建立一个理论框架对体育研究起建设性的指导作用。

在泰勒之后，又有一些人类学家对体育活动进行了研究。美国民族学局的人类学家穆尼（James Mooney）于 1890 年在《美洲人类学家》杂志上发表的一篇论文，描述了切罗基人（Cherokee）的拍球竞技。拍球通常被称为“长曲棍球之父”。切罗基人以跟东南部的其他部落相似的方式打拍球。每个参加者使用两根“球棍”。球棍是用山核桃木制成，带有用熊筋腱制成的网拍。球的直径小于 5 厘米，里面塞满鹿毛，外面用鹿皮包裹。参加竞赛的两个队在一个长的球场上竞争，带球或上下传球，向两端的球门击球。最先累积到事先定好的分数者获胜。唯一规则是除了球棍外禁止参赛者其他部位接触球。正规竞赛的球赛是部落中一项重要的事件，涉及全面的准备、仪式性的禁食、宗教礼仪以及对竞赛结果下大赌注等。穆尼在这篇冗长论述中认为，这种球类竞技在“从缅因州到加利福尼亚州，以及从墨西哥湾阳光灿烂的海边到赫德森湾冰冻的海岸的所有部落中都很普遍。”

穆尼于 1889 年 9 月在切罗基人当中目睹了一种特殊的球赛。他叙述了有关球赛的神话，描述了仪式的准备，翻译了音乐，并描绘了球赛整个过程的生动画面。穆尼在整篇论文里详细论述了球赛作为切罗基人文化的整合成分的重要性。

1962 年，人类学家雷蒙德·福吉尔森（Raymond Fogelson）写出题为《切罗基人的球赛：一项东南部民族学研究》的博士论文，他在论文中对这些文化现象进行了广泛的、材料丰富的分析。在很多方面，福吉尔森的研究都可以被看作是穆尼早期对体育竞技的研究工作和兴趣的间接产物。

在人类学发展历程中，另一位对体育和竞技有兴趣的人物是斯图尔特·库林（Stewart Culin）。他是过去 100 年中在人类学领域里研究竞技的主要学者。

库林对竞技的兴趣，最早表现于 1889 年他所写的出版物《中国人的骰子游戏》。1895 年他发表了一篇题为《朝鲜人的游戏及中国和日本相应游戏的注解》的专题论文。他在《美洲印第安人的竞技》这篇短文中，将竞技活动分为机会性竞赛和技巧性竞赛两类。他还将技巧性竞赛分为五种类型：（1）射箭；（2）活动靶射击；（3）冰上或地面滑行掷标枪；（4）球类；（5）赛跑。所有这些活动都被定义为体育竞技。

库林最重要的研究是他于 1907 年发表的专著《北美洲印第安人的竞技》，对 225 个北美洲土著部落的竞技和体育活动进行了系统的分类和描述。库林对竞技的学术兴趣根源在于他对文化多样性的陶醉，他的广泛游历，以及受当代诸如泰勒等人类学家著作的熏陶。年轻时，他在费城跟一个中国家庭生活在一起并学习汉语。这一经历使他终生对东方的艺术、竞技和仪式有好奇心，他在世界范围内收集的许多文物都是各种竞赛用品、玩具和体育器材，为公众抢救了一大批有关的文物。在理论方面，库林最大的贡献是他对竞技的分类以及他参与对竞技的起源、进化和分布的讨论。同时，库林还对游戏颇有研究。他强调了竞技作为文化的组成成分的重要性，并且对竞技的许多基本问题进行了研究。

在 20 世纪前 50 年，对体育和竞技进行分析的论文不时出现在人类学文献中。在德国，伍勒（Von Karl Weule）的《竞技运动的民族学》1925年出现在一部体育史巨著中。伍勒用文化史学派的观点探讨体育这个主题。他认为，体育民族学的焦点主要有两个：一是追踪文化的起源，尤其是体育文化的起源；二是将体育看作是一种文化要素，将它放在适当的理论框架中。为了划分体育的起源与发展的阶段，使它具有相应的文化特征，伍勒主张，原始人类与现代人类体育间存在根本性差异。前者的体育活动更直接与人类的适应、生存和防卫等问题有关。而后者则将体育竞技用于使身体更完美，用于竞争，或者用于娱乐，体育竞技活动的实用和礼仪作用减弱。虽然伍勒对世界上许多原始社会的原始体育项目进行了描述。但由于他完全依赖第二手资料及他对原始民族的明显种族主义观点，其研究结果受到质疑。他采用欧陆常用的“民族学”的称谓，在北美就是文化人类学。

人类学家埃尔斯顿·贝斯特（Elsdon Best）在他的民族志研究中对竞技和体育给予了特别的关注。他在1924年出版的著作《毛利人》中，对新西兰土著民族的游戏活动做了大量描述。

1931年，著名的英国社会人类学家雷蒙德·弗思（Raymond Firth）在《提科批亚岛的标枪比赛：原始体育的社会学研究》中，描述了古老的波利尼西亚人的掷标枪竞争比赛。弗思追随库林的观点，强调体育的重要性以及它在原始社会中的许多功能。

1933年，人类学家亚历山大·莱塞（Alexander Lesser）在《波尼人（Pawnee）的鬼舞猜手游戏：文化变迁的研究》一书中，对竞技在这个平原印第安人特殊部落的总体文化演进过程中的作用作了精彩分析，这是20世纪美国人类学最杰出的著作之一。鬼舞于19世纪80年代起源于大盆地中的佩尤特印第安人（Paiute Indians），是为某种仪式而设计的一种舞蹈，其目的是请印第安人的祖先帮助印第安人从白人那里夺回土地，重建传统的生活家园。鬼舞很快便成为当地公众生活的一个重要组成部分。

莫里斯·奥普勒（Morris Opler）于1944年发表的论文《吉卡里拉阿帕契人（Jicarilla Apache）的仪式接力赛跑》详细描述这项竞技后，分析了这项运动在吉卡里拉阿帕契人当中的起源和发展。莫里斯·奥普勒于1945年还发表了一篇描述日本风格摔跤（即相扑）的论文。

20世纪初，人类学传入中国。蔡元培发表了《说民族学》，被认为是我国民族学的创始人。他曾在《美术的起源》一文中提到过人类学，但由于他曾留学德国受欧陆学术传统影响，并且在当时具有的政治地位和学术影响，使“民族学”的学科名称几乎取代了人类学。但是，1928年起蔡元培主持的中央研究院开展的对少数民族的调查、40年代的边疆研究、50年代的民族识别中，也涉及一些身体娱乐活动和竞技游戏。自1979年起，由国家民族事务委员会组织编写出版的“民族问题五种丛书”中，有民族传统游戏活动的零星记载。

二、学科建立初期的研究

20世纪中叶以来，有关体育的人类学研究在北美兴起。

1959年，约翰·罗伯茨（John Roberts）、马尔科姆·阿思（Malcolm Arth）和罗伯特·布什（Robert Bush）发表了《文化当中的竞技》。他们将竞赛定义为：具有有组织的游戏；竞争；两方或多方；确定获胜者的标准；意见一致的规则等特征的娱乐活动，并将竞赛分为：身体技巧类、策略类、机会类三种类型。他们用“竞赛”的关键词，对耶鲁大学“人类关系区域档案”中50个部落的资料进行分析后发现，策略类竞赛与社会组织的复杂程度有关。换言之，社会制度越复杂，特定的社会越有可能发展出策略类竞赛。另外，他们还发现，机会类竞赛似乎与宗教活动有联系。“许多人都会这样想，机会类竞赛的获胜者肯定得到了超自然或魔法的帮助”（罗伯茨、阿思和布什，1959年）。经过研究的结论认为，环境条件与身体技巧类竞赛的类型和数目之间可能存在关系。

20世纪60年代，有许多从人类学的角度研究体育竞技的论文。最经典的是人类学家罗宾·福克斯（Robin Fox）的《印第安人村庄棒球：古老巫术的新用途》（1961年）。福克斯描述了棒球传入新墨西哥科奇提印第安人村庄的经过，并分析了这种新的体育竞技项目，为印第安人提供以新的形式施行古老的巫术并用于医治目的的手段。

1964年，莱斯利·怀特（Leslie White）对体育竞技方面的人类学研究成果做出了肯定，他认为这个学科为分析专业竞技，尤其是棒球竞技，提供了可行的方式。他将棒球看作是美国文化体系本身的一种重要的表达方式。

当时，民族志研究者十分关注民族传统体育和游戏活动，并且在民族志中包含了一些有关内容。在人类学专业会议上，经常有学者宣读与体育或竞技有关的论文。

在 20 世纪 70 年代，爱德华·诺贝克（Edward Norbeck）作为美国人类学界的著名人物，提倡对游戏进行研究。1971 年，他在《游戏的人类》中指出，游戏是一个应该严肃对待的课题，是人类学家不应该忽视的人类经验的一个重要方面。

1972 年，在美国健康、体育、娱乐和舞蹈联盟（AAHPERD）工作的艾莉斯·切斯卡（Alyce Cheska）将一群对体育竞技游戏人类学研究有兴趣的体育竞技教育工作者组织起来。她在 1973 年 AAHPERD 年会上，组织了一次有关体育游戏人类学研究的小组会，并制定了一个若干年的工作计划，以满足致力于体育竞技和游戏行为研究的人类学家的要求。人类学家乔伊斯·雷杰豪普特（Joyce Reigelhaupt）认为，发展体育人类学的时机已经到来，克利福德·格尔兹（Clifford Geertz）关于巴厘人斗鸡的论文就是一个"逻辑起点"。

格尔兹是当代美国人类学家中的一位杰出的理论家。他的《沉迷游戏：关于巴厘人斗鸡的笔记》已经成为这个学科的经典作品。他描述了巴厘非法的，但却非常频繁举行的斗鸡竞赛的过程以及围绕着斗鸡活动的赌博。他详细描述了具有赌博行为特征的非常复杂的规则，并指出这种在外界观察者看来是不合理的"经济行为"与"沉迷的"比赛有关。它是一种结果的不可预测性和总赌资被提高到最大极限的比赛。格尔兹使用边沁（Bentham）的"沉迷的游戏"的概念（即赌资非常高的游戏），他注意到钱对参加者很重要，但这是次要的事情。好像要求在那些"沉迷的"比赛中赌博的道德要求超越了基本的经济考虑。作者将"斗鸡"用来作为说明人类学家在分析文化所遇到的解释问题的一种工具。

1974 年，部分人类学家和体育竞技教育工作者在加拿大召开的北美洲体育史学会年会上成立了游戏人类学研究协会（TAASP）。游戏人类学研究协会后来更名为游戏研究协会。协会出版了两种期刊，即《游戏与文化》（Play and Culture）（1987～1992）和《游戏理论与研究》（Play Theory and Research）（1993～1994）。会员总数超过 300 人。该协会除由人类学界和体育界人士参加外，还有来自多个不同学科背景的人士，如娱乐、历史、教育、社会学、心理学及其他行业，不间断举行年会。

1985 年，体育人类学的专著正式出版。此后，在研究和出版物中涉及体育的人类学家的数目明显增加，从已发表的文章、论文、专著的数量来看。体育不再只是人类学家闲聊和消遣活动的副产品，体育已引起人类学家的正面重视。目前，甚至在一些人类学的教材中有时也包含有一个章节讨论体育竞技，体育人类学的教科书也已经出版。

尽管人类学本身的历史较长，但体育人类学却是只有短短 30 年历史的新兴学科。据现有资料，体育人类学作为学科名称的正式提出，是 1985 年由美国人类学者布兰查德（Kendall Blanchard）和切斯卡（Alyce Cheska）出版的《体育人类学》（也译为《竞技人类学》）一书中最早出现的。

1995 年，布兰查德修订了他和切斯卡 10 年前出版的《体育人类学》（Kendall Blanchard. The Anthropology of Sport An Introduction，1995），仅从目录看，其视野已大为拓展，形成了独特的架构：

第一章　体育与人类学

第二章　什么是体育：一种文化方式

第三章　体育人类学：理论与方法

第四章　史前及早期体育

第五章　文化中的体育：进化论的视角——游群社会

第六章　文化中的体育：进化论的视角——高级游群社会

第七章　应用

而另一位美国学者罗伯特组织一些体育人类学家编著出版了《体育文化人类学》（Robert R. Sands，Anthropology sport，and culture，1999），虽然其研究的对象仍然有民族传统体育的内容，但重点已转移到与现代体育运动有关的人种和文化的各个方面。具体架构如下：

第一部分：体育人类学的理论和方法

第二部分：体育、文化、人种和赛跑

第三部分：体育与文化变迁

第四部分：体育和文化特征

第五部分：文化、体育和宗教

这门学科的出现给了我们这样的启迪：研究传统体育或现代体育，都要涉及人类学，离开了人类学的体育理论是不完善的。

第二节　中国体育人类学的形成与特色

体育人类学在中国的出现，是东西方进行文化接触、传播、变迁的过程。其成功适应的原因有内发和外来两个方面。

一方面，在改革开放后百废待兴思想解放，体育界引进国外学科的热情处于空前高涨的浪潮中，人类学作为一门学科引起体育研究者的注意，譬如20世纪80年代初，体育界已经有人在四川大学进修文化人类学课程、在全国人类学会议上发表论文；其后，国家体育文史委员会于编写大百科全书之际，大规模地对民族传统体育活动的挖掘整理，积累了大量的新鲜研究资料，为体育人类学的传入奠定了基础性条件。各级体委和民委，设立机构，加强对民族体育和民俗文化的广泛调查，开展民族体育的挖掘整理工作，取得了丰硕的成果。在各地编写的体育史志中，大多列有“民族体育”部类。在各省市体育志编写的基础上，汇编了《中华民族体育志》，收录的民族体育项目达977项。1986年，《成都体育学院学报》刊登的《体育与人类学》一文，是我国第一篇阐述人类学与体育研究关系的文章，文章前瞻性地指出，在运动员选材、体质测量及不同地区、不同时期体育文化比较研究等方面常常要运用体质人类学与文化人类学的研究方法及成果，“人类学已经广泛应用于社会各个领域中，它也必然并已经广泛应用于体育运动的实践中”①。从1987年《体育与科学》刊发的《体质人类学与体育科学》一文②，可看出人类学开始进

① 谭华：《体育与人类学》，《成都体育学院学报》，1986年第2期。

② 柳伯力：《体质人类学与体育科学》，《体育与科学》，1987年。

入更多研究者的视野。这一时期，对一些少数民族传统体育的挖掘整理开始出自研究者的个人成果，如四川民族出版社 1989 年出版的《民族体育集锦》，还有《成都体育学报》1989 年刊登《云南彝族体育与原始宗教》①，就运用了文化人类学及其他学科的理论，结合田野调查等研究方法进行研究。

另一方面，部分研究者多年的研究经验对成熟学科理论和方法的需求，一些研究者连续多年奔赴田野工作，但当时却并没意识到应该把民族传统游戏研究与人类学联系起来，只是学习用民族学的方法对所收集到的资料进行简单整理。20 世纪 90 年代初，我国体育人类学初步发展，但学科地位尚未确立。1990 年，《上海体育学院学报》“新学科介绍”专栏刊发了当时日本体育人类学会秘书长寒川恒夫的《体育人类学》一文，文章对体育人类学的研究对象、研究历史、研究内容等进行了简单而全面的论述。当年年底，日本学者寒川恒夫、涉谷道夫、獭户口照夫前往上海体育学院讲学，正式将体育人类学引进我国体育理论界。成都体育学院民族体育研究室胡小明教授应时任上海体育学院院长陈安槐先生之邀，与日本学者进行学术交流，了解到我们已有多年积累的民族传统体育研究领域在国外已经被称为“体育人类学”。受其影响，1991 年，叶国志、胡小明发表了《体育人类学与民族体育的发展》一文，强调运用人类学研究民族体育的重要性和必要性，主张引进新兴学科以弥补传统研究手段的不足。随后，成都体育学院把民族体育研究室改为体育人类学研究室，并开始招收研究生。1997 年，国务院学位委员会和原国家教委在一级学科体育学下设 4 个二级学科，民族传统体育名列其中。90 年代中期胡小明应邀到美国印第安纳州立大学地理人类学系访问，并赴阿拉斯加考察原住民传统体育活动；回中国后多次到西南、西北少数民族地区考察。所积累的资料，于 1998 年到华南师范大学工作后为硕士、博士研究生课程编写的体育人类学讲义，入选“广东省中青年社会科学家文库”由广东人民出版社出版。后来，北京体育大学出版社（席焕久等，2001）和云南大学出版社（饶远、陈斌，2005）先后出版的《体育人类学》专著，内容偏重于体育文化研究。但是，与美国学者创立的“体育人类学”几乎是纯粹文化人类学

① 饶远：《云南彝族体育与原始宗教》，《成都体育学报》，1989 年第 3 期，第 9—17 页。

运用于体育研究的内容比较，还是多少涉及了一些体质人类学的内容，标志着我国体育人类学一开始就显露出文理融通的特色。“由于从80年代后期开始，学术界的风潮逐渐从文化的研究转向现行的体制改革研究，以此为转机，体育社科界也从以基础研究为主向应用研究过渡”①，人类学实际研究条件艰苦且周期很长，使体育人类学的发展长期处于边缘地带，未受到过多的关注。

21世纪，随着经济全球化趋势的不断增强，全球范围掀起一股倡导文化多样性的风潮，传统文化重新回到人们的研究视野，面对不断衰落及即将消失的传统体育项目，国内大规模对非物质文化遗产的保护，运用人类学方法面对传统体育项目研究及探索民族体育发展之路，开始成为体育学术研究的热点之一，人类学对于体育研究的重要性及突破点越来越受到人们的重视。2005年，高等教育出版社出版《体育人类学》教材，使这门新兴学科在高等教育的课程中占有一席之地。

2009年7月，历时5天的“国际人类学与民族学联合会（The International Union of Anthropological and Ethnological Sciences，IUAES）第16届大会”在云南昆明召开，我国体育学者经过努力，承办了“发展中的中国体育人类学”

① 邱剑荣：《寂寞不是孤独——〈体育人类学〉读后》，《体育文史》，2001年第1期，第62-63页。

和“体育人类学的国际视野”两个专题会议，标志着中国的体育人类学研究开始步入世界最高级别的学术殿堂。为此，世界上第一本体育人类学专著的作者美国学者布兰查德教授发来热情洋溢的贺信。本次国际人类学/民族学大会的主题为“人类、发展与文化多样性”（Humanity, Development and Cultural Diversity）。体育人类学专题会议参会学者主要从人类学、民族学、社会学、民俗学、生态学等研究领域和视角，发表的论文就竞技的体质人类学和文化人类学及竞技的价值与未来走向、生态体育与人类身体运动形式的发展、文化人类学视野中的游戏与民族传统体育、休闲文化与民族传统体育、少数民族体育发展的行动取向、少数民族节日体育文化、体育人类学的研究方法、苗族独木龙舟竞赛的体质人类学分析、身体运动对东巴文字的影响、鄂伦春族猎民健康状况、民俗体育的发展逻辑及其现代道路、旅游人类学视角下的民族体育资源开发等问题，进行了学术研讨，基本反映了当前中国体育人类学的研究热点①。

近几十年来，我国体育面临“残存”的传统身体文化正迅速消失，“民族体育”大批进入国家非物质文化保护名录，比较而言，文化人类学素来以质化的参与观察方法和整体地细描一个乡野的村落生活为特色，在分析个案方面更具优势。体育人类学研究原始文化，不能不借助文化人类学。民族民间传统体育，是体育人类学研究的重要领域。近年来，与体育人类学研究相关的学术论文日见增多，非体育院校的不少硕士、博士研究生的学位论文用人类学方

① 倪依克、胡小明：《发展中的中国体育人类学》，《体育科学》，2009年（第29卷）第10期，第65—71页。

法理论提炼，为田野工作的方法在中国体育研究领域开辟了一条崭新的研究路径[①]。体育界的论文更加深入，如广西大学李志清教授通过对桂北侗族聚居区三江县 6 个花炮节举办地的实地调查，撰写的《仪式性少数民族体育的当代价值——以桂北侗乡抢花炮为例的研究》就是建立在扎实的田野工作基础之上。笔者《苗族独木龙舟竞赛的体质人类学分析》是自 2003 年以来对黔东南地区清水江及其支流巴拉河流域的 37 个苗族村寨竞赛独木龙舟情况的调查结果。中央民族大学方征教授从 2006 年 2 月至 2009 年初，多次深入鄂伦春族猎民村，通过实地考察、测量、访谈、问卷等方法，对 5 个鄂伦春族猎民村的人口结构现状、猎民体质健康状况、心理健康状况进行了研究，撰写了《鄂伦春族猎民健康状况研究》。集美大学翁信辉博士深入地处福建闽南地区的著名侨乡“新垵村”，进行武术传播的具体案例分析五祖拳的近代发展，撰写了《村角武术的统一——新垵村“五祖拳”的文化变迁》一文。

值得注意的是，体育毕竟是以“身体”和“运动”作为基本要素，身体运动的效果是使其辐射出其他功能的出发点，身体的运动是体育区别于人类其他活动的本质特征。离开了身体运动的载体，体育研究就成为空中楼阁。因此，体育人类学研究必须依托体质人类学的理论、方法尤其是技术手段。

这样，中国体育人类学就形成了自己的学科特色——人文社会学科与运动人体学科的交叉互动、体质与文化的最佳链接。体育人类学必须建立在能够正确判断体育效果的基础上，中西濡化，文理融通，才能完整研究的科学

---

① 崔英锦：《朝鲜族传统游戏传承的教育人类学研究》，2007 年中央民族大学博士论文；白洁：《鄂伦春族传统游戏的教育人类学研究》，2007 年中央民族大学博士论文；杨曦帆：《“藏彝走廊”乐舞文化选点考察与研究》，2007 年南京艺术学院博士论文；张新立：《教育人类学视野下的彝族儿童民间游戏研究》，2006 年西南大学博士论文；钟志勇：《蒙古族传统体育传承的教育人类学研究》，2007 年中央民族大学博士论文；孙慧佳：《中国北方少数民族萨满舞蹈结构及功能研究》，2011 年中国艺术研究院博士论文。

成果。体育研究对体质和文化进行综合分析的优势和特点，可以使越来越多的研究者进入体育人类学的行列。

体育是人类针对自己的身体所创造出的一种文化，归根到底，其结果要落实到身体上。任何对于体育的研究，如果不考虑对于人类体质和健康的终极效果，都难免陷入误区。

体育人类学正是要结合体质和文化人类学，探讨社会的异化导致的体育特殊需求，揭示体育与人类其他人文社会实践活动的联系，确立体育实践活动在未来社会的行进方向，维系体育与人类的发展协调同步。

第三节　人类学的概念与分支学科

人类学，是一门全面研究人、探索人类体质与文化奥秘的科学。人类学（anthropology）一词，起源于希腊文，是由两个希腊文字组成，即 anthropos（人）和 logos（学科），意思是研究人的学科。学科名称的出现，最早可追溯到 1501 年德国学者 M. 亨德的著作《人类学——关于人的优点、本质和特性以及人体的成分、部位和要素》，（莱比锡，1501）（Antropologium de hominis dignitate, natura et proprietatibus, de elementis, partibus et membris humani corporis），不过，此书主要论述的是人体解剖学和生理学①。即今天的体质人类学。其后，斯伯林（Johann Sperling）著书《体质人类学》（1688）对不同性别、肤色及种族的人体结构生物学意义上的比较研究，一直持续了两三个世纪。这期间，人类学的概念相当于今天的体质人类学。直到 19 世纪中叶，法国、英国、德国、意大利、美国等纷纷成立人类学学会，英国科学进步协会 1874 年还编发了田野工作专业手册《人类学的笔记和询问》，这时人类学才成为一门比较完整的独立学科。1901 年，美国考古学家霍姆斯将人类学分为体质（自然）人类学和文化（社会）人类学。其后，人类学在人类生活中的

① Dieserud, Juul (1908) The Scope and Content of the Science of Anthropology London: Open Court Publishing ISBN 0-8021-3943-4.

地位越来越为人们所重视，在欧、美、澳及亚洲各国得到了迅速的发展，不仅在大学里设立了人类学专业系、科，还将人类学的理论和方法大量应用于解决生产和社会问题，并与一些学科结合，产生了应用人类学的许多分支学科。

人类学作为一门独立的学科，有着与众不同的特征，其中最突出的，就是人类学对人的研究是全面、综合的，从下列辞书中对人类学的解释可见一斑。

《国际社会科学大百科全书》认为：人类学，它的名称从词源学上来说是“人的研究”——它是关于人类研究最全面的学科群。全面性在于它与整个人类社会的地理学和年代学范围相关联。事实上它是人类科学中唯一研究其体质和社会文化两个方面的学科。

《美国百科全书》认为：人类学是从生物学和文化的观点来研究人类。涉及将人类当作一种动物来研究的那部分人类学称为体质人类学。涉及生活在社会里的人类所创造出来的生活方式那部分称为文化人类学。

《日本中文大辞典》认为：人类学是对人类的一切事项进行研究的科学。内容包括：人类之特征，人类之地位，人类之由来，人类之系统，人类之地理之分布，各种族性质之异同及其原因，人类之文化，人类之改良。故与生物学、心理学、社会学、历史学、地理学、遗传学等均有密切之关系。

《苏联大百科全书》认为：人类学是关于人类起源和演变、人类种族的形成和人类体质结构的正常变异的科学。

我国《辞海》认为：人类学是研究人类的体质特征、类型及其变化规律的科学。包括从猿到人的演变过程，人体发育中的体质发展和增进，世界各地人种的形成过程，地理分布及其相互关系。人类学不仅是自然科学的一部分，而且与社会科学有密切的关系。主要分科有人体形态学、古人类学和人种学等。

我国《人类学辞典》认为：人类学是从生物的和文化的角度对人类进行全面研究的学科。

人类学最先诞生于欧洲，后传播到不同的国家和地区形成了不同的学术传统和表达方式。对于“人类学”这个学科名称，主要有两种不同的用法。

欧洲大陆（包括德国、奥地利、法国、俄罗斯等国家）和日本的早期学者所用的“人类学”一词指的是体质人类学，研究人类文化的学科则归为“民族学”（ethnology）。而英国和北美的学者所用的“人类学”一词包括了对人类的生物学属性和文化特征的研究，民族学只是人类学的一个分支，有时也成为社会人类学或文化人类学。北美人类学界将人类学划分为4个分支：体质人类学、文化人类学、考古人类学和语言人类学。也有一些学者将人类学划分为体质人类学和文化人类学两大分支。这种广义的文化人类学包括了民族学、考古学、语言学等方面的内容。鉴于北美的学科名称和内涵更能体现人类学的完整性，并具有难以替代的学术影响力，加之体育人类学是由北美的学者创立，故本教材多采纳北美的提法。

一、体质人类学

体质人类学（Physical Anthropology），又称为生物人类学（Biological Anthropology），是从生物学的角度研究人类的起源和进化，人类群体的体质在不同进化阶段的特征，人类体质类型的形成和分布，人类在不同自然环境下的适应和变异，及人类与自然界的关系的一门学科。体质人类学是人类学连接自然科学的桥梁，其目的是探讨人类文化的生物学基础，用生物—文化整体论（bio-cultural holism）来研究解决问题的对策。

体质人类学可分为古人类学（Paleoanthropology）和今人类学（Neoanthropology）两大分支。古人类学通过对古猿类和古人类化石的研究，揭示人类的起源、进化和体质变异的奥秘。今人类学研究人类在自然界的位置，人类群体的多样性、特征和分布，人体的生物变异，年龄和性别的差异，身体各部位的大小、形式和比例关系等。

体质人类学主要包括人体形态学（含解剖、生理、生化、人体测量学等）、生物进化论（含群体遗传学、人类生物学、古生物学等）、灵长类学（含社会生物学、生态学等）、人类起源学（地质、生物、古人类学等）和人种学（民族人类学）。

林奈在1735年出版的《自然系统》中将人命名为智人（Homo sapiens），大致确认了人类在自然界的位置。19世纪达尔文的《人类的由来与性选择》

论证了人类同源，肯定了人类的共性，进一步明确了人类在动物界的地位，为体质人类学的诞生奠定了基础。

体质人类学研究人类各个不同群体之间的外表差异或生理和遗传差异，根据人类的肤色、眼色、发色和发型，将全世界的人类分成 3 个、4 个，甚至 64 个不同人种。这些研究对于理解人类的迁移和变异有一定意义。但是，这些研究容易被种族主义者利用，作为强调种族不平等的理论根据，例如，希特勒就是利用种族主义作为他发动战争的一个借口。因此，民族人类学不但要考察人类种群的变异程度和原因，还要识别和批判各种形式的种族主义和种族偏见。

20 世纪末，生物人类学家重新证实了人类自身的共同性。人体在细胞层次之上分为组织、器官、系统、机体；机体之上的生物学单位是种群，即时空、空间和文化上相对隔离的群体；种群之上的单位是物种，即内部可以繁衍后代的最大群体。人类基因组工程研究表明，由 30 亿对碱基或核苷酸组成的约 10 万个基因构成的人类基因组，存在于地球上每一个人的身体中，没有两个人的基因完全相同，但差异不会超过 1%，没有发现某个民族或某国公民具有特殊基因。1998 年联合国大会基于此批准了教科文组织提交的《关于人类基因组与人类权利宣言》，从学术上和政治上宣告人类有一个共同的基因组，反对一切形式的种族歧视。

体质人类学作为较成熟的学科，现已应用于人类社会生活的各个领域。人类工效学是体质人类学最有应用价值的方面。它在诸如飞机座舱、航天飞船和汽车驾驶室等的设计方面，应用人体结构及其适应性的知识，以实现更舒适、更安全的人机关系。

在体育方面，早已经大量使用由体质人类学家发展出来的人体测量技术。较早的一项应用是对运动员的体格进行测量，试图找出体型与特定运动技能之间的相关性。例如，库库什金（Kukushkin）于 1964 年发表的文章《生长、体格与运动技能》。体质人类学家对体型进行测量和分类的传统技术，也在许多体育与竞技领域中得到应用，如布罗泽克（Brozek）和赫谢尔（Herschell）所写的《身体成分测量与技术》（1961 年）。另外，体质人类学家的一些研究也与体育竞技行为有直接关系。例如，戴维·卡利尔（David Carrier）1984 年对人类奔跑和人种进化的研究，对于理解体育竞技进化的生理过程有重要贡献。

体质人类学家研究生长对体育竞技活动的影响方式，以及体育竞技活动对生长的影响方式。有发展前途的运动员，在生长过程中所可能碰到的许多问题可以通过应用人类学技术来避免。罗伯特·马利纳（Robert Malina）在他的《人类学、生长和体育》一文中，对这一过程进行了详细的描述。

体质人类学对体育竞技有借鉴的另一个研究领域是比较灵长类学。这个研究人类以外的灵长类行为的分支学科，近年来转向研究猴类和猿类的游戏玩耍行为，这种研究加深了人们对人类的游戏玩耍行为以及这种行为的发展和功能的理解，直接影响到体育起源、演变和发展的研究。

人类学与体育学一样，在中国都是一个世纪以前的舶来品。20 世纪以来，文化人类学的发展势头完全盖过了已经相当成熟的体质人类学，几乎成为人类学的代名词。到了 21 世纪，后现代思潮对工业社会的深刻检讨，使体质研究这个人类学出发的原点，重新影响到体育人类学的理论与方法，并把体质和文化的理论和方法加以新的综合，在应用人类学研究中别开生面。

二、考古学

考古学是人类学 4 个分支学科中历史最长的学科，也可称为考古人类学。考古学可以简单地定义为“研究过去”的学科，以人类活动遗留下来的文化遗存为主要研究对象，通过研究某一特定时空的社会和文化来理解整个人类的社会和文化现象。这门学科可以用较高的专业技术，对史前文化进行描述，它与人类学的目标是一致的，都是试图全面展示某一族群及其文化。

虽然考古学家收集史前人类行为片段、特殊事件和独特时期的资料，但是，他们最关心的是复原“文化过程”。文化过程是基于人类史前变迁和历史变迁的机制。考古学家将文化时期的每个事件都看作是文化过程的一部分。一个人如果能够更好地理解文化过程的机制，就可以更有效地对过去的资料进行解释，更好地理解现在并预言未来。

考古学可分为史前考古学和历史考古学。考古学的专门技术包括石器分析、古人类骨学、古植物学、古动物学、孢粉学、陶器分析等，这些专业技术在对人类史前时期的活动进行综合性研究方面有重要贡献。

考古学的另一项关键技术是“年代测定”。在过去几十年中，已经发展出多种对遗址、人工制品和其他考古残存物进行相对年代或绝对年代测定的方法。对这些技术的正确应用和对测定结果的合理解释，是考古学分析重要价值和可靠性的关键。考古学中较常用的年代测定方法包括碳 14 测定法、钾—氩测定法、树木年轮测定法、地层测定法和古地磁测定法等。

考古学对体育竞技的重要贡献，是对史前原始体育竞技遗址和文物的研究及对体育进化的研究。伟大的古希腊奥林匹克遗址的发现就是考古工作的重要功绩。欧美的一些考古学家对诸如中美洲的球赛等史前运动竞赛进行过详细的分析，中国的体育人类学研究者通过西南民族原生态巫术仪式的动作，探讨武术萌芽等体育运动项目的起源过程，已取得初步成果。

三、语言学

语言学是一门对语言进行科学研究的学科，也称语言人类学（linguistic anthropology）。语言学通常分为描述语言学、历史语言学和民族语言学。在人类学田野工作的开始时期，人类学家需要借助语言学家的帮助来研究非书面语言，了解其历史、结构、符号的意义等，语言学因此与人类学结下不解之缘。

描述（结构）语言学是描述那些没有正规书写系统的语言的一门学科。描述过程从对语法进行语言学分离和记录，收集记录所研究的本地语言资料的主题开始，主要研究现代语言构成上的差异。人类学家要学会其研究的民族的语言，但在很多情况下，很难找到已发表的有关特定民族语言的资料，这使得人类学家必须进行语言描述，以便自己能与当地人进行交流。描述过程对人类学是非常重要的。

历史（比较）语言学主要对语言的关系、变化和起源进行分析。这一过程通常导致原始语言的复原。原始语言是不再有人讲，在历史上也没有记录，但是可以通过历史上的语言比较重新建构的语言。例如，原始印欧语就是世界上最大的语族，所有印欧语系语言的亲本语言。印欧语系包含日耳曼诸语（包括英语）、罗马和斯拉夫诸语，以及梵语和许多其他语言。原始印欧语已经通过比较这些多种语言，分离共同的发音和词意重新建构出来。这种努力的结果，使语言学家不仅建构了一种语言，同时也描绘了说这种语言的民族的文化面貌。

民族（社会）语言学是研究语言与其文化环境之间相互关系的一门学科，涉及阶级、族群、年龄、性别等社会事实。例如，民族语言学家可能对特定民族如何用语言组织和表示植物界的方式（民族植物学），以及这些词汇在说话过程中如何分组或分类的方式进行分析。民族语言学的基本假设是，这种原本的语言资料对理解说这种语言的民族文化非常有用。

语言人类学家很少花时间研究体育，但有些接受过普通语言学训练的文化人类学家对体育语言的性质及体育语言与体育行为的关系非常感兴趣。例如，布兰查德分析过美国密西西比的乔克陶（Choctaws）原住民部落在与篮球比赛有关的场合所使用的冲突语言。虽然乔克陶方言是大多数选手和观众的基本语言，但是，在体育竞赛中，这群人很少使用当地的词汇或短语来表达对抗或敌意。乔克陶球迷对对方球队骂得最多的短语或俚语是从英语借用的，例如，“杀死他”（Kill him），“把他扔出去”（Throw him out）或者“打他的屁股”（Bust his ass）。但是，对这些表达方式的实际应用模型进行分析，并与说英语的典型白人球迷的表达方式进行比较，发现乔克陶人虽然使用同样的语言表达方式，但却有不同的意思。当乔克陶人使用英语的这些词汇或短语时，只是一种发泄情绪的方式，并不表示他有相同程度的敌意或挑衅性。其他对乔克陶人体育竞赛行为的研究也得出相同的结论，说明有些普通的语言在体育活动中会有新的含义。

就体育而言，语言人类学的应用较少，各语种在“体育”、“运动”、“竞技”、“游戏”、“休闲”、“娱乐”等基本概念和词汇的理解与交流上仍存在误解和障碍。仅从外来词汇的套用去界定和标示有关体育现象，难以获得广泛认同。国际体育组织曾试图规范体育运动的名词术语，但并没有取得完全的成功。因此，深入开拓语言人类学在体育领域的应用，是走出体育概念混乱状态的有效途径。中国的体育人类学研究者已经开始探索身体运动对图画象形文字形成的作用。①

四、文化人类学

文化人类学是研究人类（族群）及其文化的一门学科。虽然在传统上，这门学科注重研究规模较小的原始社会，但它也研究较复杂的社会组织，从部落社会、酋长制社会到都市国家社会。由于文化（社会）人类学的主要内容是民族学，所以也将民族学几乎等同于文化人类学或社会人类学。

文化人类学在几个重要方面与社会学和其他社会科学不同。文化人类学研究的基本单位是"文化"而不是"社会"。迄今为止，人类学家给文化所下的定义已有数百种之多。得到较多认同的观点是：如果把文化定义为人们在与环境的关系中习得的思想和行为，那么文化包含了行为的、认知的、物质的三方面的内涵。

文化人类学有时被称为社会人类学。英国学派传统上认为自己是从事"原始民族的社会学"研究，他们有某种保留地使用"人类学家"这个名称。因此，那些认同自己是英国学派的人类学家把自己称为社会人类学家。而美国学派认为人类学与社会学不同，因此，他们通常使用"文化人类学"这个名称。

文化人类学在欧陆被说成是民族志（Ethnography）和民族学（Ethnology）。民族志是对特定文化的描述，而民族学是对跨越文化界限的行为进行比较。前者是描述性的，而后者是理论性的，后者依靠前者所收集资料构建理论。文化人类学家经常将自己称为民族志学者和民族学家。

文化人类学虽然诞生较晚，但已是当代人类学发展的主流。它使人类学表现出强烈的人文学科倾向，特别涉及价值体系、伦理观念、宗教信仰、艺术创作、符号或象征系统时，人类学最终要追求情感判断与人生意义。

文化人类学有许多理论上、地理上或专题上的分支学科，如经济人类学、影视人类学、政治人类学、都市人类学、教育人类学、宗教人类学等。事实

---

① 胡小明等：《开拓体育文化研究的新领域——以探索身体运动对原始文化形成的作用为例》，《上海体育学院学报》，2012 年第 2 期，第 1—5 页。

上，文化的许多方面都可以进行专门研究，建立其分支学科。体育人类学就是这样建立起来的。

第四节　人类学的理论流派

一个多世纪以来的人类学研究，主要集中在文化方面。近现代人类学的各种理论流派，几乎都是在对文化的定义和解释中发展起来的。

一、进化论学派——文化进化学说

英国的泰勒（F. B. Tylor）在1871年出版的《原始文化》中，提出了著名的“复合整体”的文化定义。他还总结了遗存法、比较法、统计法等学科的研究方法，因而被尊为人类学的开拓者。

文化进化论的代表人物泰勒、摩尔根、斯宾塞、弗雷泽等学者，受达尔文等生物进化思想的影响而提出的文化、社会的进化观，研究文化的纵向发展，在人类学的历史地位长期难以动摇。

美国的摩尔根（L. H. Morgan）在1877年出版的《古代社会》表述了人类文化是由低级向高级进化的7个阶段：

（1）低级蒙昧社会：这是人类的幼稚时期，依靠水果和坚果为生；

（2）中级蒙昧社会：鱼类食物和用火知识的获得；

（3）高级蒙昧社会：开始的标志是弓箭的发明；

（4）低级野蛮社会：标志是制陶术的发明和流行；

（5）中级野蛮社会：开始的标志是动物的饲养或灌溉农业以及用土坯和石头来建筑房屋；

（6）高级野蛮社会：冶铁术的发明和铁器的使用；

（7）文明社会：标志是标音字母的发明和文字的使用。

二、传播论学派——文化传播论

19世纪末20世纪初，古典进化论在理论和方法上的一些缺陷暴露了出来，出现了反对进化论的传播论（diffusionism）。

传播学派认为世界上不同地区、不同民族的文化之所以类似，很少是因为共同进化的原因，而多是由某个地方一次产生并向各地传播造成的。

德奥学派的代表人物有格雷布纳、施密特；英国学派的代表人物有史密斯、佩里、里弗斯。

他们提出了传统是文化发展的重要因素；文化采借多于发明；不同文化间的相同性是许多文化圈（区域）相交的结果。他们从不同文化之间的横向联系，构建了人类文化史。

传播论者在研究中提出文化圈（culture circle）和文化层（culture stratum）的概念，前者指文化在空间上的扩散，后者指文化在时间上的积累。用这两个概念来分析人类文化现象，就是所谓的文化历史方法。

传播论后来渐渐走上了极端，如英国的传播论派以为世界上的所有文明都出自古埃及。

三、历史学派——历史特殊论

以美国的博厄斯为代表，以实证论和经验论为基础，认为应该用人类学调查资料来恢复某个民族的历史面貌，重构历史是人类学的最终目的。每一个民族都有其自身的特殊历史，不能得到放之四海而皆准的概括性结论。因此，必须从研究每个民族的特殊历史开始，通过局部的研究了解整体。

博厄斯批评进化论，对传播论亦不甚满意，故提出历史特殊论（historical particularism）的观点，主张世界上各种文化都经历了自己独特的发展过程，应对其作具体全面的历史研究，而不应随意建构文化演化的理论。

博厄斯的追随者有克罗伯（A. L. Kroeber）、威斯勒（C. Wissler）、萨丕尔（E. Sapir）等人，这批人在20世纪最初的几十年中几乎垄断了北美人类学界。

这一派中最著名的人物是博厄斯的两位女学生：本尼迪克特（R. Benedict）和米德（M. Mead）。

在她们的推动下，人类学中形成了文化与人格（culture and personality）的研究领域，第二次世界大战中更由此发出对国民性（national character）的研究。

文化模式（cultuer pattern），这一概念是与美国著名人类家本尼迪克特（R. Benedict）的名著《文化模式》（浙江人民出版社，1987）联系在一起的。该书认为，每一个民族都有自己独特的文化，这种文化犹如一个思想和行为模式，多少具有一致性；每一种文化内部又都有代表其特色的目的，而这种目的不一定为其他社会所共有，所以不同的社会有不同的文化模式。

四、功能学派——结构功能论

以马林诺夫斯基、拉德克利夫—布朗为代表，认为文化是一个整合的系统，在一个特定共同体中，文化的每一个因素都扮演某一特定的角色，具有特定的功能；人类学的任务是了解各个组成部分对整体的贡献及相互关系。

在方法论上确立了“田野工作”——参与性观察法、深度访谈和比较研究法。

功能论（functionalism）创立于 1922 年。这一年，英国出版了两本书，一本是马林诺夫斯基的《西太平洋的探险者》，一本是拉德克利夫—布朗（A. Radcliff-Buown）的《安达曼岛人》。这两本书都是人类学的调查报告，书中不约而同地体现了功能分析的思想。

功能论认为任何社会文化现象均有一定的功能，而且既互相联系又互相作用，共同构成文化整体中不可分割的部分。当然，功能论内部也有一些差异，如马林诺夫斯基是从需要谈功能，布朗则更重视结构问题，后者对第二次世界大战后人类学中的结构主义有不小的影响。

五、经过改良的学派——新进化论

进化论虽然因其多思辨使材料基础不够坚实而存在缺陷，但如人性普同、制度进化、技术积累、社会变迁等许多基本结论，至今仍然是学科的深层共识。而它得出这些结论的方法论的改善，使越来越多的学者站到了新进化论的行列。

20 世纪 30 年代——新进化论。代表人物：怀特——认为每人每年所获得的能量是衡量文化进化阶段的唯一指标。新进化论人类学提出有关长期的、渐进的变化与短期的、局部性的、社会与生态方面的调整两者之间的关系变化为人类文化之特征（一般进化）；调整则因适应其独特环境而引起个别文化之间彼此发生歧异（特殊进化）。

斯图尔特因早年受学习地理学和动物学的影响，倡导多线进化的文化生态学，现已发展成一门探究人与环境关系的学科——生态人类学；

还有柴尔德、萨林斯、塞维斯等。

六、其他

20 世纪 50 年代有心理人类学派、认知人类学派、文化相对论思想等理论流派。

20 世纪 60 年代是象征人类学（解释人类学或文化阐释学）、结构主义（列维·施特劳斯）的时代。

20 世纪 70 年代是结构马克思主义和政治经济学的时代。

20 世纪 80 年代是以法国的布尔迪厄和英国的吉登斯为代表的实践论的时代。

20 世纪 90 年代以来，人类学进入普遍反思的阶段，对以往的文本和知识加以批评，出现了一批后现代主义思潮影响下的人类学家。其中，文化唯物论、社会结构、象征人类学范式、反思人类学、后马克思主义以及文化研究范式很活跃。

发达工业国家进入后现代社会。人类学转向后工业社会关注新的研究对象，如都市人类学等分支大量涌现。人类学对受工业化刺激而成熟的体育不得不表现出应有的关注，促使体育人类学的诞生。无论人类学的理论流派怎样发展变化，但都试图通过研究文化来理解人性，特别是期望通过研究异文化来理解人类共性。体育活动是人类最为公开、透明、坦诚交流的文化，因此，不可避免地成为人类学关注的新领域。

现代的人类学是利用文化人类学和体质人类学的研究成果，处理社会、政治、经济等实际问题的科学。造福人类的应用人类学包括有经济人类学、政治人类学、艺术人类学、哲学人类学、心理人类学、都市人类学、医学人类学、生态人类学等。体育人类学就属于应用人类学之一。

1995年国际人类学与民族学联合会执委会在意大利佛罗伦萨通过《关于人类概念的声明》，明确宣布现在生活在地球上的所有人拥有共同的血统，属于同一物种智人（Homo sapiens）。这是生物人类学家和文化人类学家经过一个世纪的艰苦研究之后达成的学术共识，从学术上为形形色色的种族主义（Racism）打上了句号，标志着人类学已进入一个新的时代。

人类学倡导学科之间的合作和协同研究，广泛研究社会生产、生活的规律，提出解决问题的办法，当代应用人类学已渗透到各个学科领域、各生产部门和社会各方面。体育人类学作为人类学的一个新的应用性分支，是在强烈的社会需求的氛围中产生的。

第二章　人类的发展阶段与体育形成

体育作为一种社会实践活动，它的发展与人类的发展有着同步的节奏，与人类的经济活动有着根本的因果关系。物质生活的生产方式对体育的发展变化起着决定作用，并由此制约着人类社会各历史时期身体活动的内容、性质及其特征。当人类的劳动方式脱离自然形态，社会经济文化发展到一定阶段，体育的需求才会凸显出来。因此，我们要从人类进化和社会发展的阶段性来认识体育。

第一节　人类的起源与进化

传统的研究一般是由历史学家从文献古籍找资料，而古人类学则主要借助于从史前遗存中发现的古猿类和人类骨骼化石以及与化石一起出土的石器和其他的人工制品。通过对古猿类和古人类骨骼化石的研究，我们可以找出人类在进化过程中体质特征所发生的变化；通过对石器和其他人工制品进行研究，我们不仅可以重现史前人类的日常生活与习俗，而且还能追溯这些社

人类进化简图

会的文化变迁，并对这些变迁提出可能的解释。人类学家所关心的问题与历史学家相类似，但是，人类学家研究的时间跨度却远远超过了历史学家。历史学家所面对的有文献记录的社会，最大纵横只限于距今几千年内的人类历史。然而，人类已存在了几百万年，即使在近五千年，绝大多数社会也没有文字。对这些无文字社会而言，考古人类学家代替了历史学家的角色，通过人类文化的遗迹来重建历史。

一、人类溯源

人在生物分类上属于人科，也称为人的系统。人的主要特征是两足直立行走，能制造和使用工具，大脑特别发达因而有抽象思维能力和语言，有社会性。现今人类学界一般以能否直立行走作为区别人和猿的标志。能两足直立行走的高等灵长类被归入人科。

根据近百年的研究，国际人类学界目前一般认为，人类是由距今2000多万年前生活于非洲的森林古猿进化而来的。人类的进化经历了南方古猿、直立人、早期智人和晚期智人等阶段（表1）。

表1　人类进化的阶段

（单位：万年前）

南方古猿	直立人	早期智人	晚期智人
500~100	200~40	40~13	13至现在

1. *南方古猿*（Australopithecus）

南方古猿生活在距今500万年~100万年前。主要生活在非洲东海岸。1924年，在南非约翰内斯堡的威特沃特斯兰德大学医学院的解剖学教授达特，收到由汤恩地方采石场工人送来的一个化石头骨。这是一个约6岁儿童的化石头骨，具有人和猿的混合特征。达特经过研究，将这块化石命名为非洲南方古猿（Australopithecus africanus）。

南方古猿化石主要分布在非洲的东海岸包括南非、坦桑尼亚、肯尼亚和埃塞俄比亚，可分为四个种。即根南方古猿，或始祖南方古猿（Australopithecus ramidus）、阿法南方古猿（Australopithecus afarensis）、非洲南方古猿（Australopithecus africanus）和粗壮南方古猿（Australopithecus robustus）。根南方古猿的年代为距今500万年至400万年前；阿法南方古猿的年代为距今400万至270万年前；非洲南方古猿的年代为300万年至200万年前；粗壮南方古猿的年代为220万年至100万年前。

在人类的进化历程中，最早出现的人科成员是南方古猿。随后，出现了人属成员直立人和智人。

2. 直立人（Homo erectus）

直立人（Homo erectus）生活在距今200万年~40万年前，地质年代为更新世早期至中期，考古期属于旧石器时代。

直立人的祖先可能是能人（Homo habilis）。能人最早的化石是1960年在坦桑尼亚奥杜威层位Ⅰ发现的小孩顶骨、下颌骨和手骨，以及成人的锁骨、手骨和足骨。1964年被定名为能人。后来，在肯尼亚和南非也发现有能人的化石。能人生活在距今220万年~160万年前。

最早发现的直立人化石是在17世纪80年代，地点主要分布在亚洲南部和中部、非洲东部和西北部以及欧洲西部。当时，这些标本被命名为Pithecanthropus，即猿人。中国发现的直立人有北京猿人、元谋猿人（云南）、蓝田猿人（陕西）等。

直立人已能制造石器，如石斧、刮削器、砍砸器和石钻等。在奥杜威峡谷发现有人类最早的居住建筑物。直立人已开始用火。直立人以狩猎或腐食为生。狩猎对脑的进化有重要作用。直立人甚至可能存在食人习俗。

3. 智人（Homo sapiens）

智人可分为早期智人和晚期智人两个阶段。早期智人（early Homo sapiens）也称为远古智人（archaic H. s.），过去曾经称为古人，生活在距今40万年至13万年前。地质年代属于更新世中期至晚期。考古期属于旧石器时代中期。

目前已发现的早期智人的化石地点有70多处，分布在亚洲、欧洲和非洲。主要分布在中国的陕西大荔、广东马坝、山西许家窑、湖北长阳、辽宁金牛山，印度尼西亚的昂栋，巴勒斯坦的塔邦、斯虎尔、卡夫扎，乌兹别克的切舍克塔施，克罗地亚的克拉皮纳，希腊的佩特拉洛纳，法国的托塔维尔、圣沙拜尔，英国的斯旺斯库姆，德国的斯坦海姆、尼安德特，意大利的萨科帕斯托，伊拉克的沙尼达尔，赞比亚的卡布韦，埃塞俄比亚的博多。

早期智人中最早发现的是尼安德特人（Neandertals），主要指在欧洲及其邻近地区发现的古人类化石。在早期智人阶段，人类制造石器的技术得到进一步发展。石器以细小尖状器和刮削器为主。早期智人以狩猎为生。许多遗址发现大量用火的证据。这个时期的人类已有埋葬死者的习俗。

晚期智人（late Homo sapiens）也称为现代智人（modern Homo sapiens）或智慧的智人（Homo sapiens sapiens），过去称为新人，指解剖结构上的现代人。大约从 13 万年前开始至今。

在欧洲、非洲和亚洲有大量晚期智人的化石。澳洲和美洲也有人类的遗迹。主要的晚期智人遗址有法国的克罗马农，南非的萨尔达纳、菲什胡克、博斯科普，肯尼亚的甘布勒洞，婆罗洲的尼阿洞，爪哇的梭罗、瓦贾克，中国的山顶洞，澳大利亚的蒙戈湖、科阿沼泽，美国的德尔马、洛杉矶、尤哈、拉克纳海滩、克洛维斯、福松，加拿大的旧克罗遗址，秘鲁的皮基马采洞，委内瑞拉的塔伊马—塔伊马。

在晚期智人阶段，人类文化进入旧石器时代晚期，制造工具的技术更加多样化和专门化。这个时期石器的特征是用窄长的石叶制作的工具占了很大的比例。石叶可用来制作各种工具和武器，如石刀、雕刻器、刮削器等。另外，骨器也有很大发展。用骨制作的工具有矛、标枪、鱼叉、鱼钩和有眼的骨针等。这个时期的人类以狩猎为主。狩猎工具有重大改进。人类除了居住洞穴，还建造人工住所。埋葬死者的习俗更隆重，为死者穿着衣服，佩戴装饰品。艺术有很大发展，主要有雕像和洞穴壁画。

人类学研究揭示出人类迁徙到澳大利亚的过程：在冰川期，东南亚大陆与新几内亚是相连接的。在早于 4 万年前，人类使用某种类型的筏，跨过相隔 80 公里以上的海面，从新几内亚到达澳大利亚。

人类学研究也揭示出人类迁徙到美洲的过程：在距今 8 万年前至 3 万 5 千年前，以及在距今一万一千年前，在西伯利亚与阿拉斯加之间曾经因冰冻形成陆桥相连。人类很可能在这两个时期由于追逐猎物，越过白令海峡从亚洲到达美洲。

二、工具的意义

这里出现的与体育萌芽有潜在关系的问题是：石器——这一最早的工具的出现对人类的体质产生了哪些深远影响？黑猩猩是熟练的工具使用者，它们用枝条去钓蚂蚁，用树叶作为匙子，用石头砸开硬壳果。但是迄今为止从来没有人在田野看见黑猩猩制造的石器。人类在250万年前开始用2块石头碰撞以制造边缘锋锐的工具，从而开始了一连串的人类史前时代的技术活动。

最早的工具是用一块石头打击另一块石头，产生的石片令人惊异地锋利。在非洲发现的大约在140万年以前一种工具被称为手斧，这是一种需要非凡的技巧和耐心去制作的水滴状工具。在考古记录上，手斧是随着直立人的出现而出现的。直立人是能人的后代，是智人的祖先。经推论手斧的制造者是直立人，因为他们的脑子大大地超过能人。

科学家在研究考古遗址的工具和进行制造工具的实验时，有个重要的发现：在最早的工具制造者中使用右手的人多于使用左手的人，恰如现代人那样。虽然各个猿有的是右利手，有的是左利手，但在猿群中没有哪一只占优势。现代人在这方面是独一无二的。这一发现使我们对人类进化有一项重要的认识，即大约200万年前，使用工具把人属的脑子已经变成真正的人脑。我们现在使用运动器械右手多于左手，与使用工具一致，这是人类早期形成时就具有的特点。

脑的扩大和制造石器，与人类起源时间不同。这一现实，促使人类学家从另一方面重新考虑人类起源的问题，结果是最新的假说出自生物学方面而不是文化方面。这是人类学的一种正常的发展，即通过与已知的动物的生态和行为相比较而得到验证。从严格的生物学的关系中来寻求那些特性的起源，启发我们思考：在传统的体育理论中，长期遵从“劳动创造人”引申到“劳动创造体育”为经典定式，有何依据？

人类学家在显微镜下分析了150万年前的石片，发现石片上有各种不同的擦痕，这些擦痕有些是由于割肉，有些是砍树，其余是由于切割草类等较软的植物材料而形成的。当我们的祖先发现了持续地制造锋利石片的诀窍时，便有了史前时代的一次重大的突破。人类突然能得到崭新的食物，可以从吃植物到吃动物。正如模拟实验展示的那样。小小的石片是一种高效的工具，除了那些异常坚韧的兽皮以外，能切开几乎所有动物的皮，使兽肉暴露出来。无论他们是猎获还是拣食剩尸，制造和使用这些简单石片的人都使自己得到动物蛋白这种新的能源。如此，他们不仅能扩大他们觅食的范围，而且也增加了成功地生育后代的机会。

在史前时代只有人属才能制造工具。南方古猿和人属清楚地有着不同的特定适应差别，人属吃肉是这种差别的一个重要标志。石器制造是肉食者能力的一个重要条件。没有这些工具，吃植物者也能生存，但不能发展。

当我们比较早期智人男女的身材时就能看得出，很明显已经出现了重要的变化。男人身材大于女人不超过 20%。在人属起源时，这种身材分化的改变代表社会结构的变化。

早期人属中的男人很可能与其同父或同母的兄弟一起留在其出生的群中，而女人则转移到其他的群。增进男人们之间的合作，必然是很有利的。有些人类学家曾论证，抵抗邻近的人群变得极为重要。这种变化或许更可能是由于经济的需要。几方面的证据引向人属食性的变化，变化之一是肉类变成能量和蛋白质的重要源泉。早期人属牙齿结构的变化表明肉食，石器技术的改进也表明肉食。此外，作为人属身体构造的一个组成部分，脑子的增大要求有丰富的食物。肉食在我们祖先的日常生活中有重要的作用。此外，不仅获得植物性食物也要取得肉食的新的生存战略，可能要求有意义重大的社会结构和合作。

三、获食方式的变化与身体的发展

人类学家知道，当一个物种的生存形式发生一种基本的变化时，通常会伴随发生其他各种变化。最常见的是，这样的次级变化涉及该物种的解剖构造，因为它适应于新的食物。对人和黑猩猩之间的比较后，证明人类的两足直立行走比黑猩猩的四足行走的效率要高得多。说明动物蛋白的摄入提高了人类的身体素质。

火的使用和动物的驯养，使人类加速缩短消化过程，更加丰富了肉类和乳制品等经常的食物来源，这两种具有决定意义的进步，直接成为人的新的解放手段。食物愈来愈复杂，就在血液中增加新的化学成分，肉食是现成的包含着为身体新陈代谢所必需的最重要的材料，特别是对脑髓的影响，脑髓因此得到比过去多得多的营养。结束“茹毛饮血”的时代，扩大食物范围，缩短食物消化的过程，减少疾病，促进体质的发展；用火可御寒、照明、改善居住条件，扩大活动的范围，增强了人类征服自然的能力。这样一代又一代相传，劳动生产的发展，食物的改善，人类体质也逐渐得到进步。脑结构日趋复杂，头颅高度扩大，颅骨厚度变薄，前额倾斜减少，眉脊骨趋向扁平，上下颌骨后缩，齿冠和齿根由大变小，咬合面的纹理由复杂趋向简单平整，整个嘴都明显后缩。这是现代人的基本特征。

探讨人类发展的漫长过程中身体的发展，是体育人类学自身的任务。发现这个过程中体质和身体运动形式的改变，从中挖掘出体育最原始的萌芽和依据。我们需要拓宽视野向纵深看，认识比有文字时代长若干万倍的史前时代，了解那时体质和身体运动能力相对定型的各阶段，这样才有利于体育理论研究真正进入学术层面。

人类早期进化与体育萌芽，在传统体育史研究中难以涉及。这实际上是一页空白的体育史前史。从人类学的角度看，涉及从猿到人过程中身体运动形式的改变，石器时代的生活与体、脑变化，自然界对体质的作用和人类有意识的反作用，原始形态中的竞技、余暇游戏和身体文化等方面，都值得研究。

在原始社会，人类创造了社会，创造了人同其他动物的最后的本质的区别，也为体育这种社会现象的产生奠定了深厚的基础条件。但由于生产力水平极其低下，人为温饱而耗去全部精力，这时还不能产生脱离生存活动的行为。所以，形形色色的身体活动，都紧密围绕着以生存为目标的劳动。

在原始社会早期，人类赖以生存所需的食物，主要来自采集天然植物的果实和猎获鸟兽鱼虫，而狩猎则常常会同野兽搏斗，因此原始人群中的长者，就必须把同野兽搏斗的经验传授给年青一代，使他们掌握狩猎的本领，从而获取更多的野兽。如居住在中国西南怒江峡谷居住的怒、独龙、傈僳等少数民族，半个世纪以前还处于原始社会末期，他们的男孩子到五六岁时，就要在老人的指导下开始猎手的训练，他们用小弓箭练习射箭，再长大点就要学着使用更加准确的弩弓，做狩猎的游戏，模拟射杀野兽的动作。那些弓箭、弹弓和弩弓，未经练习是射不准的，将直接影响未来的生存。

对身体的训练虽然是原始教育的主要部分，有些活动形式也貌似今天的体育，但目的并非为增强体质和增进健康，而是为了掌握赖以谋生的生产技能，是简单劳动的必须准备环节，即便对年幼一代进行的跑、跳、投掷等身体基本运动能力的训练，也主要是为传授生产技能。这虽然在客观上有增强体质的效果，但实质上是谋生手段的学习，是参加劳动的准备过程中的必要环节，严格来说可以算是劳动技术教育。

在人类社会的原始体育期，综合性体力劳动对体育需求的制约，使竞技的目的臣服于战斗、游戏、择偶等诸因素以宣泄人类的原始欲求，也使一些貌似体育的东西时隐时现。因此，原始体育可以作为前体育、潜体育、泛体育、广义的体育来理解，也可称古代体育，以示与现代意义的体育有别。

在阶级社会以前，几乎所有体格健全的成年人都要从事食物获取活动。人类出现在地球上已有数百万年了，在这些年代里，99%的时间人类都是靠采集野生植物，猎取野生动物和捕鱼来获取食物的。农业是相对晚期才出现的现象，只能追溯到大约一万年以前。而工业化农业或机械化农业才出现了几个世纪。

采集、狩猎和捕鱼依靠的是野生动植物，这是人类最古老的食物获取技能，持续的时间也最长。时至今日，有少数社区还在实行这种食物获取方式。而这些社区往往处于文明的边缘环境之中，远离人类的发达地区。在很多不同的边远自然环境中都能够找到食物采集者，他们一般都是游动的，人口较少，密度较低。劳动分工通常是以年龄和性别为依据的。个人财产有限，大多数资源都为公有，经济关系是以平均分配为基础的。采集渔猎社区一般是由有亲缘关系家庭组成的人群，领导体制很不明显。一般不存在阶级差别。但是，地理环境、气候等自然条件，导致了人种和身体活动形式的差异。

大约一万年前，在广泛分散的地理环境中，某些民族兴起了向食物生产转变的革命，开始栽培植物和驯养动物。农业的出现是由于人口增多而产生的一种文化适应，当人口膨胀到靠采集渔猎维持的摄取性经济无法支撑时，这种压力产生了对稳定食物来源的需求。许多个世纪过去了，食物生产开始作为主要的维持生计的方式，取代了野外食物采集。初级农业的工具和技术比较简单，完全依靠自然来恢复土壤肥力。初级农业食物供给所维持的社区一般比食物采集的社区人口更多，密度也更大。虽然社区在若干年以后会迁移到一些新的土地上去耕作，但他们的生活方式一般是定居的。有些初级农业生产者具有永久性村寨，这是因为他们依靠的是木本作物。这个阶段的身体活动按季节的变化逐渐有一定的规律。

集约农业的标志是能使土地永久耕作利用的某些技术，如施肥和灌溉。同粗耕农业社会比较起来，集约农业形成集镇和城市可能性更大，手工业专业化程度更高，政治组织更为复杂。在现代世界里，集约农业越来越和食物的商品性生产结合在一起。古代中国在此基础上建立了漫长的异常稳固的封建王朝，在节日集会等文化庆典中发展了一些娱乐性身体活动。

畜牧业是一种以饲养大群动物为主的生计技术。它通常出现在降雨量低的地区。牧民通常是游动的，由有亲缘关系的家庭组成的社区往往较小，对贸易的依赖往往较强。游牧民族摄取的蛋白质远远高于农耕民族，体质当然有差异。中国多次受游牧民族入侵，很难从单纯的体力对抗中取胜，每次都是以深厚的文化来溶解体魄强健的异族。

以上是整个人类几百年以前的几种获食模式。大千世界，各种适应策略纷然杂陈、不知凡几，但是也有某些共同的特性。狩猎和采集是人类进化的最初获食系统，至今仍然残留于边远的少数民族地区；只是在离我们很近的时候，人类历史上才出现了工业化都市的生活模式。这些获食模式都使人类保留了在自然状态下生存所需的身体活动，劳动方式具有类似体育的功效，因此不能产生属于全社会意识的体育需求。

第二节　两足直立行走是身体运动方式改变的生物学基础

人类起源与体育萌芽的关系，应考虑到两足直立行走的由来。从猿到人带来身体运动形式的改变，对其进行深入的研究意义非常重大。没有两足直立行走，就不会创造和发展出丰富多彩的人体运动方式，体育的萌芽如无源之水；有了两足直立行走，人类一切有意识的身体活动都将逐渐超越纯生物学的层次，成为身体文化。

从四足行走进化到两足直立行走，是能在进化生物学的解剖特征上见到的一种极大的改变。在许多骨骼上、牵引骨骼的肌肉分布和四肢的动作上，都能发现这种重大的改变。观察人和黑猩猩的骨盆便足以证实这种看法：人的骨盆矮而宽、呈盆状，而黑猩猩的则是窄长的。两者的四肢和躯干，也有很大的差别。

两足直立行走的形成，不仅是一种重大的生物学上的改变，而且也是一种重大的适应改变。两足直立行走有巨大的进化潜能，使上肢解放出来，以致以后能用来操纵工具，掌握运动器械。如果没有两足直立行走的适应，猿不能变成像我们这样的人，也不能创造文化，我们更不会具有今天这种离不开体育的体质。

一、直立行走的原因

是什么进化因素促使古猿采取两足直立行走这种新的行动方式？人类起源的通俗解释是一种似猿的动物离开树林到空旷的稀树草原上跨步行走。但哈佛大学和耶鲁大学的研究人员分析了东非许多地区的土壤，证明了这种解释是错误的。非洲的稀树草原只是相对较晚的时候，在最早人类物种出现之后，才出现动物群大量迁移的情景。

如果追溯到1500万年前的非洲，就可能看到那里从西到东覆盖着一大片森林，居住着形形色色的灵长类动物，包括很多种类的猴和猿。与今天的情况相反，那时猿的种类远远超过猴的种类。可是在其后的几百万年里，那里的环境发生了变化，致使生物也发生了相应的变化。那时，非洲大陆东部下面的地壳，沿着从红海经过今天的埃塞俄比亚、肯尼亚、坦桑尼亚等地一线裂开，成为著名的非洲大裂谷。结果，埃塞俄比亚和肯尼亚的陆地像气泡那样地上升，形成海拔270米以上的高地。这些高大的隆起不仅改变了非洲的地貌，而且也改变了非洲的气候。以前从西到东一致的气流被破坏了，隆起的高地使东部的地面成为少雨的地区，丧失了森林生存的条件。连续的森林覆盖开始断裂成一片片的树林，形成一种片林、疏林和灌木地镶嵌的环境。空旷的草地很少。

大约在1200万年前，持续的地质构造运动使这里的环境发生进一步的变化，东非大裂谷的从北到南的一条长而弯曲的峡谷。东非大裂谷的存在产生了两种生物学效应：一是形成了阻碍动物东西交往的无法超越的屏障；二是更进一步促进了一种富于镶嵌性的生态环境的发展。

这种东西的屏障对于人和猿的分道扬镳的进化是关键性的。由于环境的力量，人和猿的共同祖先的群体本身就分开了。这些共同祖先西部的后裔致力于适应生活在湿润的树丛环境。这些就是进化缓慢的猿类。相反，与猿类有共同祖先东部的后裔，为了适应它们在开阔的复杂环境中新的生活，飞跃进化，开创了一套全新的技能。这些就是人类。

东非大裂谷有着许多凉爽的、多树的高原，又有陡峭的斜坡到达炎热、干旱的低地。生物学家已经懂得，这种提供多种不同种类生存的镶嵌环境，会促进进化的更新。一个一度广泛和连续分布的物种的种群，被隔离而面临新的自然选择。这就是进化改变的秘密。如果合适的环境消失了，便容易导致某些种群的灭绝。如大多数非洲猿类，现幸存的只有3个种（大猩猩、普通黑猩猩和矮小黑猩猩）。

习惯的树上生活转为陌生的地面生活，的确是迫于无奈。那些在树上生活时，前后肢已有某种分工的古猿，它们的前肢习惯于抓握外物，以后肢走路。前肢因而发展了抓握的功能，逐渐学会利用天然的物品作为“工具”；后肢则发展了支撑身体和行走的功能，身体逐渐拉直，渐渐直立行走。很明显，两足直立行走在改变的环境条件下，被赋予了重要的生存优势，也带来潜在的体育需求。开发潜能和冲击极限，使人类在地球上获得比任何动物都明显的生存优势，而现代奥林匹克竞技，正是在孜孜不倦地追求这种优势的潜能和极限。

二、直立行走带来的改变

人类学家倾向于从两方面来考虑两足直立行走在人类进化中的重要性。一个是上肢的解放能用来携带东西；另一个是两足直立行走是能效更高的行动方式。罗夫乔依在1981年发表于美国《科学》（Science）杂志上的文章里认为，两足直立行走并不完全是提高行动效率，而是为了携带东西。这种新的能力给予雄性的猿以提高雌性生殖率的机会，因为雄性为雌性采集食物。解放了的双手极大地开拓了身体运动方式，生存必需品的质和量都大为提高。女性能从食物中得到更多的能量，那她们就可能成功地生较多的后代。进化的成功最终依赖于产生能继续活下去的后裔。

有学者提出假说，主张两足直立行走在环境条件改变时是有利的，因为它是一种更有效的行动方式。当森林萎缩时，疏林生境的食物资源如果树等也变得太分散。使传统的猿难以有效地去利用。按照这个假说，以能量效益作为有利于两足直立行走的自然选择是有道理的。最初的两足直立行走的猿只是在其行动方式上才是人。他们的手、上下颌和牙齿仍旧是像猿的，因为他们的食物并没有改变，只是他们获得食物的方式不同了。这个假说给我们的启示是：与最基础的体育起源因素有关的两足直立行走可能仅仅只是摄食方式的改变引起的，后来制造工具改变了食物性质才促使了大脑的根本发育，身体的运动形式才逐渐丰富起来。

关于推动两足直立行走进化的因素，还有许多其他的意见，诸如为了监视猛兽，需要超出高高草丛去观察；诸如大白天找寻食物时，需要在炎热的气候中采取更有效的冷却身体的姿势等。

从古人类学的角度看，两足直立行走的证据是枕骨大孔的位置，枕骨大孔是头骨基底的开口，脊髓通过此孔进入孔柱。在猿类，此孔在颅底相对靠后的位置，而人类则接近颅底中央。这种差别反映了人的两足直立行走的姿势，此时头是平衡于脊衡于脊柱的顶端，与猿的姿势相反，猿的头向前倾。这样，人类学家找到化石后，可根据枕骨大孔的位置确定是两足直立行走的人科，再测出年代，比较后选出最早的，就可以知道人从何时开始两足直立行走了。

人类学家把这种两足直立行走的猿称为南方古猿（Austrlopithecus）。从他们的牙齿构造上可明显地看出，虽然都是主要吃植物性食物的，但他们的颊齿不像其他猿那样有尖锐的齿尖，适合于吃相对较软的果子和其他植物。而南方古猿的颊齿却有平的研磨面。在300万年前到200万年前之间，人类的食物已明显地转变为比较坚硬的食物，诸如硬的水果和壳果，这几乎表明，南方古猿生活在比猿更为干燥的环境中。换言之，食物链的改变迫使从摄食方式到摄食对象的改变。

当一个物种随一种新的适应而产生时，在以后的几百万年里，常常发展出多种后裔种，它们表现着有关那个初始适应的各种不同的内容，这种发展被称作适应辐射。剑桥大学人类学家罗伯特·弗利（Robert Foley）计算过，如果两足直立行走的猿的进化历史遵循适应辐射的通常形式，在700万年前的群体起源与今天之间，至少存在过16个物种。人科系统树的形状开始时是一个主干（创始种），随着时间的推移而发生新的分支，然后当有的物种定向绝灭时，树的分支便减少了，南方古猿100万年前绝灭了；留下一支继续生存下去，即智人。最后导向像我们今天这样的人。

除了牙齿不同于南方古猿外，早期人属是体力上活跃得多的生物。有两方面的独立研究成果得出同一结论点，即早期人属是能有效地奔跑的第一个人类物种。苏黎世人类学研究所的彼得·施米德（Peter Schmid）认为，南方古猿阿法种"不能够提升他的胸部以进行那种我们奔跑时便会出现的深呼吸。他大腹便便，没有腰，以致限制了他的灵活性，而在人类奔跑时，灵活性是很重要的。"人属会奔跑，南方古猿则不会。南方古猿两足直立行走，但其灵活性受到限制；人属则行动敏捷。

关于灵活性的这个问题的第二方面的证据来自莱斯利·艾洛关于体重和身材的研究。她测量了现代人和现代猿的体重和身长，与化石人的体重和身长进行比较。现生猿的身体粗壮，其体重两倍于同等身高的人。化石的资料也与此吻合。南方古猿的身体构成是似猿的，而所有各种人属生物则是似人的。艾洛的发现和施米德的研究都符合弗雷·斯普尔在南方古猿和人属的内耳解剖构造上所发现的差异，即伴随着身材的增高，有利于两足直立行走。

两足直立行走原先是作为在变化了的自然环境中的一种效率更高的行动方式而产生的。它使得两足直立行走的猿能在不适合于普通猿类生活的栖息地继续生活下去。当两足直立行走的猿在开阔的林地寻找广泛的食物资源时，能够在更大的地域范围内行动。人属的进化，产生了一种新的行动方式，仍然是两足直立行走，但却敏捷和活跃得多。现代人轻巧灵活的身材使走路时能大步迈进，并且使热量散失的效率更高，这对于像早期人属这样一种活跃于开阔温暖环境中的动物是很重要的。高效率大跨步地两足直立行走，代表人类适应中的核心变化。这种变化会涉及狩猎行为。

三、解剖学特征与隐患

早期直立人身材高大，南非出土的大约160万年前的特卡纳男孩骨骼身高近183厘米，体格结实，肌肉强壮。即使今天最强的摔跤运动员也不是一般的直立人的对手。虽然早期直立人的脑子比其祖先南方古猿的大（大约为900毫升），但仍然小于现代人，今天的人平均为1350毫升。直立人的头骨长而低，前额小，头骨厚、颌骨有些突出，眼上方是突出的眉脊。这种基本的结构特征持续到大约50万年前，虽然在此期间脑量增大到1100毫升。此时直立人的群体由非洲向外散布，占据亚洲和欧洲的广大地区。

从34000年前至今，我们发现的人类化石都是完全现代的智人。他们的身体不那么粗壮，肌肉不那么发达，面部较扁，头骨较高，头骨骨壁较薄。眉脊不突出，脑较大。

人类区别于其他动物的最重要的解剖学特征，就在于各种使用使他能够直立行走的身体构造上的特点。直立的姿势也开阔了人类的视野，减轻了使用发声器官时的负担。

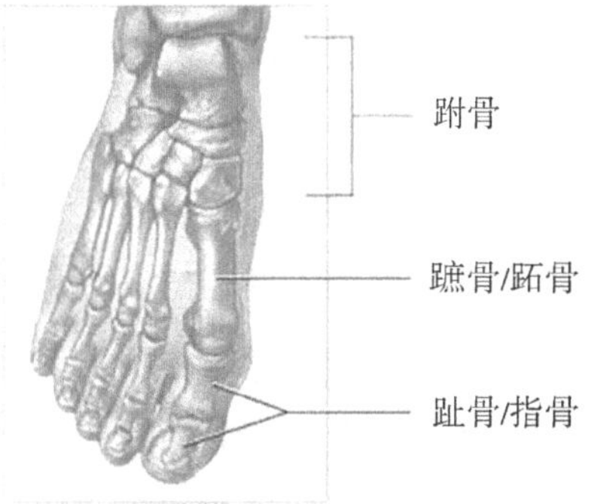

现代人——跗（fu）骨、跖（zhi）骨、趾（zhi）骨

人体上一个最有代表性的部分就是他的脚，脚是人在站立、行走和奔跑时的支撑器官。从脚骨中可以发现以下和类人猿不同的主要特点：①与高等猿猴相比，人类的趾骨和跖骨相对跗骨而言，要短得多；跗骨对足长的百分比，黑猩猩为35，人为49；第三趾骨的长度与足长的比例，黑猩猩为36，人为21。换言之，第三趾骨对跗骨的长度百分比，黑猩猩为101，猩猩为166，人为43。②与其他各趾相比，拇趾较长而且很粗。作用由抓握改为支撑。③拇趾不灵活。人的第一趾

（拇趾）跖骨关节面几乎是平的；相应的跗骨关节面也具有同样的形态，这就使人的拇趾的活动受到限制。④人的足弓很高，而猿猴的足是平的。⑤人的脚踵是内旋的，而黑猩猩和猩猩是强烈外旋。

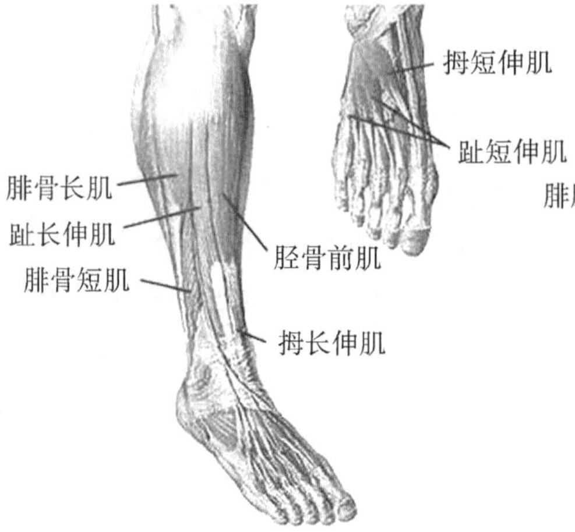

小腿前外侧面及足背的肌肉（1）

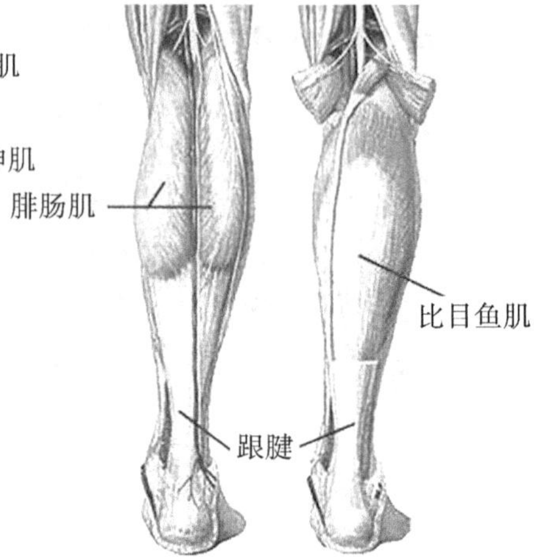

小腿后面的肌肉（1）

对两腿直立行走的适应性反映在人体的整个构造上。人的腿较长，髂骨较宽。人有粗壮的小腿骨，如胫骨的骨干周长与躯体长度的百分比约为16；这个数字比所有的灵长动物都高。人的小腿肚肌肉非常发达，它可以使膝盖弯曲，使脚放下或抬起。人的小腿三头肌（M. triceps surae）占小腿全部肌肉重量的57%，黑猩猩占36%，猩猩占28%。人类小腿的另一个特点是跟腱很长，又有类人猿所缺少的第三腓骨肌（M. peroneus tertjus）；第三腓骨肌附着于第五跖骨底部，起着举抬脚掌外侧的作用。与黑猩猩相比，人类所特有的小腿肌肉的肉厚部位靠上。

股伸肌的发展也与直立行走密切相关。各伸肌的总重量与大腿其余肌肉重量之比约为3∶5。相反地，旋肌的作用倒小，比例为1∶30。引人注目的是，人体上肢的旋肌非常发达，它们与臂部其余肌肉重量之比约为1∶4.8。人的大腿收肌比猿弱，但某些屈肌比猿发达。由于人的股骨屈肌群的活动而出现股骨粗线（linea aspera）和显著的股骨嵴。阔筋膜（fascia lata）对于直立行走也有重要意义，起覆盖和巩固地连接肌肉的作用。其他灵长类动物，阔筋膜或者完全没有，或者很不发达。

人的臀部肌肉组织很发达，便于大腿屈伸；猿猴的臀部肌肉不太发达。臀大肌防止躯体向前倾倒，而发达的大腿韧带又防止了向后仰跌的危险。

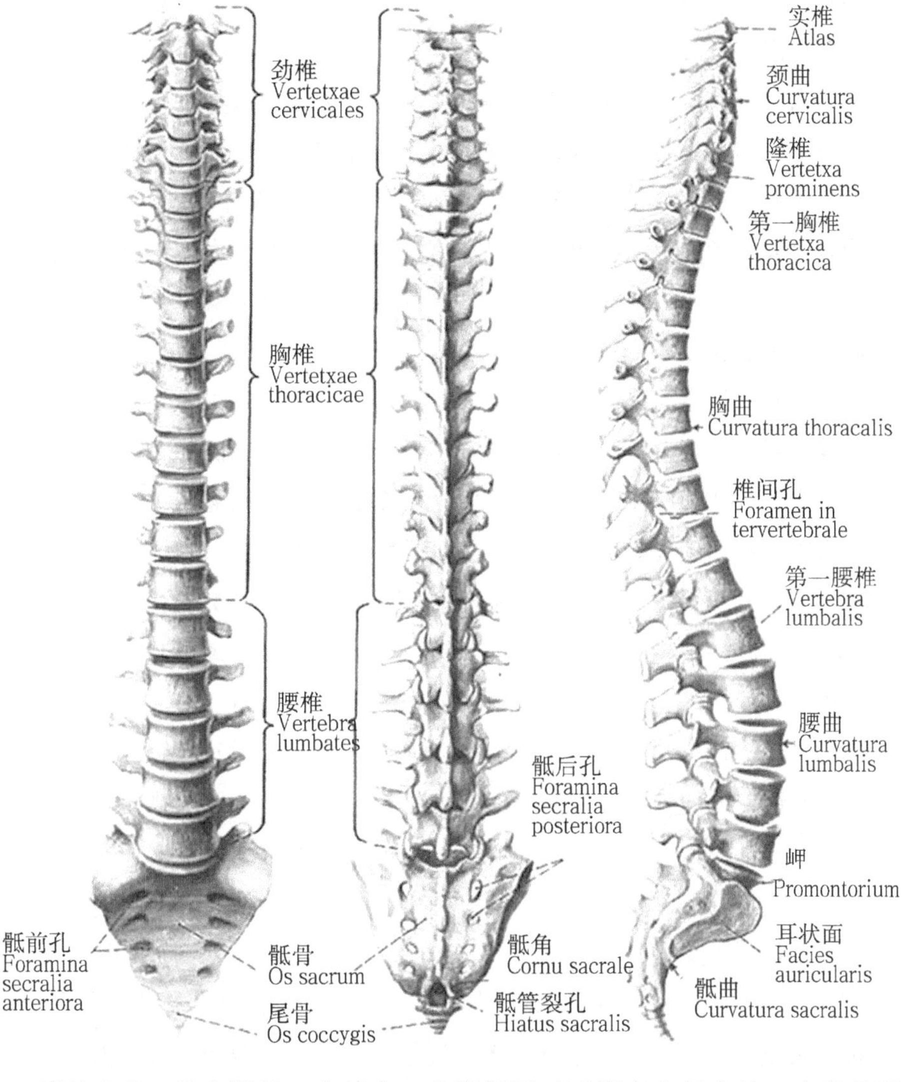

脊柱弯曲，是人类的一大特点。人类躯干对两脚直立行走的一个很重要的适应是脊柱弯曲呈弓形：两处朝前弯曲（颈曲和腰曲），两处向后弯曲（胸曲和骶曲）。这些弯曲使脊柱成为一种独特的弹簧，在跑跳震动时产生弹性从而使大脑免受伤害。脊柱同骨盆连接非常牢固，这也是人类所特有的。在骶骨的骨盆组合中有三块骶椎。

两腿直立行走要求很多器官发生重大改变，如腹腔中内脏的位置发生变化。某些改变会带来困难和不便，也容易导致人类特有的一些疾病，人类要彻底克服它们为期尚远。面对大自然留下的遗憾，人类有意识地创造出包括体育在内的许多手段来对付它。

人类骨盆带的变化应该是特别大的，由于全身重量在直立行走时都落在两腿上，而不是落于四肢，骨盆带承受了双重负载。四足动物的耻骨联合大致位于骶髂关节之下，同骶髂关节和髋关节处在同一个垂直面上。人类的耻骨联合较二者靠前，因而不再起阻止两个髋关节在重力作用下向两侧分开的“拉力”作用。就机械条件而言，加强这种盆底拉力本来是有益的。然而，盆底分布有肛门和尿道，尤其重要的是还有产道。人类骨盆为适应新的条件——直立行走而采取了各种方式：改变骨头形状，改变骨盆各部分排列的相互位置，在直立状态下必须保持平衡的地方发展和加强韧带。

为了弄清这些变化的实质，应该注意到，为了恢复身体的平衡，骨盆似乎力图重新回到失去的状态——让耻骨联合、骶髂关节和髋关节向同一个垂直面靠近。脊柱的腰椎和骶椎部分强烈弯曲，向前突出，形成一个“岬”（promontorium）。在挺立状态下，岬的前沿正好相当准确地位于连接两个髋关节中心点的水平直线之上。由于这种变形，骨盆“圈”的通道来了个九十多度的转动，这有利于保持身体平衡，但给分娩带来了极大困难。

然而，人的骨盆即使作了如此大幅度的转动，还是未能完全消除力学上的不合理性。为了使通过髋关节的中轴抗住所承受的重量（躯干、头部和双臂），人的三条盆骨韧带特别发达。它们包住了股骨颈，使人不致向后仰倒。每条韧带所承受的位力平均约为 50 千克。

骶结节韧带和骶棘韧带对于加固人的骨盆也有重要作用，每侧各有两条，可以阻止骨盆的对称部分由于体重负载的影响而向两旁分开。然而在这种情况下所形成的产道结构却是不合理的。因为上述韧带使髂骨无法活动从而成为分娩时的障碍（贝伦施泰因，1926 年）。

因此可以说，这是直立行走带来的一种“副作用”，它通过人所特有的某些疾病表现出来：难产时子宫下垂和脱出，负载过重时疝气比较常见，平足等。在人类转向直立的过程中，由于上述骨盆结构的改变，最大的困难落到了妇女头上，在研究人类的自然分工问题时应当注意到这一点；在人类社会形成初期，这种分工是由两性差别引起的。在早期人类中，怀孕期的妇女很可能已经不能长时间地参加狩猎活动，因为这种活动要求快速追踪猎物投掷沉重的石块，或者要走很长的路。

人类股骨的一个特点是股骨粗线（linea aspera）很发达，该粗线在不同程度上形成明显的嵴，称为“壁柱”。壁柱指数越发达，指数越高。现代人的壁柱指数变异量在100~122之间（组平均数），尼安德特人大约为100，爪哇直立人为109。类人猿的股骨粗线不发达，股骨呈前后方向扁圆，壁柱指数相应较低：大猩猩约75，猩猩78，黑猩猩85，长臂猿97。

壁柱的产生与直立行走的发展有关。直立行走增加了股骨的负荷，要求加固股骨，壁柱便是作为扶壁应运而生的；另外，由于直立行走增强了股骨的肌肉，其中包括开始于股骨粗线唇的阔肌。壁柱与骨干弯曲程度之间有一定关系：弯度越大，壁柱一般就越发达。

由于直立行走，人的上肢也是与其他任何生物不同的。向直立行走的转变，导致对于古人类来说是极其有益而且极端重要的上肢解放，使它们从移动身躯的活动中解脱出来。手的解放同它们被用于采集果实、挖掘块根、摘撷嫩枝、在防御和进攻时握拿棍棒和石块、在肢解猎获物时使用石片切割砍砸等活动有着不可分割的联系。归根结底，这些活动导致制造工具，从而奠定了人类劳动的基础。双手用于执行新的功能，自然就会使上肢产生许多人类所独有的特征，包括灵巧使用各种运动器械。

但是，手部过大对于快速自如的运动显然是不利的，因为手的重量相当大一部分在通过肩关节的中轴线以外，会对快速运动起阻碍作用。因此，人的手慢慢缩短，手长同上臂长之比大大地小于猿猴。

人的手骨不仅是拇指而且食指也强化了，同时，拇指的强化主要依赖于掌骨的扩大。人手不仅灵活度提高，各部分之间的联结度也加强了。头状骨通过很紧的关节同腕骨末梢和三块中央掌骨相联结。掌指关节和掌骨间关节的动作差异扩大，自由程度也提高了。拇指很长，这对人类有很重要的意义。众所周知，失去拇指意味着劳动能力的重大损失。这个特征可能通过拇指对中指的长度比例反映出来：猩猩为39，黑猩猩为40，大猩猩为43，人则是61~64。

高等灵长类的拇指对掌肌（m. opponens polljcjs）一般都比较发达，而人类发展得尤其异乎寻常。而且，与所有的猿猴都不同，人类具有明显独立于一般屈指深肌之外的单独的屈拇肌。人的指间皮膜很小，这就使各条手指相当灵活，而在猿猴中，例如大猩猩，指间皮膜延伸到整个第一指骨。从旋后肌（m. supinator）的发达程度看，人类在灵长类中居于很高的地位。这是完全可以理解的，因为前旋和后旋对于劳动有着极其重大的意义。另外，举凡猿猴都有一条叫 m. latjssjmo-condyloideus 的骨肉，这条肌肉起自背阔肌腱末梢，或者附着于肩胛骨，或者附着于三头肌腱末端，对猿猴在树上攀援很有帮助；而人类中有这条肌肉者比较罕见（可见率不过5%）。

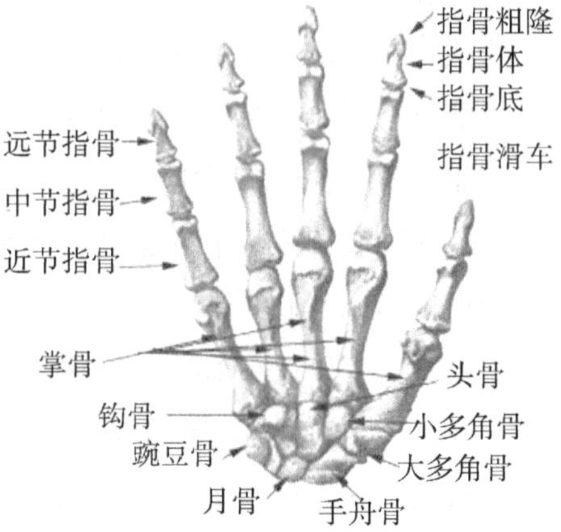

手骨掌面观

灵长类是拥有五趾，前肢可以抓拿的动物。大多数灵长类成员的抓拿能力表现在拇指能和其余四指的对握。五趾俱全是哺乳动物和一般地栖椎动物的一个古老特征，它在灵长类中保存下来，为形成两手抓拿提供了可能，而这反过来又导致它们行动的灵活性、多样性的扩大和抓拿力的增强。

前肢动作的灵活性和多样性是以一切灵长类动物都拥有的锁骨为保证的。其他凡是要求前肢有很大的灵活性的哺乳动物，如食虫类、啮齿类、翼手类，也都有锁骨。前肢动作比较单调的动物，如有蹄类，则没有锁骨。前肢的灵活性与灵长类所特有的前旋和后旋动作有关，即桡骨能围绕尺骨自由旋。

灵长类在地面行动时，通常都是全掌着地以作支撑，它们可以被确定为掌行动物；与典型的地栖类型——趾行动物相比，它们不大适应于快速奔跑。而树栖生活方式，是同视听器官的强化发展相联系的。地栖动物的特点是嗅觉器官很发达，它们的行动在很大程度上靠嗅觉来引导。在树栖生活方式下，视觉和听觉起着最重要的作用。所有灵长类双眼或多或少都是前视的。甚至狐猴的双眼也比有蹄类大为靠前；后者的双眼朝向两侧，每一只眼睛各自有其独立的视野。灵长类的双眼在同一个平面上，这同它们的两个眼眶位置或多或少前向排列有关。眼眶以眶周圈或比较发达的骨壁同颞窝相隔，这有助于将眼睛固定在眼眶内。灵长类的脑的特点是视觉中心相当发达。人类由于直立行走，在很多地方具有了与其他灵长类不同之处。

人类学的研究证明，产生现代人的身体进化活动发生在 50 万年前至 34000 年前之间。这是人类被动地告别“头脑简单，四肢发达”的时代，以头脑的增长和肌肉的消退为特征的过程，两足直立行走时便埋下了体育需求的种子。可知，人类身体的细弱早在两足直立行走的史前时代就已经开始，而并非我们一向错误认为的是现代文明的产物。只不过，近现代工业加速了这种与动物身体相比的弱化，使人类强烈地产生了体育意识。

两足直立行走对人类体质与身体运动形式长远的深层影响。近代体育性质的身体活动，是以直立行走后人体形态结构的改变为前提条件的，而不是通常泛泛而谈的“劳动起源说”。

人类在进化为直立行走后，所发生的人体形态结构的变化，为体育性质的身体活动进行提供了生物学的基础；人类为弥补自己的生物性缺陷，产生了对体育活动的主观需求。在工业革命带来的突变中，近代体育得以诞生。

两足直立行走，给人类带来了丰富多彩的身体运动形式，也带给人类特有的毛病，人类悬挂着的内脏器官，尤其是易患心血管方面的疾病。这个体质弱点在人类进入文明社会之后表现得更明显。两足行走使人体形态结构的改变，为人类的某些生理疾病埋下了隐患，产生对体育的需求，现代工业文明仅仅是催化物。新时期发展体育对抗疾病，展开对健康的新追求，由此导致了体育的生活化。因此，需要重新建构当代体育与健康理论。

第三节　近代劳动方式的演变铸成体育形态和功能

一、自然经济的劳动方式使体育萌芽难以成长

人类学家普遍认为，自然环境对食物获取技术的主要类型只起到限制的

作用而不起决定性的作用。在一定面积的土地上，食物生产者一般能比食物采集者养活更多的人口。所以在竞争中食物生产者可能比食物采集者更占优势。大多数人类社会不止实施这些获食方式中的一种，每一种获食模式，都会导致与其他社会不同的模式。实际上，这些模式发展的逻辑，正是人类社会从初级发展到高级的顺序。

不同的获取食物的劳动方式，决定着是否对体育产生需求，以及这种需求的程度和形式。最初产生的许多身体活动形式，不是为健身，而是带有娱乐目的的竞技游戏，后来才被体育囊括为手段，为提高健康水平的目标服务。

特定的获食系统在应付一个地域的总体环境特征和变化无定的环境特征中发展。这些变化无常包括可供资源的数量和质量、可供资源的波动以及争夺同一资源的其他群体的数量。一个群体能否成功地适应其资源关键要看它是否保持了其生态系统。在这一点上，简单的社会可能与技术发达的社会平分秋色、难分伯仲。但是，工业革命使人类的获食方式彻底改变，越来越多的人并不直接向大自然索取食物，他们的身体活动形式也脱离了自然。

灵长类行为研究的结果表明，许多种灵长类动物的儿童和少年期以游戏行为为生活的主要内容。它们形成游戏组，进行游戏活动。灵长类的游戏活动包括追逐、摔跤、打击、踢、猛烈的推拉、擒拿、咬、击倒、推捅和击落等。据此可以推断，人类在史前期以及历史早期，儿童和少年中也曾存在类似的游戏行为。劳动方式的进步使人口聚集的密度增加，社会性和文化意味也随之增加，人们才开始关注身体活动的教育性。

在人类历史早期，由于获食方式当中身体活动的成分占有很高的比例，不需要高体力强度的竞技活动，只有一些游戏、舞蹈和玩耍用于消磨时光，点缀生活。儿童将发生的事转变为游戏加以推广，身体游戏的某种基本形式在不同社会阶层和生活环境中重复着，并没有受到体育意识的改造。

二、近代体育是工业革命的产物

以前的某些体育史研究，往往只抓住某一时期某一点类似体育的身体活动材料，就以此作为典范大书特书，给人以那时的人类全社会各阶层都大搞体育的错觉。古希腊竞技和古中国“六艺”中的体育萌芽，就是这样的特殊典型。就像自然科学中不能重复实验的东西令人质疑那样，仅仅出现在希腊的这种特殊个案并不能反映对全人类的普遍意义。因此，我们不妨把这样的现象称为体育萌芽。

传统的人类历史发展阶段按原始社会、奴隶社会、封建社会等划分，实质上也是劳动方式的不同。分析劳动发生对体育诞生的影响，可以把资本主义社会以前都认为是原始体育期。

古希腊出现了和谐教育的萌芽，无论是斯巴达或者雅典，都十分强调对新生一代的身体训练，设有各种专门身体训练机构。值得注意的是，奴隶制生产关系的基础是奴隶主占有一切生产资料，奴隶任其宰割。无论古希腊竞技的场面多么热烈，无论古奥运会的遗址多么宏伟，竞技在当时都只能由少数有充分余暇的“自由民”参加，而奴隶除了被迫地参与野蛮凶残的格斗以供富人们消遣外，只能被富人们驱使从事繁重的劳动而严重丧失健康和生命。在这种意义上，早期竞技活动与现代科学意义上的体育相去甚远。相反，宗教的意味却很浓厚。正如古代中国的教育体系的萌芽“六艺”——礼、乐、射、御、书、数六门课程，萌芽于原始社会，形成于夏代，商代有进一步的发展，到西周就更加完善，春秋战国以后，则逐渐流于形式，到秦汉之际，其中体育的萌芽却令人遗憾地枯萎了。“六艺”中的射御，看起来貌似体育，但其明确的目标是为政治军事和礼教服务，并没有清晰的体育意思，因此只能称为体育萌芽。

封建社会生产关系发生变化，一方面奴隶变成了交纳地租的农民，能够在一定范围内选择劳动方式，自己掌握劳动强度，使之不超过生理极限。这样的体力劳动朝着有益于身体健康的方向发展，并在一定程度上代替着人们对体育的需要。另一方面，奴隶主阶级上升为封建统治者，在文化生活上有了更高一层次的需要，因而把原来主要用于军事训练的竞技发展为娱乐游戏，以满足精神享乐的欲望。

在封建社会，封建主占有基本的生产资料，但不能完全占有生产者。农民较奴隶有较多的自由，有一定的独立经济和生产工具。渔猎、游牧、采集、园圃和集约农业，各种生产都主要依靠人体的肌肉活动所提供的动力。各种形式多样的体力劳动，对人的身体客观上具有与体育类似的功效。社会并不需要有发达的体育事业。该时期的所谓“体育”，只能是各种零散而孤立的身体活动形式，低位缓行的生产力不能使体育这种社会现象具有独立而完整的形态。

随着资本主义因素的膨胀，不可避免地带来近代体育的意识。深受西方人文思想影响的严复十分重视体育。他把体育看作是国家强盛、民族兴旺的基础，就教育而言，身体也是体力、智力和品德的载体。他说：“少年用功本甚佳事，但若为此转致体力受伤，便是愚事。”（《严复集》）又说：“夫学所以饰躬，使身体受伤，学何用耶？”他认为，古代希腊、罗马和中国之所以能称雄一时，就是因为有健壮的国民。只有“形神相资，志气相动，有最胜之精神，而后有最胜之智略”（《严复集·原强》），这就是说，一个人有健康的身体，才能有旺盛的精神和斗志、高度的聪明和智慧。在健康教育中，他还十分重视妇女的健康。因为只有健康的妇女，才能生育强壮的婴儿。“母健而后儿肥。培其先天而种乃进也。”（《严复集·原强》）在他之后的许多学者开始追寻先进的近代教育途径时，也不约而同地把目光投向西方。

文艺复兴是欧洲从中世纪封建社会向近代资本主义转变的反封建、反教会、反神权的一场伟大的思想解放运动。这场运动的主要思潮是人文主义，其核心思想是对人、人道主义、人的价值、地位和能力的推崇，对个性解放、身心和谐发展的肯定。人文主义思想也进入了教育领域，人们一般称其为人文主义教育。人文主义者把体育放到重要的位置上，从教育角度考虑，体育成为培养资产阶级新人的一个不可缺少的重要组成部分。

卢梭是人们所熟悉的教育家，他认为，教育是同我们的生命一起开始的。婴儿从出生的那一天起，就开始从大自然受到教育。在这个阶段中，教育的主要内容是体育。体育教育的任务在于使婴儿身体获得自然的发展，解除一切身体上的束缚，锻炼他们的体格，促进他们的身体健康。在卢梭看来，体育是一切教育的基础。他说：“身体必须要有精力，才能听从精神的支配”，“身体愈壮，它愈能听从精神的支配”，“虚弱的身体使精神也跟着衰弱。”并认为，“如果你想培养你的学生的智慧，就应当先培养受他的智慧所支配的体力。不断地锻炼他的身体，使他健壮起来，以便他长得既聪慧又有理性，能干活，能办事，能跑能叫，能不停地活动。能凭他的精力做人，能凭他的理性做人。”健康的身体也是优良品德的基础。卢梭认为一切邪恶都是由于衰弱的身体而产生的。儿童因为娇弱才令人厌恶：如果设法使他健壮，他就会变好的。因此，他说：“教育的最大秘诀是：‘使身体锻炼和思想锻炼互相调剂。”（《爱弥儿》）他还第一次在其专著中提出“体育”（physical education）一词。说明直到这样的年代，人们才具有了成熟的体育意识，并有了专门的表达术语。

体育中的基本观点、方针政策、目的性质、管理制度等属于上层建筑的范畴，因此必然与上层建筑的其他意识形态，如政治理论、国家法律观念、道德、艺术、宗教、哲学等发生联系和相互影响。古希腊竞技与艺术的相互促进；欧洲中世纪宗教神学对体育萌芽的压制；文艺复兴掀起的人文主义浪潮对近代体育诞生的全面推动作用，都是极为突出的。体育的理论萌芽和教育一样，从娘胎里就带着人文的色彩。

随着时代的前进，人文主义的含义也在不断地变化。由于人文学家和自然科学家以及社会实践者的不断创新，使人文学的内容更加广泛，深深地影响着人类的各个社会实践领域。由于历史原因，人文学科的提法在中国体育界的出现是非常晚的，迟至 1997 年，才在体育学下设体育人文社会学，这标志着人文学正式进入体育学科领域，表现出体育理论的一个阶段性的飞跃。

三、现代体育的特征

真正的体育，指体育自身形成体系并成为人类社会生活的独立领域。也就是相对面向狭小阶层的古代体育而言的面向全社会的近现代体育。促使体育从原始混沌状态中脱离出来的根本原因是生产方式的进步，大工业生产导致综合性体力劳动突变到片面性体力工作，逐渐发展为脑力劳动增加和体力劳动减少，文明程度增高而体质下降，工作固定及闲暇的富余，积极追寻健康的体育就以崭新的面貌出现了。

1. 从局部领域扩展到全社会

现代体育，是人类整体意义上的体育，是纯粹意义上成为每个人生存权利的体育。

体育成分从社会局部领域的全面扩展，是有其深刻的社会经济原因的。

18 世纪产业革命后，手工生产逐渐被机器生产所代替。机器生产对劳动力的素质提出了新的要求，劳动力不但要有一定的文化素质，而且要具有一定的身体素质，适应大机器生产对劳动力素质的需要，体育就成为学校教育的重要组成部分。在资本的原始积累期，老板主要通过延长劳动时间的办法加强对工人的剥削，工人劳动时间长、强度大，物质生活水平很低。在这样的条件下，体育不能直接大规模地进入广大劳动群众的生活中。因此，社会选择了教育作为中介，这时的体育主要是学校体育。

体育作为培养和教育人的必要手段，历来都是教育的重要组成部分。原始社会时期，处于萌芽状态的教育和体育之间没有严格的界限。原始人类传授生产和生活技能的教育目的，往往是通过身体活动的方式去实现的。教育和体育的原始形式处在一个统一体内。

在古代社会，在几乎所有的民族中，系统、正规的教育都是指狭义的文化及少数专业（如医学、天文学等）的教育，它们严格局限于上层社会或某些特殊的社会成员。对大多数社会成员来说，教育亦即社会化的过程是通过家庭成员间的传承和所在社区的各种民俗活动实现的。因此，在军事活动方面，古代体育发挥着训练和准备的重要作用。也就是说，古代体育实施的最大范围恐怕是用于军事训练。因此，古代体育不仅仅是一种娱乐活动，而且在军事知识和技能尤其是动作技能的形成方面发挥着不可或缺的重要作用。

现代社会的进步，使体育这种独立的文化形态愈益完善。体育作为教育组成部分也具有新的特征，出现了新趋势。例如，体育教育义务化；体育实施开放化；体育方式多样化；体育手段日益科学化等。体育在教育中的重要作用已为更多的人所认识。体育作为一种理论、知识、方法体系已为更多的人所接受。

当然，我们理解体育与教育的关系，不应该把体育仅仅理解为学校教育的组成部分，还应当看到体育的完整体系和多种功能已远远超出学校教育的范畴。现代体育已成为个体的终身需要，全社会的需要，全民的需要。从妇婴保健到延缓衰老即人的生命的全过程，无不与体育发生联系。从提高人口素质，改善人们生活质量，丰富现代生活方式，到提高运动技术水平，振奋民族精神，也无不与体育发生联系。所以，体育过程是包括学校体育在内的全社会化过程。可以说，体育的实施范围已扩展到全社会，体育在现代社会中的价值和地位也日益提高。随着体育的科学化社会化的进程，传统的“小体育”正在向现代的“大体育”转变。这种转变，将使体育在人类历史的长河中进入一个新的里程。

2. 分工的加速与体质的急速下降

在工业革命以前，人们用自己的双手和简单的工具来生产食物、衣服、器具等生活必需品，而现在则主要靠以燃料为动力的机器来生产。人类的劳动方式从身体多种多样的运动，过渡到越来越单调地操纵机器以及管理管理那些操作机器的人。资本主义大工业生产的蓬勃兴起，不仅以环境的破坏和污染为牺牲，也是以迫使人类体质劣化为代价的。

在农业社会，一系列的生产活动可以由一个人来完成，从耕地、播种、施肥、收割、加工、烹煮或交换、出售，独揽全过程，体力充分发挥，从头到脚都有机会运动。社会确实没有什么必要对此人去实施什么体育。

而在工业社会，从原料的勘探、开除、运输，到工厂各车间的一系列加工、制造，再到仓库、销售处……其中的每一环节又要被分为更专业化的小环节……这种专业化导致的极其错综复杂的结构，大量农民一夜之间成为工人，全身几乎每块肌肉都在自由活动的日子被身体某一部分按固定节奏运动的生活所取代，脑袋里装进越来越多的知识，而每天的体力劳动可能仅仅在装配线上不停地拧紧某一颗螺丝，或坐在那里不时按电钮。美国的农村养活着本国的两亿人和其他国家的将近两亿人，而其农业人口已经仅占总人口的百分之五。身体运动形式的改变，如果参照人类学所把握的人类几百万年发展史，这简直比一眨眼还要快!

在资本原始积累时期，对一切可利用的资源的疯狂摄取，不计手段的残酷压榨，不光针对物质世界，也不可避免地降临到人体本身。经过血与火的洗礼，体育作为教育的组成部分，成为提高劳动力质量的手段。

劳动力是社会生产力的主要因素。社会再生产不仅是社会产品的再生产，也是劳动力的再生产。随着科学技术的进步，生产过程的机械化、自动化、科学化的程度不断提高，直接作用于劳动对象的体力劳动的比重不断下降，劳动过程逐渐智力化，对劳动力的素质提出了更高的要求。劳动力的素质包括文化技术素质和身体素质。劳动者的身体素质包括三个方面：第一，健康状况，主要表现为对自然界的适应能力和对疾病的抵抗力；第二，体力和精力，主要表现在身体运动能力和劳动能力的强弱，体力是否强盛，精力是否充沛；第三，生命力，主要表现在能够从事劳动的时间长短和寿命的长短。良好的身体素质也是提高劳动者文化技术素质的重要条件。一个人身体健康，体力强盛，精力充沛，就可以更好地学习和吸收文化科学知识和生产技能。如果身体不好，就会减少学习时间，降低学习效率，甚至丧失学习文化技术的时机，即使有了丰富的知识和熟练的技能，也不能充分发挥出来。

体育在劳动力再生产中有重要作用，是提高劳动力质量必不可少的条件。

体育可以培养劳动力。青少年经常参加体育锻炼，有利于身体发育，形成良好的身体形态，发展身体的运动能力，练就健壮的体魄，使之成为健壮的劳动力。

体育可以保护劳动力。经常参加体育锻炼，能增强对自然的适应能力和抵抗疾病的能力，可以避免由于职业特点对身体的不良影响和身体局部机能的损害，减少疾病，降低发病率。

体育可以修复劳动力。适当的体育锻炼对于某些疾病具有医疗作用，如不少神经衰弱、关节炎、高血压等心血管系统疾病，通过适当的体育锻炼，都收到了很好的医疗效果，使身体得到不同程度的康复。

体育可以增强劳动力。体育锻炼能改善人体各器官系统的功能，增强肌肉的力量，使劳动者体力强盛，而强盛的体力又是旺盛的精力的基础。

体育可以“恢复”劳动力。体育是一项有利于身心健康的娱乐活动，无论是参加体育活动或观赏运动竞赛，都可以得到精神上的享受和快乐，随着生产自动化的发展，劳动者的精神和注意力经常处于高度集中的状态，极易产生疲劳。体育最有利于消除精神上的疲劳，恢复和保持充沛的体力和精力。

3. 体育活动的整体社会化

资本主义清除了腐朽的封建生产关系，以空前的速度和规模发展了生产力，并使体育由一棵嫩苗飞快地成长为一株参天巨树。在大工业大机器的生产方式中，生产资料的使用和工业化生产飞速的社会化，社会愈来愈细的专业分工使全身性的传统劳动变为身体局部性的单调运作，社会产生了对体育的需要，促成体育的思想和理论系统化，体育的方法和手段整体化、多样化，使体育成为一种在人类社会中相对独立的文化教育形态。

体育对工业生产的促进作用主要表现在：通过体育锻炼，改善劳动者的健康状况，降低了患病率，可以提高劳动者的出勤率；经常参加体育锻炼，可以增强劳动者的体力和精力，从而提高劳动效率；开展体育运动可以降低患病率，对某些慢性病也有一定疗效，因而可以节省医疗卫生费用。由于开展体育活动降低患病率而节约的医药费，高于开展体育运动所用经费。

近现代体育本身是工业化的副产品。

人类是聪明的，倒退是不可能的，前进是不可阻挡的，牺牲是难免的，矫枉过正是必需的，亡羊补牢是不晚的。弥补的手段可能是唯一的——体育。

文化差异的缩小和互相依赖的增强，为体育的社会化奠定了基础。

代表人类智慧的近代科学技术的迅猛发展，使体育不但有相对独立的理论系统，而且还有受其理论指导的分科研究，各竞技项目分类归纳，规则明确，其科学性大大加强，并正式成为体育的手段。更重要的是，体育成为一项文化事业，有了一整套方针政策和知识体系。可以说，体育到这时才成熟了，完整了，才形成了自己的结构，具有了自身的体系和特点。

科技飞跃的速度令人瞠目结舌，而我们的身体也在被迫发生不易使人察觉的变化：主流劳动方式，从需要全身肌肉活动，到仅需要身体某部分运动，再到几乎不需要大肌肉运动的信息时代。如果说近代体育的诞生出于工业生产对强健劳动力的需求，那么现代文明的全球普及则使后工业社会的人类开始关心自己的健康。

大工业生产创造了庞大的用先进的科学技术武装起来的生产力，使体育产生了质的飞跃，聚合成型，自成体系。教育走上科学的轨道，体育也借助于当时生物科学的发展和启蒙时期的教育思想而创立了自己的健身理论。组织机构的建立、方针政策的制定、法令条规的颁布、场地设施的大力修建，无不有强大的经济做后盾。体育的手段（身体运动）由简单到复杂，由单调到多样，由分散到集中，由实用强身到娱乐健身，有一个从量变到质变的过程。至此，科学的、完整的、独立的、系统的体育便形成了。

由于体育意识的增强，许多竞技和游戏被作为体育手段，有关健身、游乐的许多形式被体育所包容。全面的体育手段，包括阳光、空气和水，也有卫生和营养的内容。

劳动方式的演化导致体育的萌生、成熟及模式的改变。

在自然条件下获取食物的渔猎采集和农业社会，人类缺乏整体的体育需求，只能长期处于萌芽状态。工业社会强调的规模化生产，以机器取代体力劳动，以分工限制了人的全身性运动，体育从萌芽迅速成长为一种相对独立的社会文化形态。工业经济——异化劳动使人体生物适应性达到极限，破坏了几百万年以来人与自然的和谐，这是人类产生体育需求的社会根源。

体育彻底告别了胚胎发育阶段。

第三章　体育人类学方法论

西方学者认为，体育人类学的理论模型一般可以分为：解释（explanatory）模型和说明（interpretive）模型两大类型。前者是一种明确提出因果关系的“科学”模型，包括进化论（Evolutionism）、功能主义（Functionalism）、结构—功能主义（Structural-functionalism）、冲突理论（Conflict theory）；而后者只为观察者理解事件或行为提供了不同的视点，包括象征人类学（Symbolic anthropology）、文化相对论（Cultural relativism）、整体观（Holism）等。[①] 中国学者经过实践验证，总结和归纳出新的路径。

第一节　体育的价值区域与研究途径

体育在萌芽和形成的过程中满足人类的不同层面需要，决定了人们对体育价值的不同认识，形成不同的价值思考和判断。按照对体育逐渐深入的理解，体育价值可分为三个区域：自然价值、社会价值、人文价值。即参与体育活动所集中反映的身体自然物质材料积极变化的价值、体育竞赛等组织形态辐射到其他社会领域的价值、体育对促进人自身终极发展的精神文化价值，以此构成人类有意识利用自己的身体活动的所需要的效果、功能和导向。

---

① 胡小明、陈华：《体育人类学》，高等教育出版社，1985 年。

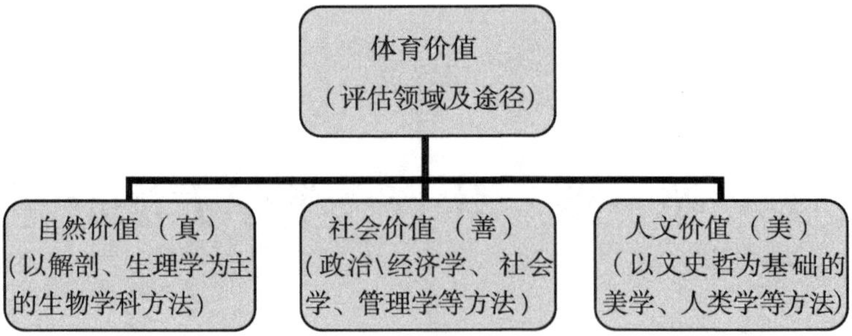

一、自然科学、社会和人文学科的支持

把体育作为研究对象，应主要划分为自然、社会、人文三个不同层面的价值区域，再从学术界通常划分的自然科学、社会和人文学科的分支中，选择成熟的母学科的理论和方法作为适宜的探索途径，才能取得正确的成果。

（一）研究体育自然价值的自然学科

作为大自然中的一个物种，人类也必须遵从自然规律，满足符合自然规律的生物存活的基本需求。人体经过史前时代巨大的改变，形成了世界上唯一直立行走的身体活动方式，双手掌控器械为萌生丰富多彩的运动形式奠定了基础。“非常专门化了的人类的腿形成于人类的脑之前——甚至可以说腿的专门化也许是促进脑发展的条件。我们的祖先最初一定是像猿一样的动物，后来臂和腿发生了改变，使它能站立起来并能直立行走。”① 直立行走是人类产生体育需求的自然根源。

体育的自然价值（或生物价值、科学价值），是反映在生物学意义上的功利需求，来自体育对人体培育和锻炼的生物性效果，也可以说是遵循自然规律的身体活动对人的身体自然属性所产生的积极作用。体育给人们带来的这个最基本的好处看得见、摸得着，是实实在在可以发生在每个人身上的效果，是体育为满足人类在大自然中延续生物性存在的最基本的功能。在这个基础上，引申出其他价值。

近代自然科学的兴起，使人们认识到体育可以强身健体，发达肌肉、提

① ［英］H. G. 韦尔斯：《世界史纲》，北京燕山出版社，2004 年，第 48 页。

高躯体的运动能力，这是人类在自然界生存的物种发展需要。对其进行探讨的自然科学中如果按学科的进一步划分，则无疑应该归于生物学科（或生命科学）的范畴。在“体育学”下面的二级学科中，有专门的“运动人体科学”一门，其中包括人体解剖学、运动生理学、运动生物力学、运动生物化其中包括人体解剖学、运动生理学、运动生物力学、运动生物化学、运动医学、人体测量与评价等若干子学科。包括医学和理学的这些学科，都是把人作为自然物质，通过体育活动给人体带来的变化来从不同的角度确认其自然价值。

体育在生物学意义上的自然价值，反映在体育活动所带来的强身健体的效果上，主要借用医学的方法进行评估。这种效果清楚地显示在每一个参加体育锻炼的个体身上，它作为体育的基础性价值举足轻重，以致人们在很长的历史时期几乎把它等同于体育的全部价值。迄今为止，对体育自然价值的研究已十分成熟，论文和专著汗牛充栋，科普读物遍及社会。

人虽然是一种动物，但体育却是其他动物所没有的社会文化行为。人类进入所谓文明社会不过短短几千年。体育萌芽于这历史长河最近的一瞬。即便在这一瞬中，大部分时间仅限于某些局部区域的身体游戏和娱乐竞技活动的兴盛，而面向大众和深入学校的体育活动伴随着工业化的进程成为一种相对独立的文化形态，其真正的历史不过短短的几个世纪。认识人体的自然现象，确认体育给人带来的生物学意义上的变化，只能依赖自然科学。

自然科学的研究对象是自然现象，目的是求真，研究方法主要是重复实验以证明事实，特点是面向客观的自然界，其成果可以物化和体现在技术当中，对人类社会的影响是直接的、明显的、充满功利诱惑的。因此，当今社会人们往往更重视自然科学。

从方法上看，西方的科学主义主张用自然科学的眼光来看待人文社会科学的研究对象、学科性质和研究方法等，强调对社会现象的科学研究应当采用与自然科学研究自然现象一样的方式来进行，力图在自然科学的规范和方法论系统中建构人文社会科学。实践中，社会科学的研究者在很大程度上接受了自然科学方法的进入用于社会调查资料的量化统计分析，而人文主义者却强调人文社会现象与自然现象的根本区别，否认在人文社会科学研究中运用自然科学方法的必要性和可能性。在人文主义者看来，自然现象具有确定性、普遍性和可量化性，可以对其加以客观的实证的解析与说明，而人文社会现象，尤其是人的思维、情感、意志和行为等则具有非确定性、个别性和非量化性，它们本质上是个意义世界、价值世界，不可能被通过实验加以解析和说明，而只能通过理解才能把握。

（二）研究体育社会价值的社会学科

追溯体育的社会价值，最初萌芽于通过身体活动给自己所属的社会群体带来利益的行为，潜藏于渔猎时靠体力围捕猎物、冷兵器作战时靠体力集团制胜的年代。到了身体活动脱离了军事而相对独立的体育成形期，其社会价值广泛确认，主要表现为早期工业经济对于劳动力的培养、使用和修复的需要。

在和平年代，体育作为疏导人类攻击性（侵略性、破坏性）的社会安全阀门，体现了稳定社会的价值；面向未来的后工业时期，体育又成为人们休闲娱乐的重要方式。随着人类社会的发展，体育的社会价值将随着需求的递进而演变，分量不断增加。

在某些特殊的社会时期，体育作为某个群体发展寻求显示度和话语权的特殊手段，认为体育可以强国强种，体育竞赛活动可以振奋人心、凝聚民族自信心，给国家带来精神利益，这时体现的是作为政治工具的价值。这样的社会价值往往体现在给群体巨大的凝聚力和精神满足上，有其历史阶段性。

体育的社会价值，往往在人类不同群体极端对立的战乱时期受到高度推崇。体育用来训练身强力壮的士兵，在全民皆兵的年代体现了很充分的军事工具价值，在19世纪下半叶和20世纪初，体育在世界范围受到了军国主义思潮的深刻影响，体育的社会价值受到国家意志的空前认同。第二次世界大战后的冷战时期，体育成为宣传意识形态优越性的手段，通过竞赛的较量来显示政治制度的巨大威力，作为外交手段暗度陈仓另辟曲径，甚至利用互相抵制奥运会来给敌对阵营施加政治压力，掀动国家主义、民族主义的狂热，使体育的社会价值发挥到登峰造极的层面，一度成为体育主要价值甚至唯一推崇的价值。

自20世纪80年代以来，我国体育的社会科学研究掀起空前热潮，取得了丰硕的成果。然而，人们往往忽略：同样是探讨体育价值的社会学科和人文学科，尽管相互有千丝万缕的联系，但仍然是两个有区别的学科群。

社会科学是研究社会各个领域的学科，这已为人熟知；而人文学科是有关人类思想、文化的学科。区别这两类联系紧密的学科群，主要从对象和方法上寻找它们之间的差别。

社会学科强调人的社会性、关系性、组织性、协作性等共性方面。社会学科研究的是外在于具体个人的客观的“社会”，对其结构、功能、机制、变迁、动因等进行研究，获得关于社会运行与发展的系统知识和理论，以便更好地加以管理。而人文学科研究的是人的观念、精神、情感和价值、是“人”的精神世界及其所积淀下来的文化。人文现象强调人的个性、主观、心理、文化、生活等特殊方面。从现状看，我国的体育价值中运用社会学科进行研究大大多于运用人文学科。

社会学科研究的方法，主要是调研、量化；人文学科的研究方法，主要是思辨、定性的。社会学科关注社会运行中需要处置的阶段性问题，而人文学科则追求人类精神、情感方面的终极目标。因此，社会学科可以部分应用自然科学的数理统计等方法，而人文学科则很难。社会学科研究的对象，是社会发展、体制。其共同点虽然都是人类社会所创造的对象，但有外向和内向的不同，分别表现在关注“身外之物”和关注“内心世界”的区别上。由于长期对体育社会价值的看重，我国体育界较侧重于“对外”的研究。尽管如此，人文学科与社会学科的密切联系大大超过了它们之间的区别。把人文社会学科区分为人文学科与社会学科，是理论研究的需要，但在实际区分却相当困难，而且一些学科的归属也有争议，因此人们更经常的是把两者合在一起，称为人文社会学。我国 1997 年就在“体育学”下面把“体育人文社会学”列为二级学科。

体育并不是天地间生生不息的自然现象，也不是人类社会直接的政治经济活动，不能单纯视为一种资源或工具加以利用。体育是一种后天习得、共享、传承和创造的身体文化，是人类独有的培养、完善自己身心的有组织有目的的活动，是追寻健康理想的过程。因此，它所隐藏的人文价值，就进入我们的视线。

（三）研究体育人文价值的人文学科

体育的人文价值，是体育满足人的文化需要的程度，是关于体育中关乎人的生存状态和方式的价值。体育不是动物的生存竞技或躯体游戏，或人利用体力进行物质生产的劳动，它是人类为自由发展而能动地设计出来的一种满足自身创造性欲望的身体运动方式。

在体育活动中，人的价值高于一切。世界上最宝贵的就是人。人是发展的中心主体。社会经济、政治、文化各方面的发展，人是参与者和享有者。在所有的发展中，人的全面发展是最重要的。尊重人的利益和尊严，是体育对人类自身发展的终极评估。体育的主要作用、体育的主要功能、体育的主要目标，最终都只能指向人的发展。当代体育的人文价值，逐步成为反映体育深层次功利需求的核心价值。

体育人文价值的外化形态是体育文化，其出发点是对人性的尊重，注重人格的完整和充分的自我发展，具有人文主义的精神蕴含。体育的人文价值也是各民族文化的人文价值理念在体育领域中的多样化体现，它具有与其他领域相同的人文标准和原则的普适性，也具有以身体的发展为基础来满足人性需求的特殊性，它决定了体育对人的生活意义的终极评价。

体育的人文价值，是体育的属性和功能在满足人类对自身发展需要的过程中形成的一种抽象关系。体育的人文价值是体育如何塑造人、培育人的一种内在标准，它为人们建立正确的体育价值观提供支撑。这种价值既反映了因人类而存在和尊严而通过体育活动实施的人文关怀，也体现了人文精神通过体育行为所表达的人类的情感、旨趣、欲望和审美理想，最终凝聚为体育未来发展的航标。

相对于体育的生物、社会价值，体育的人文价值具有内含隐性的特征。它虽然是相对隐性和抽象的，但涉及体育如何塑造人的发展方向，是最值得珍视的价值。体育的人文价值确立了体育真正的理想价值，是体育追求的终极意义和目的价值，它从根本上回答人为什么需要体育，搞体育的真正意义是什么，人类体育追求的终极目标究竟是什么。因此，人文价值观在体育价值观体系中，属于主导性价值。它不是体育在某一方面和某些局部的价值，而是指向人的自由发展意义上的全部价值。

总而言之，来自解剖学、生理学等自然科学的发展，使人类对体育自然价值的认识成熟，在 20 世纪达到分子生物学的水平，也使体育具有健身效果成为常识；20 世纪下半叶各国社会学、管理学、经济学等社会学科对体育社会功能的研究也达到了前所未有的高度，竞技精英甚至成为政治生活的宠儿；而 21 世纪可以说是人文学科介入体育研究的黄金年代，使人类对体育的关注由服务社会转移到以人为本的价值中枢。人类已经对体育的自然价值有了成熟的科学认识，对体育的社会价值也有了刻骨铭心的深刻体会，而人文学科的发展所带来的价值判断将使许多以前为人深信不疑的经典结论像世界纪录那样被改写。研究体育的不同价值，采用不同的学科作为探索途径，殊途同归，是对人类智慧最好的运用。

二、引进具有综合优势与实证特色的人类学

人类学是运用自然科学和社会科学对人类进行综合性研究的一门人文学科，在体育学研究领域可以充分发挥鸟瞰全局的宏观视野；而且，研究过程具有更容易令人信服的实证过程，其理论生成具有难以撼动的科学价值。

人类学理论是人类学家通过对世界上不同种族、不同文化的人类群体的社会文化形态和体质特征进行系统观察和研究后得出的一系列观念。这些观念试图从生物学和文化两个方面，对人类自身及其社会文化的本质、秩序和发展规律做出合理的解释和预测。但是，各种人类学理论也不是绝对的真理，它们会随着人类学研究的深入而不断被补充和修正。

人类学脚踏实地的传统，铸就了辉煌的年代。衡量一门学科是否具有科学性和现实指导意义的重要标准，首先是基础材料的真实性。如果体育学研究所引证材料不真实或不全面，那么结论就将建立在主观臆想和猜度、假设之上。体育人类学如果陷入这个深渊，脱离了脚踏实地的田野调查，试图在书斋里构建理论，无论如何努力也只能是积沙成塔，缺乏根基，解决不了体育实践的问题。

在科技飞速发展的今天，即使在传统意义上的书斋里，体育理论的研究也可能陷入比在书海里臆想更加危险的境地。这是因为，信息时代利用数字技术、网络技术、通过互联网、、宽带局域网、无线通讯网以及电脑网等提供

的信息服务的传播形式，给人类提供极大方便的同时，迅速降低获得信息的成本，但同时也影响了学者的思辨和推理，并大大减少了学术腐败的机会成本，使对数字网络的反向利用迅速升级。网络上的代写代发可以提供一条龙式的服务，使知识创新的学术研究变成了搜索下载和粘贴复制，“科研成果”往往成为大众化的交易商品。因此，在体育研究中大力倡导面向实践、面向基层、面向具体问题的人类学研究传统模式，针对有条件的对象开展扎扎实实的田野调查，有望获得更多有分量的成果。

虚拟世界的迅速膨胀，助长了同质化凭空臆想的惊人耦合与雷同。人们长期习惯用单一的价值观念而不是多元的价值观来看待体育文化，体育事业出现的偏差和弊端难以避免，这在本质上就是文化价值观念的单一、极端和不完善。人类学具有整体全面的综合视野，为体育学科的整合提供了很好的方法论路径。

三、形成体育人类学自己的独特方法

体育人类学研究什么问题？解决什么问题？其他学科都无法研究解决吗？那么体育人类学用了什么独特的方法？体育人类学采用自己的方法得到了哪些创新性理论观点？这些都是本研究需要回答的问题。

近代科学以观察和实验方法为主导，掀起了人类认识客观世界的热潮。这种注重实验和归纳的趋势深刻影响到文艺复兴以后的人文思想，使西方思想家重理性、重演绎，重视研究的逐步推导过程。这就使体育人类学研究有机会去学习如何一步一步正确完成实证的过程，而不是投机取巧找一些现成的理论观点来装饰体育事实。

体育人类学的研究过程也像其他科学研究一样，包括问题的提出和分析，假说的建立，假说的验证，得出新结论等步骤。假说是研究者在确定研究问题后，根据先前对所研究问题观察得出的印象、经验和知识，对所研究的自然现象和社会现象进行粗略的分析，提出对所研究问题的可能答案或解释。假说在研究过程中可能会被不断验证、修正或证伪。一种假说如果被以后的科学实验或社会实践所反复证明是正确的，就上升为理论，这在体育研究中也是一样的。相对而言，自然科学的实验条件可以受严格控制，一种自然现象的规律可以被重复实验所证实，因此，自然科学的理论比较客观和可靠。在人文社会科学中，由于人类社会文化现象错综复杂，外界条件难以控制，而且许多社会文化现象是不能重复的，因此，在人文社会科学中，假说和理论的界限不清晰，许多“理论”其实只是一种假说，是对社会文化现象的一种可能的解释。体育研究是一种应用性研究，很容易导致研究者产生“宏大理论无须验证”的想法，仅仅通过阅读甚至是臆想就提出假说，把浮想联翩的过程视为“研究”的唯一途径，直接将假说贴上理论的标签。这种虚浮空洞的模式在体育人文社会学领域尤为突出，非常需要体育人类学的矫正。

采集最原始、最可靠、最真实、最基本的第一手资料，是科学研究的基础。这在研究体育对人体带来影响的生物学科和运动技术分析等领域中得到广泛的共识。然而，有相当部分的体育人文社科的研究者不愿亲手采集素材，乐意寻找一些“短平快”的方法——闭门选定问题、凭空设计问卷、间接发收问卷、复杂化统计分析、形成结论并提出对策建议。这种研究思路的最大不足，是横切面的问卷调查忽视了被调查者回答问题时，在时间和环境条件上的不一致性，舍去许多细节，放弃了具有个性化特征的解决问题的关键信息；在商业大潮的浮躁氛围中，信息辗转传递失真，很难得到有价值的真实材料；尤其对局限于偏远地区的缺少记载的历史文化内容，不亲临其境难以把握全貌及特征。

体育的研究中采用人类学的田野调查方法，研究对象多为一些短期的传统身体活动事件，获得资助少、工作条件艰苦、出成果时间周期很长。然而，人类学参与性观察的小样本量的深入访谈，使获得的调查资料远比其他方法翔实，取得人类学调研资料在世界范围内得到通行的认可度。人类学的小样本量虽然在反映宏观整体的研究中不具备优势，但田野工作中的测量记录、参与观察和深度访谈却是研究孤立、罕见、奇特的“小众文化”甚至“微众文化”——原生态民族传统身体游戏的最适宜的方法。

体育人类学应该清醒地认识到，对体育的一切研究，其基本出发点和依托的基础性主干都离不开对人类身体的影响，这也是体育学存在的依据。形成体育人类学自己的独特研究方法，必须利用自身的学科优势汲取体质人类学的精髓，认真借鉴检验体育效果的生物学方法；对文化人类学也不是照搬支离破碎的理论观点或仅仅模仿学术论文的程序式写作模式，而是整体借鉴人类学的理论和方法，把握体育学科的脉络谱系，并在这个基础上的发展、创新并形成自身特色，以自己难以被取代的理论和方法解决其他学科难以解决的体育及相关问题，否则，就没有必要建立体育人类学这样的应用学科了。

第二节　人类学方法论与体育研究

对体育研究来说，人类学是理论和方法的宝库。很少有学科像人类学这样，有如此丰富的理论和方法。当前最需要引进和倡导的是方法，是针对停滞不前的体育理论中虚浮的部分，借鉴具有人类学实证研究之传统的田野工作（田野调查）方法。

田野工作是人类学的根基，是人类学家获取研究资料的最基本途径。可以说，田野工作的独特方法，建立学科的基本知识框架，因而成为人类学最重要的方法。人类学的田野工作有两层含义，一是指一种方法论（methodology），二是指一种具体研究方法（method）。具体地说，田野工作是指经过人类学专门训练的研究者亲自进入某一社区，通过直接观察、访谈、住居体验等参与方式获得第一手研究资料的过程。体育人类学最重要和最基本的方法，就是人类学的田野工作方法。而且，在应用创新中加以改进，形成以体育效果测量与以客观评价为基础、同时性影像记录及生态测评、多学科集中介入的短周期专题性田野调查特色，成为体育人类学的标志性方法。这在第四章将专门论述。

对于处于发展初期的体育人类学而言，田野工作的目标，主要是为撰写民族志提供大量有用的资料。在田野工作的结果，最直接的是完成一部民族志。在此基础上运用文化相对论和整体观，完成新的理论观点。

在每一次具体的研究中，首先是项目（田野点、社区、对象等）的选择——主题要符合自己长期以来的学术经历和兴趣点，有前期积累的研究基础。对选题学术价值的衡量，至关重要的是提出假设并加以实证的理论意义，以及社会效应和可操作的实际意义。对于在学术上已经有过很多讨论的理论问题，可以进一步地用田野调查材料加以证明或者反驳具体的理论和前人做过的研究，也可以提出理论的假设来进行实地验证和说明。

一、以田野调查为基础的民族志——民族体育研究的轴心

人类学田野调查作为其标志性的研究方法，是获取研究资料的最基本途径，是撰写“民族志”的源泉。人类学与其他学科的区别主要在于人类学家所使用的独特方法，区别一项研究是否是人类学的关键标准就是田野工作，它甚至成为整合整个学科的资源和依靠。田野工作是人类学家的必备训练，远远超出了作为一种方法的意义，而是人类学家以及人类学知识体系的基本构成部分。也就是说，倘若一个声称在做体育人类学研究的人却无任何田野工作经历，那么他作为人类学者的身份在同行圈内也会受到质疑。

田野工作（field work），又称实地调查（field reseach）或田野研究（field study），作为一个学术词汇首先被博物学家所使用，动物学、生物学、地质学等的学科发展初期广泛进行“野外作业”，之后才逐渐专业化，形成各自独立的学科。田野调查逐渐成为人类学家搜集资料和建立通则的一种直接进入社会文化环境调查的科学研究方法。在美国，最先由博厄斯在巴芬兰岛与英属哥伦比亚的田野工作开始；不久之后，在英国由剑桥大学的哈登于 1898 年率领一群学者在太平洋的托雷斯海峡一带做田野调查，成为英国人类学界的转折点。此后，田野调查越来越成为人类学独特的专业研究，田野经验被认为是训练人类学家的一个重要组成部分。

在西方人类学史上，具有里程碑意义的先后发行六个版本的田野手册《人类学的询问与记录》，凝结了几代人类学家的集体智慧。即便到了 21 世纪的今天，由英国科学促进协会与英国皇家人类学会主导的《人类学的询问与记录》中设定的许多调查项目和方法仍具指导意义。尤其对一个准备开展田野调查的人类学研究者而言，这是理论与方法结合的最佳典范。

早在 16 世纪就出现了一些专门为殖民地的管理者和旅行家所预备的、带有人类学性质的提问指南。接踵而来的几个世纪中，随着旅行、探险和贸易的增加，专业化和科学机构的成立，更多更专业的人类学问卷被制定出来。其中，最早的代表作之一是法国人在 1800 年编制的问卷，在此基础上巴黎民

族学会在1840年出版发行《一般旅行者的通用指南》。而《人类学的询问与记录》最初由英国科学促进协会于1874年印发给生活在未开化国土上的人使用，帮助欧洲旅行者到殖民地了解情况；1892年、1899年、1912年和1929年先后重印，1951年由英国皇家人类学会重新编订发行。它详尽地介绍了田野工作，特点是特别重视社会人类学和物质文化的研究，但对文化的动力没有深入触及，只强调观察而不作解释。

《人类学的询问与记录》（第六版）由四篇和一个附录组成，第一、四篇没有设置问题，仅对田野观察、测量的一般方法提供了指导意见，其他两篇是以问卷形式为主讲述田野问询与记录的主要内容。

第一篇体质人类学主要讲述人体测量方法与技术，包括如何选择测量部位、采集血样和鉴别血型。较之于国内体质人类学家吴汝康的《人体测量方法》和邵象清的《人体测量手册》，这部分内容的阐述具有提纲挈领的意义。

第二篇社会人类学占了本书最大的篇幅，首先讲述了人类学者进入田野前的基本准备工作，进入田野后如何选择居住和报道人。接着在社会结构、个体的社会生活、政治组织、经济、仪式与信仰、知识和传统以及语言共七大方面，共列出了1265个问题，涵盖了人口调查、个体的家庭生活、社会组织共45项。

第三篇物质文化共二十七节，涉及衣食住行、工艺美术和音乐、娱乐游戏以及矿产资源等内容，共列出了986个问题，主要是根据哈登博士率团考察托雷斯海峡考察的经验总结提问的要点编写而成。本部分问卷的内容后来被马林诺夫斯基予以补充，设计成有关文化三因子之一的物质底层的问题格。

第四篇内容为田野中收集古物的基本方法，内容相对考古人类学来说简单得多，包含技术设备、发现有价值的古物、地表遗物、岩画和地质特点等五大方面的内容。这部分内容虽然相对较少，但是很精练，又由富有考古经验的胡查因博士执笔，令读者读后受益匪浅。

最后附录部分主要是基于19~20世纪的普通光学摄影技术，提供了冲印照片、收集和包装易碎物品、对大型笨重物体表面进行纸张压模的技术。这部分内容现今看来已经相对过时，因为21世纪数码技术飞速发展，田野工作者拥有的数码相机、录音笔和DV可谓今非昔比，但是这本书附录提供对资料和田野中采集的样品进行分类的基本方法仍然具有指导性价值。

这本田野指南揭示出人类学研究的对象不是文物、文字、文献中的玄理奥义，而是寻常百姓的现实生活中的日用常行之道。换言之，我们研究文物、文字和文献的目的是理解人的生活，我们也可以通过研究生活而理解反映这种生活的文物、文字和文献。这就把人类学从书斋带到田野，从历史带进现实，从对文化史的构建引向对社会生活的理解和表述。

田野调查是人类学的基本功，它既是收集第一手资料的方法，又是亲近当地人，学会用当地人的感情、视角来解读材料的有效途径。田野调查涉猎的范畴和领域却又相当广泛，举凡语言学、考古学、民族学、行为学、人类学、文学、哲学、艺术、民俗等，都可透过田野资料的收集和记录，架构出新的研究体系和理论基础。田野工作对于作为一个学科的人类学来说已经远远超出了研究方法甚至方法论的意义，而成为其从业者构建其学科认同的重要依归，以至于不少人类学家甚至认为田野工作乃是人类学区别于其他人文社会学科，特别是文化研究的唯一特征或关键要素。①

人类学最为核心的理论和方法是建立在扎实的田野研究的基础之上的。阅读相关的民族志是进一步理解人类学理论和方法的最为有效的途径。民族志，一般是指研究者对某一社区、族群或民族的文化所做的描述或解释的文本，是依赖直接观察的第一手材料对一种特殊文化的系统描述。无论是民族志的访谈艺术，还是民族志的分析路径，都已经形成了相当完善的、可操作性很强的技术体系。“就人类学的大部分历史来说，人类学家依靠印刷出版的资源以共享信息，特别是依靠白描型的民族志，偶尔辅之以照片，在很少的情况中，辅之以影片和类似的记录。民族志特别反映出西方人对学术工作的态度，是我们学科的基础。”②

文化人类学对于文化的研究，往往基于民族志；作为一本专著的民族志，可同时用来指称研究法与研究产物。民族志（Ethnography）即“记述民族学”（Descriptive Ethnology），了解一个民族并对其进行专业性研究，没有什么比阅

---

① 本节上述内容引自《人类学的询问与记录》（第六版）中文译本，国际炎黄文化出版社，2009年。

② ［美］威廉·A. 哈维兰：《文化人类学》，上海社会科学院出版社，2005年，第3页。

读民族志更基础的工作了。对一个人类群体的全面详尽描述、客观的调查结果、富有启发的理论视角，对于未来的田野调查中发现新事实形成新观点，这样的民族志无疑就是导航仪。

完成民族志需要一种实地的研究法——田野工作。这种大量依赖参与观察的方法又称田野调查，强调对文化脉络的深度检视，尤其是对研究区域的长期、经验上的深入了解。而《菊与剑》的作者本尼迪克特以接触文学作品、影片、外侨访问为基础的遥距研究，则成为对无法进行参与观察法的文化研究的另一种途径——但这是因为战争而不能亲身赴实地进行田野调查，并非首倡的研究正途。以民族体育中占主体的武术研究为例，过去往往过于依赖史料记载，理论依据则多在传统文化哲理中寻觅。在正史记载历来注重典章文物而不屑于雕虫小技的传统中常常遇到蛛丝马迹难觅的窘境，也常因牵拉阴阳五行周易八卦古代名人为源头被学界质疑甚至嗤之以鼻而苦恼，其实，对于大量在明清以后才逐渐成形的拳种，老老实实进行田野调查，认认真真写出民族志，才是研究的基础和正途。

人类学作为研究民族传统体育最适宜的方法，在大量阅读经典尤其是民族志的基础上，田野中的感性体验才能激发灵感。但由于缺乏训练和急功近利，一般体育研究者很难去阅读他们认为与己无关的民族志。即使民族体育活动的研究者认真仔细阅读了相关研究对象的民族志，往往也得不到自己所需的材料。因为并非重点，一般的民族志并不一定把该民族的传统身体游戏统统记录在案，即使有记录，也不一定详尽。民族体育研究者往往需要前往实地考察，通过自己亲自投入田野调查之后，对于书本知识重新进行理性过滤，再撰写专门的民族体育志。

当前民族体育研究工作中最缺乏的，是真正、完整的、详细的民族体育志。西方体育进入中国是一种文化传播和文化变迁，但同时也是对中华民族原有的养生保健体系的破坏，要恢复现代价值或博采众长建立新的体系，就需要还原传统的真实风貌以作为参照系。

田野工作虽然是民族志（ethnography）构架的源泉，但体育研究的实地考察主要目的并非仅仅是撰写民族志。在没有形成初步认识人类学基本理论和研究方法的情况下，考察者把看到的活动形式记录下来，再通过访谈相关人员了解来龙去脉等背景材料，最后回到书斋查阅相关历史记载。这种模式，在 20 世纪 80 年代直至 90 年代初，国家体委文史委员会开展全国性民族体育挖掘整理时，各省市自治区都成立了体育文史办公室，自办刊物印刷材料，轰轰烈烈工作了十余年，最终成果是编了一本《中华民族传统体育志》。这本代表官方民族体育研究的最高成果，付出了千百人的数年辛勤劳动，是对全国民族民间传统体育活动的最全面的空前规模的总结；但从学术价值的角度来看，它仅仅是一本对各种项目汇总及简略描述的资料集，并没有多少“田野调查”和“研究”的成分，更谈不上理论的生成，更像一部可以按图索骥的目录。

在这之后，其他单位和个人的民族体育研究成果，大多也只停留在某些项目整理与活动描述的表层，与真正的民族志相去甚远；部分研究者从历史的角度或贴上文化的标签来解析民族体育活动，但多悬浮与现实生活之上；仅有少数研究者注意到把民族体育研究与非物质文化遗产保护结合起来。

按体育人类学的特点，每一项民族传统体育活动的“民族志”，实际上就是一份详细的综合性调查报告。这是在搜集大量资料的基础上，经过分类整理，认真分析而形成的田野调查成果，以叙述为主，文字要求朴实无华，准确无误。

调查报告的基本格式可分为三部分：

第一部分是导语。主要说明调查缘由、调查者队伍组成、调查任务主题、调查时间、调查地点、陪同人员及向有关人员致谢语等。导语的特点是简短精练。

第二部分正文。叙述调查内容，即调查的材料。可以时间序、过程序排列，也可以分类排列。调查者分析可以寓于材料之中。

第三部分结语。简明扼要阐述调查结果、调查者的看法、体会及提出的问题。

做好田野调查调查，在此基础上写好调查报告，是完成民族体育志的起点，也是体育人类学研究的起步。

对一项传统项目，如果跨越像民族志那样的详尽调查，贸然进行加工改造，其灾难性的后果往往是难以逆转的。“当前，我国大部分民族传统体育项目都是从综合仪式系统中分解出来的独立个体，他们的发展路径是从综合走向分化，也就是说，这个自组织结构系统已经瓦解，价值标准当然也随之瓦解。我们不得不忧虑民族传统体育的未来发展，路在何方？……为什么分离出来的项目在新鲜了两天之后，人们就觉得它不好玩了，没有意义了呢？调查结果显示，发挥解析后的民族传统体育项目破坏了系统的目标达成、适应、相互整合和潜在维持的模式，更确切地说，就是分化解析后的民族传统体育变成了一个纯粹的身体活动或竞赛，不符合村民的审美习惯。”①

二、文化相对论与跨文化比较

文化相对论反对有碍客观分析和正确认识的民族中心主义，有助于认识陌生的文化，它要求人类学家用解决问题的方法来看待其他社会的习俗，这在对待弱势民族的传统体育活动时尤为重要，使人们了解人类传统文化的魅力和过去所取得的成就，从而充满信心地迎接未来的挑战。

文化相对论对于认识不同民族的竞技项目时很有价值。例如，现代奥林匹克竞技项目几乎都是西方的，如何挖掘东方特别是中国的民族传统体育的潜在价值，需要客观地评价东西方文化。

田野调查中的参与观察带来的主客位互换的研究视角，对文化相对论的萌生是顺理成章之事。而五彩缤纷的体育民族志的诞生，本身就让我们不得不面对文化多样性的现实。文化相对论使长期处于边远的非主流文化五彩斑斓地呈现于我们的眼前，人类学家们多年的田野工作成果积淀为大量的调查资料，使我们在研究中不能不采用跨文化的比较方法，其最终目标是获得正确的价值评估。

（一）文化相对论与体育文化的研究对象

美国人类学大师博厄斯提出一种特殊论与相对论的文化观，认为世界各地许多相似的文化现象实际上都有其各自发展的历史线索。他反对用进化论简单的单一进化模式来解释世界文化的多样性，认为世界上各种族是平等的

---

① 郑国华、何元春：《我国民族传统体育沉浸的影响模型》，《体育科学》，2011 年第 10 期，第 56—57 页。

没有优劣之分，任何一个民族或者部落都有自己的逻辑、社会思想、世界观和道德观，人们不应该用自己的一套标准来衡量其他民族的文化。衡量文化没有普遍绝对的评判标准，因为任何一个文化都有其存在的价值，每个文化的独特之处都不会相同，每个民族都有自己的尊严和价值观，各族文化没有优劣高低之分。这种观点批判了那种将各族文化按某个进化序列排队并任意侮辱取笑所谓不发达种族或民族的做法，有力地反击了以欧洲为中心的种族主义，对中华民族传统体育的研究和价值评估提供了理论利器。

毋庸置疑，文化要素中最有活力的部分是精神文化。它是人类创造活动的动力，主要指哲学和其他具体科学、宗教、艺术、伦理道德以及价值观念，还有语言符号、规范体系、社会关系和社会组织等。其中，最重要的是为一个社会或群体的全体成员共同接受和遵循的核心价值观。体育事业的发展依赖这个核心的积累和创新，人类身处于这个文化环境之中并继承和积淀为传统文化。人类历史上的各文明古国，只有中国文化作为文化主体保留至今；中华传统文化对中国体育的影响，应该是中国体育人类学研究体育文化的基础和重点。特别需要强调的是，这种研究主要在精神文化的观念层面，而非体育的物态部分。

那么，体育文化的研究对象以什么为基础呢？理应以民族文化为基础。文化是一种借助内聚力来维护社会、团体和个人本体身份的连续过程，其基础单位是民族。现代进化论者摒弃了达尔文把个体作为生物进化基本单位的观点，认为应当把群体作为进化的基本单位。因此，对文化的研究，主要是以民族为单位，即研究民族的文化，包括物质生活、社会生活、精神生活。在按照北美的学术传统，狭义的文化人类学不包括语言学和考古学，几乎可以等同于民族学。研究体育文化，主要应指向民族文化、传统文化对体育运动的关系。恰如余秋雨先生所言，文化是一种精神价值，以及与此相呼应的生活方式，它的最终成果是集体人格。何谓中华民族体育活动中的集体人格或国民性？此亦为我国体育文化研究者的聚焦点。

（二）体育文化的差异与多样性

文化相对论，是对文化人类学的研究态度和文化评价。要求研究者客观地看待被研究的对象，从被研究者的角度来看待被研究者的文化，文化相对论需要学术中立心态。文化相对主义是历史特殊论（又称历史具体论）学派的主张，在第二次世界大战以后成为一种比较流行的观念。它主张抛弃欧美中心主义，尊重各民族的文化，反对强制性地干涉他民族的文化，这是有积极意义的。

人类学源自对于“异文化”的研究，这是同时就时间（过去的社会）与空间（非西方社会）的角度而论。强调“异文化”的观点，将研究活动的旨趣定为“透过了解别人来了解自己”或者“离开自己以便更了解自己”。综观文化理论演变的历史，始终贯穿其中的是普世性和相对性之争。二者分别围绕着人类文化的“同”与“异”之两极而展开交锋，各不相让，在不同的历史周期里此起彼伏，各领风骚。文化相对论隐藏的不足可能在于忽视历史进步的标准，认为诸文化在人类的历史进程中无前后之别，容易导致否定世界上诸文化的统一性和发展的规律性。

当今的文化人类学主张平等对待所谓“先进文明社会”与“落后原始部落”，视两者为仅是形态之别，非性质之别；努力了解个别社群的特殊性，但是目的却是在于增进对人类普同性的掌握；即使以研究个别社群的共时性（synchronic）结构为主，也并不会忽略殖民化和全球化所引起的历时性（diachronic）变迁。

按照人类学的理论，文化应该多元，文化需要多样性，文化常常指一个民族、一个时期、一个团体或整体人类的特定生活方式。人类学作为关于人的学问，对于体育的问题意识也要站在人类生存与发展的角度来引出理论。当代人类学是一门富有阐释性的人文学科而非“理性”的社会科学。人类学往往带有丰富想象力的“他者的眼光”去阐释历史、文化和社会，跳出了固有“科学知识”的束缚而提倡跨文化语境下的“多元知识”——重要的方法论工具。

以前的体育文史研究，是站在各国文化的立场，从整理历史资料的角度来揭示文化差异；当体育史研究成熟到几乎穷尽到所有角落时，从“文史”转移到“文化”，其注意力必然集中到国民性格对开展体育活动的影响上来。所谓中国特色的体育道路，实际上强调的就是中华民族自身文化的特色。当代体育往往由强势主体一元纵横，需要改善成一元为主的多元共存状态。当代体育在其成熟期已经形成一种不可逆的以西方为主流的文化，“多元共存”实际上是以主流文化为平台对各种文化的吸纳与整合。现实里，中华民族的身体文化早已被西方体育文化碾轧得七零八落，体育文化研究者必须花很大的力气加以凝炼重构，才能使其进入中国体育的核心价值观层面，成为多元中的一元。

有批判者认为，文化相对主义有其局限性，所以，需要通过跨文化比较加以评估，使其真正价值得以充分认识。

（三）跨文化比较

在解释文化资料、建构文化理论时，涉及人类学研究的另一个传统或精髓——跨文化比较研究（crosscultural comparative studies）。跨文化研究是两个或更多的社会间的比较，也称泛文化比较。跨文化研究（Cross-cultural studies），有时称为“全文化研究”（Holocultural Studies），是人类学及其姐妹科学（社会学、心理学、经济学、政治学）的一项专门运用来自许多社会的实地研究资料，检视人类行为的视野，并检视关于人类行为与文化的假设。跨文化通过比较世界上各种不同文化样本来验证人类心理和行为特征的心理学研究方法。例如，以语言、风俗习惯、社会制度、育儿方式等均不相同的民族为样本，搜集资料，进行文化间的比较，研究它们之间在心理和行为上的相同点和不同点，称为跨文化心理学。近年来，这种方法的主要进展是联合使用两种类型的统计分析方法：一种以文化特质为分析单位，另一种以社会或部落为分析单位。目前跨文化比较法的局限性是还没有找到可分析历时材料的统计方法，也就是说还无法将历史内容与统计模型结合起来①。

希罗多德（Herodotus）可能是所知最早的跨文化研究者，他在《历史》中比较和分析了许多希腊世界里的文化。先驱性的跨文化研究可追溯至英国人类学家 E. B. 泰勒 1889 年发表的《制度发展的调查方法》的报告。19 世纪，跨文化比较开始被进化论用来排列社会阶段，如摩尔根在其著作《古代社会》所做的那样。但这种比较是依据偶然的选择，而非样本，结论不能被统计意义上更广泛的理论所验证。20 世纪初，跨文化研究被从事原始社会研

① 吴泽霖总纂：《人类学词典》，上海辞书出版社，1991 年，第 156 页。

究的人类学家和心理学家所广泛采用。代表性的研究如英国心理学家W. H. R. 里弗斯对印度和南太平洋居民的感觉和知觉所做的定量分析，美国社会学家 W. G. 萨姆纳对个人或团体满足需要的功能起源于风俗习惯的研究。

跨文化的研究方法曾遇到一些波折。这就是高尔顿（Francis Galton）对泰勒对居所和礼仪与其他社会特征进行的跨文化比较表示质疑引发的负面影响。高尔顿认为，分布广泛的跨文化样本单位之间的相关关系可能反映功能关系，也可能是文化的传播和继承关系。共享历史的社会可能存在历史渊源关系，因而不能比较。这个争论后来成为著名的“高尔顿氏问题”，导致系统的跨文化比较研究消失了大半个世纪。直至默多克（George P. Murdock）恢复这项工作。美国耶鲁大学人类关系研究所对跨文化研究做出了巨大贡献。该所设有跨文化调查的专门机构，从事民族志资料的广泛搜集和分类，并于1949 年建立了档案库——《人类关系区域档案》。这一时期，跨文化研究的代表著作有 G. P. 默多克的《社会结构》（1949），这是第一部用跨文化研究方法写成的专著。当时从事文化与人格相关的跨文化研究的学者，还有 B. 马林诺夫斯基、M. 米德、E. 萨皮尔、R. 林顿、C. 克拉克洪等。60~70 年代，跨文化研究进一步发展，主要表现为两个方面：一是将电子计算机用于跨文化研究，因而能处理大量的数据和复杂的统计分析，C. E. 奥斯古德等人的《感情意义的跨文化普遍性》（1975）一书就是一个代表；二是跨文化研究方法水平的提高，这可以 R. 布里斯林等人的《跨文化研究方法》（1973）为代表。70 年代以后，有不少文化分类研究，例如区分为人外部存在的客观文化（包括人造物、制度、外显行为类型等）和人内部产生的主观文化（包括认知、态度和价值观等），并根据这种划分进行跨文化研究。跨文化研究的最终目的是对与文化相关联的心理和行为特征作假设检验，以揭示与各种文化相关联的人类心理和行为特征的作用。从 20 世纪 70 年代起，研究者更多地使用精密的统计方法来控制“高尔顿氏问题”以及宗教多样性和群体意义等问题。

大多数跨文化研究依靠二手材料。一个重要的来源是人类关系区域档案（HRAF）。人类关系区域档案是非营利性的，是国际性的学院、大学和研究机构的合作。默多克指导的“跨文化调查”，始于 20 世纪 30 年代，1949 年形成人类关系区域档案，并在耶鲁大学校园里落户。这是一个数据库，是对大约350个世界范围的人类社会的民族志记录的系统化收集。人类关系区域档案缩微胶片包含了这些社会相关民族志资料的全部文本。另外，它根据默多克所编写的《文化资料大纲》规则编排，使得研究者能在700多个不同主题里迅速定位信息。这样，人类关系区域档案已经成为跨文化资料的便利来源。世界上超过300家研究机构有全部或部分的人类关系区域档案，计算机化更加拓展了它的用途。当代的跨文化研究始于默多克（George Murdock）（1949），他设立许多个基本数据库，包括《人类关系区域档案》（Human Relations Area Files）与《民族志地图》（Ethnographic Atlas）。他连同道格拉斯·怀特（Douglas R. White），发展广为学界所用的《标准跨文化样本》（Standard CrossCultural Sample），目前系由开放获取的电子期刊《世界文化》（World Cultures）负责维护。有限比较的优点是利用背景进行分析，但也存在代表性的问题。这就导致了大规模的统计比较的建立。特别是“人类关系区域档案”的建立后，系统的交叉文化分析更加普及。①

狭义上，跨文化分析是一个“全面文化”的方法——包括10个或更多的世界范围社会的系统比较。系统的跨文化研究在其他学科也很重要，如技术、政治科学和人口统计学。跨文化分析使用连续区域的和世界范围的两种样本。前者对存在语言学联系的社会进行区域性的可比较研究，重点探讨跨单一地区的传播过程，如北美印第安人的研究。后者对社会的研究通过利用世界范围的全面文化样本，寻求排除语言、历史上的联系，来表明它们彼此是独立的。两种方法都是有效的。②

对体育研究而言，选择的跨文化比较材料首先应该是与身体运动有联系的部分，这样比之大而全得分析过程就简便多了。在数据库里的比较对象是

---

① George Murdock 1967. Ethnographic Atlas: A Summary. Pittsburgh: The University of Pittsburgh Prsrtjh sdxthgn fdty a45tesjtukcn bess.

Murdock, George P. 1970. Kin Term Patterns and their Distribution. Ethnology 9: 165-207.

Murdock, George P. 1981. Atlas of World Cultures. Pittsburgh: The University of Pittsburgh Press.

Murdock, George P., and Douglas R. White. 1969. Standard Cross-Cultural Sample. Ethnology 8: 329-369.

② 黄平、罗红光、许宝强：《社会学、人类学新词典》，2002年。

经过田野调查明确的结果，一定要仔细根据需要选择样本。当然，自己亲身做田野调查的材料更加弥足珍贵。这里需要特别注意的问题是：目的明确。换言之，事先需要设定一个有价值的假说，跨文化比较之后结果是印证这个假说的真伪。

三、整体论的宏观视野——体育的多功能发展与路径选择

整体论又称全貌观，是人类学的基本原则，指在尽可能宽广的背景中观察文化的各个部分，从社会文化和人类行为的各个方面和层次研究社会的文化元素和行为，全面理解他们的相互关系和相互依存性，把社会或文化当作一个整体来研究。人类学是跨文化地探讨人生、文化和社会，致力于促进人类理解、交流和合作的学科，其特点是以小见大。体育人类学也需要采用田野调查个案的方式，以某一体育文化现象为研究切入点，研究罕见和奇特的“小众文化”以获得翔实的调查资料，由点及面，探讨体育文化在人类文化制度中的功能及与其他要素之间的关系，学界称其为人类学的文化整体观（The Holistic Perspective of Culture）。在全球经济文化交流日益频繁，所引起的碰撞和误解不断发生的今天，在中国体育发展中利用人类学知识，探讨缘起动力、传承脉络、嬗变原因等最终指向体育的发展方向，是宏观把握体育未来的有效路径。

（一）整体与功能结合

从整体观出发，所有的实体都有一个超出其各部分总和的存在状态和价值。作为人类学的一个原理，整体观的意思是无论研究人类生活的任何一方面，都要着眼于与它有关的人类生活的其他方面。

运用整体观点，人类学家就能综合被分割得七零八碎的研究对象，并打破一些条块封闭的学术禁区，比如打破那种把人文社会科学划分为严格的分支学科如社会学、心理学、历史学、宗教学和经济学的禁区。人类学家可以缩窄他们的研究方向和专业范围，但不能缩窄他们的人类学眼光。一颗石球、一副游戏用具或者是一个古竞技遗址，他们都要从人类文化总体上去把它解释清楚。

一旦理论成熟，研究者可以利用整体文化研究的方法来检验该理论的适

应性。整体文化研究可以说是一种对所有已知文化的统计调查或者抽样。研究者首先选择一种典型的文化样品，然后运用各种统计试验，来确定某种理论是否有许多实际事例为支撑。应用整体观探讨体育时，我们要探讨体育竞技与其他社会文化要素之间的关系。例如，在计划经济条件下，我国体育的形式、内容、体制都具有当时的时代特征，但是，随着市场经济的出现，由于体育所在的社会文化环境发生了变化，构成这种社会文化环境的要素发生了变化，我国体育的形式、内容、体制必然会产生相应的变化。

文化整体论的奠基者可以说是法国社会学家兼人类学家迪尔凯姆。迪尔凯姆以生物学与人类学的类比来表达整体观。在他看来，生命是一个整体，它只能以整体的形式存在于有生命的物质之中，生命只以整体的形式存在，而不是以部分的形式存在。同理，社会并不是许多个人的总和，而是个人经过组合而形成的体系，研究社会现象要从社会整体来考察，而不能只考察社会的局部。在社会整体观的基础上，迪尔凯姆提出了解释社会事实的基本原则：寻找造成社会现象的原因以及这种现象所执行的功能；社会事实的决定因素必须从先于这些社会事实存在的社会事实中去寻找；在社会事实与某些社会结构的关系中去寻找功能。M. 莫斯继承了迪尔凯姆的学术思想，进一步强调社会现象的整体性，并将社会整体性原则更有力地贯彻于对某一社会现象的研究中。他认为，没有一种社会现象不是社会整体的一个整合部分。对每一个社会事物的理解，只能将其与整个社会整体相联系。尽管迪尔凯姆的前辈 A. 孔德和 H. 斯宾塞更早就指出社会是一个有机的整体，但整体观只是到了迪尔凯姆以及莫斯才得以系统展开。在文化人类学的目光里，一个文化的社会和一个社会的文化是一物的两面，或者在侧重研究社会制度、社会组织和社会结构的时候，社会就是文化。21 世纪法国特别是英国的人类学家都习惯将原始民族的文化研究称为社会研究，英国人类学界干脆把文化人类学称为社会人类学。鉴于此，社会的整体观也是文化的整体观。整体观成为此后乃至现在文化人类学最基本的理念，成为一个社会文化的功能、结构的分析和象征的深度解释的基本前提。功能论因此而产生于 20 年代的英国。在 21 世纪文化人类学诸理论流派中，功能学派的影响最为持久，堪称文化研究的“常青藤”。其藤蔓早在 30 年代就延伸到中国北方人类学界，并逐渐发展出社区功能研究与文化类型、区域类型和社会变迁研究相结合的本土特色。①

整体论在功能学派的推动下，强调共时性研究，反对臆测历史，因此在研究方法上开创了在一个地点进行长时间实地调查的模式。尽管现代文化人类学家早已不再从“文明、野蛮”二分思考架构出发来讨论异文化族群的研究设定，往往不再将异文化设定为处于偏远落后地区的土著族群，而是认为相对位置较远的异文化随处都有。体育人类学的注意力目前大多集中于民族传统体育，主要原因是学科建设尚处于初级阶段，特别需要通过人类学的田野调查，抢救性记录反映体育运动不同阶段的一块块“活化石”。体育人类学的研究也可以把亲自到自己生疏的研究区域称为“田野”，但大多数研究还是传统的经典“田野”，即保留原生态身体运动文化的边远地区。然而，体育人类学绝非仅仅把目光停留于原始文化，也要思考体育事业发展的现实问题。

（二）在整体中划分区位

在有限制的局部研究和抽象理论的整体研究之间，存在某种从特殊到一般的渐进路线，对研究内容进行划分是研究中的常见步骤。博厄斯提出的文化区理论，即根据不同的文化特征划分历史区域，与“文化圈”有相似之处但也不尽相同，德奥学派强调有共同历史传统，而博厄斯的文化区强调各民族文化的多样性，不涉及传播的过程，提出文化中心区的概念。面对整个庞大的研究对象只能分而食之，进行庖丁解牛式的切割，才能使研究过程具有可操作性。

美国社会学家帕克教授的来华，带来了芝加哥学派的人文区位学的思想，将空间概念与对人的研究联系起来。“社会学家研究现代都市，必须划定自然区域，犹如民族学家考察初民部落，必须划定文化区域。自然区域与文化区域名虽异而实同。是以研究文化不同的各种社会，如部落社会、乡村社会以及都市社会，都需要地理或区位的观点和方法。”（吴文藻，1934 年）

（三）整体各部分保持均衡和谐

在分析和研究中，人类学家即使涉及的是一个极其专门化的问题，他们

---

① 郭志超：《20 世纪文化人类学理论的两大流向》，《厦门大学学报（哲学社会科学版）》，2000 年第 2 期。

也必须保持一个视野的宽度，即养成在宽广的历史和文化范围内来观察事物的习惯。因为他们要保持人类学研究的特殊视角——整体观。人类学的方法本身在众多人文社会学科中互通共用，多种技术手段和学科视角达成文化综观，其核心是整体各部分保持均衡和谐。

人类学的整体观探讨跨越时间与空间的所有人类，并研究人类的所有面向（演化、生物体质、社会政治、经济、文化、语言、心理等）。尽管体质人类学的理论与方法和文化人类学有差异，但在体育领域由于研究对象的身心特点，不能不进行综合采用。当然，体育人类学整合社会性的文化人类学和生物性体质人类，本质上涉及社会科学与自然科学的跨学科综合，在实证论的过程中可能遇到许多问题，但运用科学方法于体育人类学研究，以获取正确的认识，仍然是必要的尝试。

针对身体运动与人类社会协调发展的诸方面研究，是体育人类学的主要选择；采用人类学文理融通的优势，在研究方法上也倡导整体论和综合论，有利于在科学的基础上强调人文价值取向，客观验证某种理论或假设，为体育发展选择更好路径。一门学科的价值和生命力，取决于它对人类生存与发展的贡献。对中国体育“后奥运”时代转变发展方式的问题，体育人类学通过整体论的视角提出“分享运动”的观念，以推动基本公共体育服务均等化的导向，期望对建立公共体育服务体系起到推动作用。

第三节　体育人类学的基础方法论

体育人类学不是一种缺乏实证指代的元理论，也不是一种局限于狭隘的变量分析的具体调查过程。体育人类学的实证研究针对具有重要价值的真实对象，追寻具有科学分析过程的理论生成。相对于其他研究体育的方法而言，体育人类学的基本方法主要有三个方面的重点，即深入基层的参与性观察、深度访谈后真实数据的记录、跨文化比较与理论构建。以分析判断其体育性质作为出发点，是体育人类学作为一门学科存在的基础。

体育是一个抽象化的概念，用以表述根据人类需要针对身体所进行的培育过程，当然也包括其丰富多彩的方法和手段。从宏观的意义上认识，体育目的（主体改造客体的对象性要求）、运动手段（主体作用于客体的中介）、健身效果（主体目的在客体对象中实现）这三个要素构成了体育的基本过程。因此，体育人类学不仅仅是照搬人类学的一般方法研究体育问题，而是需要采用其他应用人类学分支所无法替代的专业理论与方法进行研究。

一、深入实地的参与性观察与人体测量相结合

从19世纪末叶到20世纪，人类学家将研究场所搬到了人们生活的实地进行田野工作，开创出与研究对象同吃同住同劳动的参与观察（Participant observation）和深度访谈（depth interview）的方法。这种与研究对象同吃同住的参与性观察方法，积累了大量的资料，发展了不同时期的学派，形成文化人类学的独特理论体系和方法论。

体育现象是动态变化的，人们身体活动行为的意义因时因地而不同，所以有必要采用人类学田野工作的核心——参与观察法。参与性观察是一种以直接观察进行搜集资料的深度的个案研究方法，指在完成民族志之前，通过直接参与人们的日常生活以了解他们的文化行为和技术。体育人类学研究者必须深入所研究对象的生活背景中，在实际参与研究对象日常社会生活的过程中，对身体活动进行的观察。这种观察比通常的百科全书式的观察大为缩减，集中于与体育运动相关的对象。

（一）参与观察的优势

采用参与观察方式进行的研究，其目的是对现象发生的过程提供直接的和详细的资料，以便对其有比较深入的理解，被研究者不因研究者的出现而改变其行为，可以获得社会现实的真实图像。参与性观察在“没有先入之见”的情况下进行，尽量避免研究者把他自己的看法和观点强加于他试图理解的那个社会世界。尤其是当真相和言词的差异相当明显而问卷无法反映时，需要事情的连续性和连接性用于解释现象的意义时，除采用参与观察法别无他法。

参与观察者（participant observer）：透过实地（field，或译田野）直接观察，从内部研究其文化；由于参与观察特定方式的要求，参与观察者往往要

经历一个“先融进去”、“再跳出来”的过程，是研究者直接参与被研究者的生活以及直接观察为搜集数据的方式。对体育现象而言，它是一种深度个案的研究方法，各种参与观察皆可称为参与观察法。参与观察的最终目的是从人类日常身体运动的事实中，发掘有利于体育发展的理论。

生活意义的多样性要求人类学对习俗性身体活动做出历史与逻辑相统一的解释，参与式观察法在人类学调查中具有重要的地位，但并不一定在各种体育现象的研究中都具有普适性。如果研究者出现被当作外来陌生的入侵者，或参与观察遭遇到的伦理困境时，研究场域的利益完全是秘密的（如假球黑哨、服用兴奋剂、不雅的身体活动等），被研究者的观点和研究者的观点严重冲突时，不适于参与观察。

（二）基本步骤

参与观察的一般步骤如下：

1. 在决定研究领域后，首先要踩点。田野调查的地点与研究需求的选择一致，仔细选择具有理论价值的研究主题，再把焦点集中于最能够对理论进行实证的地方。

2. 在取得同意进入研究场域参与观察之前，研究者需要为自己准备充足的理由而对有疑问的当地人进行某种方式的解释。

3. 与研究对象建立良好关系，需要尊重对方，谨慎的（be unobstrusive）（不多管闲事）、诚实的（be honest）、不藏己（be self-revealing）。

4. 对观察对象的表现不作预设（be unassuming）当一个反思的听众（be a reflective listener）。

5. 做好记录的准备。

（三）存在问题

体育人类学田野调查的实证特点，一般分为体质测量、环境器物、历史文化三部分。从调查过程看，体质测量涉及测试对象配合等人际关系需要事先协调，虽然会有一些仪器携带不便、指标换算、语言沟通等麻烦，没有经过体质人类学训练的一般文史工作者难以完成，但由学习过体育专业的师生参与却显得相对简单；环境和器物的调查数据可通过网络、书籍等资料检索获得粗略概况，调查人员在实地采集数据需要克服交通、气候、攀爬等艰苦条件下工作的困难，虽然工作量较大，但有吃苦耐劳心理准备的体育人类学考察人员一般都能完成，数据处理也相对容易；最难的是有关历史文化的参与性观察和深度访谈，研究人员需具备深厚的文史哲基础，还要经过人类学田野工作方法的基本训练，否则在实地获取了宝贵的第一手材料后，难以进行理论生成，更难凝练为创新性观点。

许多包括体育界研究生撰写学位论文的社会调查，习惯于在调查之前凭空预先设计调查问卷和表格，闭门造车地臆想问题和调查项目，然后下去找人问答，把填好的表格拿回来分析，才分析有许多遗憾。“这种方法我们认为极不宜采取的。一个和所要调查的现实没有直接接触的人，他不能发现这社区中所该用数量来表现的是什么项目。他不能凭空或根据其他社区的情形来制定调查的表格。”（费孝通，1943：112）制定表格之前，应该亲自先到调查的地方了解情况，才能有效提高研究的科学性。

人类学靠田野调查形成学科特色，人类学界有价值的著作、有影响的理论，许多都是对田野调查的提炼、概括和升华。由于马林诺夫斯基的杰出示范，参与观察法成为一种跨学科的研究方式，在社会学、医学、教育学等研究领域的学者得到采用，但也出现一些有争议的问题。如法国人类学家暨社会学家 Pierre Bourdieu 提出：传统参与观察法最大的困境是人如何能够既是行动者，又同时观察自己的行动？

欲了解某个文化，需了解当地人对世界的看法，以及他们表现在外的行为。但是，人们对自己从事的活动之主观描述，往往不一定正确或不足以解释其行为。一个受访者在描述某个事件时，常常有意识或潜意识地加以筛选和曲解。所以，研究者应该尽可能直接观察他们的行为。好在体育人类学的研究主要集中于人们的身体活动，成熟的人体测量与评价技术可以在很短时间里获得真实的客观数据，一目了然地判断某种身体活动对人体的影响，从而方便地评估其客观的体育效果。

体质测量，对体育人类学研究具有特别重要的意义，在有条件进行田野调查工作中尽可能采用。其实，这也是早期人类学家的基本功，如费孝通在大瑶山调查时从 1935 年 9 月 18 日到 10 月底的短短一个多月时间里，对各地原住民进行的人体测量就 5 次之多。体育文化的载体是身体运动，如果研究的内容最终与身体的发展无关，那无疑是在搭建空中楼阁，辛辛苦苦完成的研究成果的价值将大打折扣。

二、深度访谈及客观记录生态环境真实数据的过程研究

从研究体育活动的情况看，参与观察可分为“参与”和“观察”，前者是主动介入活动之中的并融入其中进行体验、学习以原住民的观点了解事物，可能在面对社会事实时如何创造自己和他者会感到困难；而后者相对是客观的、保持一定距离、不涉入的，这在记录素材时尤其重要。

对于体育活动而言，深度访谈其实是一种重点观察：研究者的问题可以用被研究者的语言形式询问时，透过较长时间对少数对象的访谈，试图透过开放性的问题，引导受访者说出对特定事件、情事或人物的观点，由外在研究文化。深度访谈后，如果当时没有记录，也要在尽可能短的时间里补充记录或整理录音。

田野调查正式进行时，具体说就是参与观察的每一天，尤其是深度访谈后，记录当天的笔记，是积累和整理真实数据的最重要的步骤。

（一）深度访谈的记录准备

改革开放以来，对民族体育的挖掘整理以及持续的研究中，由于体育界出现了对“科学”的误读，将“科学”研究理解为“量化研究”，甚至将应用研究中有无“数字”表述作为衡量其价值的标准，胶柱鼓瑟，从而导致研究成果长期低水平重复。传统体育活动大多是有限地域、人群的原生态习俗事件，缺乏深度访谈，资料收集的粗糙和简略，将导致对其历史文化方面基本事实的遗漏，容易滋生后期编造材料的假冒伪劣之风。因此，主要目的在于“定性”的深度访谈十分必要，在原生态文化中往往成为定量分析的基础和轴心。

在此过程中，访问与参与观察一般是交叉进行的。深度访谈首先要取得接受访问者的同意，然后再根据资料的隐秘性决定有无匿名的需要。访谈有两种形式：结构式访谈和非结构式访谈，两者是互补的，一般在调查之初宜多用非结构式访谈，而在与当地人民建立了一定的联系后可以使用结构式访谈。

无论进行哪种访谈，一般要注意下列问题：

1. 开始调查阶段应集中访问一些不会引起误会的问题，特别要注意会带来欺骗感觉的问题。如果研究的议题本身即是政治议题或涉及意识形态问题，更应特别慎重。

2. 要有计划性和时间性，但也要兼顾灵活性。当被访谈人用自己的概念、术语和分类原则来描述文化现象时，应充分进行记录。

3. 涉及价值判断的调查内容，原则上应当让被调查人凭习惯作出判断，以被调查人的直接反应为依据。在整个调查中，调查人必须随时注意避免用自己的价值观干扰被调查人的思维。

4. 访问要把调查提纲中的问题分解为一个个具体的问题，提问要简单明了。一次访问时间不宜过长。

深度访谈的记录应该视为一种田野笔记，其真实性是其具有价值的基础。田野笔记是研究者在实地进行观察后，才将所搜集到的数据整理成笔记。而深度访谈则是可以在访谈的时候一面做着记录，但是由于时间紧迫往往只能以“摘要”的形式来做记录。摘要地写下发生的事件，精简且通常包含关键词。但是，从开始就有准备好每天撰写田野日记及时间表，即使再累也不要放弃。

体育人类学由于需要研究身体运动的特点，是往往借助大量的影像记录材料（实况笔记，Full field notes）进行分析，事先准备好摄录器材十分重要。对研究体育活动而言，这往往是一种采集数据的最重要途径，以实况录音和录像进行，然后进行逐字誊写为笔录稿件。

（二）田野笔记和深度访谈内容的记录

体育人类学利用深度访谈的优势，可以了解自己不能直接观察到的深层文化内涵。这个过程不能像通常问卷调查那样简单分发、填写和回收，更不能委托非专业人员完成，而是要亲自面谈，根据事先拟好的访问提纲逐一询问填写，一般需要录音，重要访谈还需要摄像，要求当天完成访谈笔记，这样做的目的在于保存最原始的真实资料。近年来，我国体育界已出现研究者利用多次深度访谈对少数民族地区的竞技游戏个案进行精心分析的博士论文，得到学术界广泛认可①。

需要注意的是，访谈对象可能对相关内容仅仅有某一方面的了解，导致调查结果片面；如果被访谈者无法回答提问或给出难以确定的答案，则可以通过参照其他访谈记录加以对照。

为了缩短时间以提高效率，访谈也必须事先准备提纲甚至表格，并一定要留下姓名、苗名（本族称呼）、性别、年龄、身份、村寨、访谈时间、记录人，以保持第一手资料真实性。

撰写田野调查的笔记，包括内容、形式与撰写时间是一个重要的过程。记录笔记就是一种数据搜集的过程。因此，对记录时间的分配、哪些人在哪些时间被访问过、事件发生的时间地点、回忆目睹的事件都很重要，应该尽可能详尽地做成笔记。然而，实地研究的本质是研究者与观察对象直接接触，选择什么样的事情记录、如何处理特殊信息等，是在研究过程中容易发生的伦理冲突。这时，可以在笔记上注明困惑的句子，待以后澄清。

记录的内容并没严格规定，可以按类似新闻的若干个 W 的写法，即“谁”（who），“什么”（what），“何时”（when），“何地”（where），“为何”（why）以及“如何”（how）来勾绘出每天的工作内容，但不用每一项要记录。用不同的符号来记录对话内容也是一个重要的过程。

田野笔记的基本内容应包含：

1. 时间、地点；
2. 活动主题及内容；
3. 参与者或行动者；
4. 行为或事件过程；
5. 目标、效果和感受。

除了情境描述外，含有研究者自己的心路历程与反思部分。研究者在进入场域之前，本身有一套对于观察场域的架构。进入场域之后，原有的架构会受到研究场域的挑战，这时研究者对于原有架构予以反思有其必要。

深度访谈的内容和田野笔记类型、形式和内容取决于个人的喜好和风格、

① 李志清：《乡土中国的仪式性少数民族体育》，中国社会科学出版社，2011 年。

研究的主题、观察现场与环境，以及所运用的技术。除了应该记下日期、时间、地点；关键人物的身份、角色及行动；主要活动和事件。随意的交谈和访谈也应该记录下来，在题目的分类和次序，受访者的话和访谈者的话或是解释要区分清楚。记录下与个人感受、直觉、猜想和推测有关的内容是非常有益的。

笔记和档案可以笔记本手写或便携式电脑打印，使用摄影、录像设备和录音磁带记录，最后用计算机处理，进行整理和分析。在极端的情况下，使用功能强大的手机进行记录也是选择之一。

（三）撰写田野笔记与深度访谈记录原则

一份实地笔记或是深度访谈的数据是未来分析的数据来源。“详尽”与“准确”是基本原则。

1. 立刻撰写：完成观察和访谈后立刻撰写，养成每天撰写的习惯；
2. 撰写完成前不和他人讨论以免影响观察结果；
3. 找不受干扰的安静地方撰写；
4. 安排充足的时间撰写；
5. 切忌一面撰写，一面编辑。

田野笔记和深度访谈的记录原则是一样的，两者都不可以“凭记忆”的方式来撰写。当观察到事件发生，尽速记录是研究者所需养成的好习惯。因为实地记录的是现场发生的社会过程和脉络，当时及当时的情境，是研究者的关键数据，过分相信自己的记忆力往往导致难以弥补的损失，立刻记录是很重要的工作。记录的内容因记录者的不同而不同。但都必须详细记录。

记录下来的材料要进行核实：用观察到的实际发生的行为来对照访谈人的所述；或用具体的事实来对照口头陈述；对来源不同的材料相互核实，发现错误要予以立即纠正。

调查材料的整理公布后，各种原始记录及实物标本，应按科学方法存档，以备自己或他人日后查考或研究。

体育人类学除了遵循一般深度访谈的要求，还特别需要对人们进行身体活动的生态环境做客观记录。因为体育人类学的田野调查工作大多针对某些局限于特殊条件下萌生的原生态身体活动，对其产生的周边环境需要认真采集客观数据，以便分析其成因及生存要素，避免单纯地就活动论活动的“刻舟求剑”式的研究，以及对大量民族传统体育的改良过程中出现的“拔苗助长”的错误移植。

三、倡导“类”意识把人文普世价值融入理论构建

面对体育研究文化，绝不仅是为了哲学思考本身，而是为了提高生活质量，是为了造福人类。之所以要讨论普世价值，是因为人们需要做出行动上的共同选择，就得从文化目的论，即某种文化类型是否有利于人类的发展这样的角度来进行思考和价值判定。这样，才能弥补文化相对主义的欠缺。

在人类学的主要研究方法中，田野调查既是资料的搜集，也是典型的按照某种特定范式进行的理论生成活动。人类生存方式的多样性必然要求人类学调查者采用不同的方法，对不同地方传统身体活动的田野工作会呈现出不同的特点。尽管存在诸种差异，但人类毕竟是同一物种，有和谐相处的共同价值观，因此，在理论生成中，需要倡导尊重普世价值的“类”意识，把积极向善的人文精神融入理论构建。

（一）研究角度与比较方法

体育学从整体看是一门应用学科，其理论生成的依据，必须是基本的事实。适用于所有人的体育规律解析，是最有普遍意义的体育理论；而人数很少的“小众”群体的身体活动，也可能是体育文化有待发现的盲点。人类学自产生之初，就是以“他者”——异己社会文化为研究对象的，人类学者在观察异己社会文化时有意无意地与自己所处的社会文化相比较，成为田野工作的一个最重要的研究角度。从某种意义说，人类学是一门通过研究“他者”，来达到跨文化理解和沟通目的的学问，它要求研究者要深入具有异文化性质的“田野”中去做艰苦的调查，并利用所获资料和亲身经历来解说文化与人性。体育理论的研究者面对的异己社会的陌生身体文化还很多，而对这些多种多样的异己社会文化的认识，体育人类学理所当然地要使用比较的方法。

人类学运用比较的方法，一般有主位（emic）与客位（etic）的研究视

角。这两个术语是 20 世纪 60 年代美国人类学家肯尼思·派克（Kenneth Pike）在 1954 年从语言学的术语音位的（phonemic）和语音的（phonetic）类推出来的，由此兴起了一种研究方法。

主位研究是指研究者从当地人的视角去理解文化，将原住民人放在更重要的位置，把他们的描述和分析作为最终的判断，要求研究者对研究对象有深入的了解，熟悉他们的知识体系、分类系统，明了他们的概念、话语及意义，通过深入地参与观察，尽量像本地人那样去思考和行动通过听取人对事物的认识和观点进行整理和分析的研究方法。

客位研究是研究者以文化外来观察者的角度来理解文化，以公认的经典理论和方法对其行为的原因和结果进行解释，用比较的和历史的观点看待民族志提供的材料，要求研究者具有较为系统的知识，并能够联系研究对象实际材料进行应用。①

主位研究是站在被调查对象的角度，用他们自己的方式和观点去描述和解释他们的文化。客位研究是站在局外立场，用研究者所持的方式和观点去描述和解释所看到和体悟的文化。主位与客位研究是互补的，并不是互相排斥的。在实地调查中，注意主位观，也不能忽视客位观。当然，体育人类学的田野工作还可以借鉴宏观与微观、社区与个案、量的分析与质的分析、专题与综合等研究角度。

传统的田野工作大都是基于异域而展开，即“离我远去”，要求人类学家用“非我的眼光”来看待被研究的人。这种异域田野工作涉及对调查者与被调查对象之间同时从双方的角度互为主体性的理解的反思，或者说对科学理性与非理性自我之间张力的思考。对于我国接受体育专业教育的研究者而言，全面接受西方文化一个多世纪后，用西方人类学的科学方法重新审视我们民族的身体文化，实在很必要。

体育人类学主张用客观的观察角度进行体育文化的研究，除了客位的科学理性调查，又有主位的参与体验，是人类学带给体育研究的新视角。这种主客位的同一性往往贯穿整个参与观察的过程，但是，回到研究室，通常需

---

① 《社会学人类学新词典》（合编），吉林人民出版社，2003 年。

要采用比较来分析判断诸种多元文化，得到新的判断来印证自己的假说。这种以综合的比较方法拓展研究空间，是体育人类学带来的新气象。

历来有关体育的研究，几乎都是体育界以外的学科领域居高临下地“施舍”，是借助成熟知识体系的外力施以援手，是社会文化研究的“嗟来之食”，很少人想到体育研究也可以推动文化研究，依托先进的生物学科技手段透视原始文化的经络。以古文字研究为例，被赞誉为现存唯一还在使用的图画象形文字的东巴文，研究成果汗牛充栋，但却没有对在首届少数民族传统体育运动会上获奖的“东巴跳”与其影响的研究，更不用说对邻近的中华民族自源文字进行身体运动对原始文化形成作用的研究。对身体运动影响原始宗教形成的研究，也鲜有涉及。这些，都只有运用体育人类学文理融合的新综合方法拓展研究空间，并用文化比较的广阔视野，把经过实证的观点凝练为新理论。

文化比较研究的形态，第一种是不同案例比较研究，第二种是针对同一个衍生现象的各种不同变易形态而进行的经过控制的比较。第三种则是跨文化研究，即在一组案例之中，进行抽样比较。前两种方法常用且好理解，而第三种方法在我国体育界屡屡提及却很少使用。

跨文化研究并非仅仅是一般的比较研究（comparative studies）中检视在某些社会之中的相似特征，而是运用一组充足的样本，因此可以运用统计分析，针对所欲探讨的问题，分析在几个特质之间究竟是具有关联性或欠缺关联性。譬如，对几个农耕民族和草原民族的巫术与传统身体游戏特点的比较。在对身体运动在中华民族自源文字中产生作用的研究中，既需要对东巴文、沙巴文、巴蜀图语等图画象形文字进行比较，也需要对东巴文及其分支哥巴文、达巴文、玛丽马萨文及巫师的身体动作、生态背景作田野调查：这几个地方都在西南川滇交界处。其目的是要建构和检验关于原生态身体动作和巫术对文字形成的假说的基础。可以采用第二种与第三种方法交替使用。

一般的跨文化比较通常是在一个地区的几个群体的有限比较，比较对象具有以下特点：

1. 尽可能多地保持背景材料；

2. 比较的文化群体共有许多文化特征和社会特征；

3. 比较对象具有少量的差异。

典型的跨文化比较案例是纳德尔对非洲巫术的研究。他在四个非洲社会中作了田野调查：两个在西非的尼日利亚，两个在东非的苏丹共和国。其目的是要建构和检验关于巫术的意义的假说的基础。这一假说就是“失败—攻击”假说。①

在很多民族志资料中，人类学家用背景构架来进行解释，即在解释某一独特群体或社团的资料时，都把资料与更为广阔的背景联系起来，如马林诺夫斯基在特罗布里恩德岛调查时，把该岛的生活和文化当作整体的和相互联系的单位来考察。背景分析不仅仅是一览事件和行为，也不仅仅是要了解人类行为，而是要通过对人类行为发生的深刻社会背景的分析，来理解和解释人类文化，为跨文化比较奠定基础。跨文化研究的基础来自民族志调查的资料。

文化比较的方法，需要通过大量不同文化的民族志资料的对比，进行交叉文化分析，来探讨人类行为模式的相似性和差异性。通过比较分析，建立假说，控制可变因素并检验接受或抛弃假说。文化比较研究的基本前提是利用全世界各种不同文化为样本，以其资料做比较研究，以便验证对人类行为的假设；文化比较研究不但可以免去单一文化狭窄范围的局限，同时又可以使研究者发现更多的人类行为。譬如，在中国本土的体育研究中，人文学者尤其不能苟同体育文化的单一性和同质化，在接受伟大的奥林匹克文化的普世价值的同时，却不能眼睛只盯着奥运会孤注一掷于“奥运争光”，更不能被那几块金牌死死拴住，而应该以文化多元的目光维护体育文化的多样性，努力了解不同的体育模式并加以比较，特别要珍视自己传统文化尚未发掘的普世价值，避免“灯下黑”，在厚重积淀的隐秘深处挖掘宝藏，作为素材在未来创造出更适应人类可持续发展的新兴体育模式。

（二）从古典进化论到生态人类学

达尔文的进化论在其诞生之初，作为一种假说被提出来，但从 19 世纪以

---

① J. D. Y・皮尔、颜勇：《历史・文化与比较法——西非之谜》（History，Culture and the Comparative Method A West African Puzzle），［期刊论文］《贵州民族研究》，2001 年第 2 期。

来时至今日，它几乎已成为一个公理，只能无条件接受。进化论的伟大在于：揭示了地球上的生物是在适应生存环境变迁的过程中不断发生变异的；若不能随着环境的变迁而发生相应的变化，则必然遭到灭绝。尤其是生命进化的前期，"优胜劣汰"、"自然选择"是客观存在的生命演化。不过，达尔文的进化论强调生命的进化的同时却没有看到在演化中的衰退方面，周而复始的生命的演化必然是具有诞生的始极与衰亡的终极，生命有起源、有归宿的辩证过程，是进化与衰退对立与统一的自然过程。

一个多世纪科学研究的新发现，也暴露了古典进化论自身的缺陷。在自然科学方面，现代基因学和遗传学诞生后，对生物体形态与功能的关系在更本质的基因及分子水平有了崭新的认识，所谓的同源器官相同的形态可能对应于完全不同的基因。完整意义上的进化论，不仅要回答生命产生后的生物进化过程，而且还要解决生命物质是如何产生的问题。即怎样由简单、无机的小分子进化到复杂、有机的大分子，进而产生生命体。但这个问题被进化论者回避了。因为进化论无法回答。古生物学凌乱的化石证据至今并未显示有物种间过渡类型的存在，人为按进化论组成的谱系漏洞百出，得不到一个统一的结论。寒武纪生物大爆炸在短短的几万年内，几乎现在所有生物的门同时出现在地球上的现象是进化论不能解释的。在《物种起源》发表之际，达尔文曾说："只有人类的进化，怎么都不可能用我的进化论来说明。"20 世纪 60 年代以来，肯尼亚 Olduvai 峡谷和 Rudocf 湖附近地区的考古发现，也给进化论提出了许多反例。1972 年出土了一具类人动物的头骨化石，编号为 KNM-ER-1470，简称 1470 号人。按其分类特征，它类似于现代人，属于人属（Homo genus），比南方古猿和直立猿人（Homo erectus）要进步得多，但它却处于 290 万年前。1470 号人比进化论者所公认的人类始祖南方古猿早 90 万年，比直立猿人早 200 万年。这从根本上动摇了进化论的证据，成为古人类学中的一件悬案。

达尔文的进化论在生物学科领域发挥了重要作用，但斯宾塞提出了"社会达尔文主义"，把生物学中的遗传、变异、自然选择等概念引进社会学，进而把生存竞争作为社会发展的规律，这就混淆了人类社会与自然界的本质差异，直接干扰了包括对体育在内的很多人类行为的人文判断。与斯宾塞同时代的赫胥黎，在其《天演论》中，根据自然界“食物链”现象提出“弱肉强食，物竞天择，适者生存”的观点，并以此解释社会现象。社会达尔文主义以其共同由来、逐渐进化、自然选择、适者生存等基本原则和核心内容，在现代社会生活和社会科学范式理论中具有持久而强烈的影响力。社会达尔文主义是以上升时期的西方资本主义社会时代风潮作为支撑点的，随着西方资本主义的转型，人们对社会达尔文主义的虔诚信仰开始产生动摇与狐疑①。社会达尔文主义将自然界的生存竞争规律搬到社会学的研究中来，公开主张国家之间、民族之间以及人与人之间的“弱肉强食，优胜劣汰”，公然将恃强凌弱宣称为“社会伦理”。按照社会达尔文主义弱肉强食的“伦理”，发达国家作为“强者”可以欺凌和压榨“弱者”；“优秀民族”可以掠夺、统治乃至任意宰割“劣等民族”，结果，使受到侵略和奴役的弱势国家也被迫接受社会达尔文主义，以激励自己国家的民众发奋图强、救亡图存。就这样，社会达尔文主义在全球范围内大肆泛滥，成为强权主义者欣然接受和遭受奴役者被迫接受的“普遍真理”。中国体育作为“强国强种”的工具从西方学来，又经过“无产阶级专政”和“阶级斗争”的熏陶，使体育等于竞技、强健是为了争斗、金牌代替健康的观念风行于社会，产生出“奥运争光计划”作为改革开放的体育旗帜，有其理论根源和历史的必然性。

今天，可能没有理论工作者自称是“社会达尔文主义者”了，然而社会达尔文主义仍然在多方面起作用。在当今的国际关系中，强国极力争取霸权，弱国则以“落后就要挨打”这类口号激励国民奋进。进化论是一种自然观，持有进化自然观的人是普遍的，自然观的转型是一次思想领域的革命，持有进化自然观者的人总是认为自然界始终是持续前进演化的，这种意识不自觉地就落入社会达尔文主义的观念中。人们经常简单地使用社会达尔文主义来反对任何形式的普世道德和利他主义，利用达尔文主义的自然淘汰说来反对救助弱者以及反对联合与双赢和多赢的对策等。②

---

① 《历史唯物主义人类学社会达尔文主义社会批判理论》，数字图书馆，http：//dris. hust. edu. cn/view/84268544825. html。

② 武觐文：《批判社会达尔文主义是在颠覆进化自然》，http：//blog. sina. com. cn/s/blog_4736ffea0100cbm1. html。

古典进化论遭到一些学者的批判，还有一个重要原因是这种理论将世界上各种文化按照某种等级进行高低贵贱的划分；而人类学的文化相对论则认为文化没有高低之分，各种文化都是平等的。问题是，文化固然不分高级与低级，但文化对不同地域、不同时期、不同人群的作用是有差异的。以运动技术水平的高低彰显意识形态优劣，以金牌多少暗示民族贵贱，这不能不说是古典进化论和社会达尔文主义给体育观念带来的负面后果。古典进化论只是片面强调前进演化，没有看到进化中存在衰退；科技进步中存在科技的负面影响；在经济的繁荣中存在环境的恶化；人类对自然的胜利中必然存在自然的报复，人类各群体此起彼伏的交替发展与达尔文学说的“优胜劣汰”的直线竞争发展相悖，具有后发展优势的国家和民族各领风骚的“落后得益”现状颠覆了“优胜劣汰”的进化观。体育竞技领域的胜负，更不能成为用来嘲笑弱者的工具。

在中国，以儒、释、道为主体的传统文化所推崇的是仁爱、慈悲、无为，是以人与人、人与自然的和谐为最高价值的。这种东方文明，体现了宇宙万物的自然法则，具有无可辩驳的真理性。因此，要想克服愈演愈烈的社会危机和生态危机，应该弘扬以“仁爱”、“慈悲”、“无为”为核心的中华优秀传统文化，用生态文明的科学发展观加以提炼，为人类的体育事业谋求一条和谐发展的正确道路。一个国家，一个民族，犯不着也不可能在所有的竞技运动项目的比赛中拿金牌；退一步假设，即使拿光所有的金牌又怎样？对中国体育文化的研究，应该立足于文化如何促进中华民族身心的全面可持续发展。更多地接受生态人类学的理论来推行当代体育的生态化，就是利大于弊的途径。

近代中国比西方落后得太多，这是历史事实；但中国这三十几年发展得比任何地方都快，这也举世皆知。中国人不会在西方的道路上亦步亦趋，在政治、经济、文化甚至体育上都可能有自己的发展道路。我们接受西方体育中具有的普世价值，只是为了更好地走自己的路。

人类是大自然中的一个物种，体育人类学研究者更清楚这一点。人类与一般生物有其共性，必然有其共同的演化规律，生态人类学是既适合一般生物又适合人类的生物演化的理论框架，它整合了达尔文进化论与现代社会发展产生的割裂，整合了自然与社会的二元论所造成的割裂，极大地改善了古典进化论。体育人类学从劳动方式的变化中分析经济发展与体育成熟的关系，得出“从生产到生活”的结论，也是纵向研究当代体育社会功能转变的结果。形形色色的个体联合成家庭、民族和社会；不同民族的社会发展趋势正在实现全球化整体的联合。而未来的体育方式，倡导生态化的户外运动休闲，必然是全球性、整体性的生态文明的有机组成部分。

（三）从结构与功能到深描与解释

田野调查的重要结果是理论生成。在过去的研究中，体育人类学受功能学派的影响较多，大量田野调查结果表明许多原生态身体游乐活动并无体育意识，将其视为“传统体育活动”是用当代眼光对其随意判定，因而实证了“竞技早于体育”的观点；新世纪提出体育的社会功能“从群体到个体、从工具到玩具”的观点；对“举国体制”的剖析，采用了“结构—功能主义”的范式；而大量“体育文化”研究，则多是从器物、制度、观念的框架模式，从横向平面的结构层面来梳理相互联系的方式，是很多体育人文社会学研究者熟悉的。

格尔茨的著名论文《深描：迈向文化的阐释理论》是对人类学研究方法思考的新成果。文中格尔茨借用了赖尔的“深描”一词来表达对民族志的写作新要求。格尔茨借助于自然科学模式而建立的社会科学，是建立一门人类学解释科学“文化的分析不是一种探索规律的实验科学，而是一种探索意义的阐释性科的民族学”。对文化的真正解释工作，或者说民族志所要达到的目的，就是深描。①

在当代人类学研究中，“深描”作为一种阐释人类学理论产生了广泛影响。“深描”使得被研究者的观念世界、研究者自身的观念世界、阅读者的观念世界在此间达成一种“视界融合”，生成一种“不同理解”，创造性地抵达被解释事物的本质深处。② 这是与跨文化研究一样与心理学有密切联系的视角

---

① 澜清：《深描与人类学田野调查》，《苏州大学学报（哲学社会科学版）》，2005 年第 1 期，第 46—49 页。

② Geertz，Clifford “Thick Description：Toward an Interpretive Theory of Culture.” C. Geertz，The Interpretation of Culture［M］. New York：Basic Books，1973，pp. 6—10，18.

与方法。“深描”使文化研究方法获得创新，文化视角的转换使研究者从居于本文化的行动者的角度研究文化。

格尔茨用演绎的方式阐明了文化概念的形成模式，其逻辑演绎过程：文化是一种观念；观念的形成是有模式的；文化的形成遵循观念形成的模式。他认为，文化是一部行为化的文献，要解读文化，必须关注行为，明白行为的含义是什么，再把它记录下来。民族志有能力揭示具有普遍意义的问题，其中的异域见闻对社会科学的意义深远。撰写一部民族志的过程就是深描。这样进行深描的民族志的特点是微观的、解释性的；所解释的是社会性会话流；要将这种会话以可供阅读的术语固定下来。

文化解释理论是格尔茨建构的人类学学说的基本理论和方法。他在阐述这一理论时贯彻了“解释”的风格，在明确文化概念的基础上，提出分析文化就是对文化行为进行深描，而从事民族志就是深描，深描最基本的特征就是解释，它有能力揭示具有普遍意义的问题。①

对地方性知识的阐释，是格尔茨对人类学创造性贡献的一大亮点。它使研究者可以把社会文化现象纳入地方性框架中去解释；而法律就是地方性知识。格尔茨对各领域学术界产生广泛深远影响《地方性知识》一文，运用深描这一文化解释学的经典方法，以事实与法律的关系为中心问题，对法律现象进行了一番考察，得出了与所谓的主流观点不一致或者说是大相径庭的结论。格尔茨试图打破西方法律普遍性的神话，唤起人们对不同文化群体的法律认识特性的重视，呼吁人们尊重和认真对待不同文化间的法律差异，通过深入不同文化群体生活的实际去建立对该文化中法律认识的理解的解释系统，进而主张比较法的文化及解释转向。这对当代法律人类学发展做出了里程碑式的重要启示意义。②

体育人类学在学习和尝试采用这种理论时，要注意到其缺陷和不足。“……检验标准的问题，既然深描是一种对文化的解释，那么深描和浅描的分界点在哪里？何以评估一个民族志是深描还是不是？深描会不会变成作者的

① ［美］格尔茨著，韩莉译：《文化的解释》，译林出版社，1999 年。

② ［美］吉尔兹著，张家瑄译：《地方性知识—阐释人类学论文集》，中央编译出版社，2000 年。

主观想象而与实际分离？对一个以解释为己任的科学，这些问题也许并不一定要回答，因为它们都是格尔茨所否定的实证科学模式下的问题，但是格尔茨在其文本中认为解释人类学是可以成为一个有标准、可以检验的科学的。然而十分遗憾的是，格尔茨在文中只是不断地否定各种可能的检验标准，并没有明确告诉我们他的检验标准具体是什么，换句话说，我们不知道一个具体的文本是否达到抑或超过了深描。”①

当前体育人类学研究，大多属于基础层面的资料采集工作，在初级阶段的研究尚未成熟和展开，大多只需要展现真实全貌，往往还涉及不到如此深奥的理论。对理论的借鉴，首先应该是以真实情况的田野调查资料的分析为基础，尽量客观呈现研究对象的文化现象，然后才谈得上阐释。譬如，对体育运动形式的萌芽和凝聚，原始宗教尤其是巫术仪式如何起到了至关重要的作用，还没有多少达到“民族志”水准的现成资料，尚需大量的田野调查工作去实证，单靠在书斋里冥思苦想拼凑资料，是难以得到令人信服的结果的。

在准备充分的体育人类学大规模综合性研究中，有些案例已经开始把多种经典视域和方法聚合在一起加以尝试。譬如，研究身体运动对原始文化形成的影响，以进化论的视角从体育与宗教的萌芽中纵向探讨身体运动在原始文化中作用，选择最佳对象是居住在中国西南横断山“氐羌—藏彝走廊”下端纳西族人群，采用了生态人类学的观点。通过巫师的“东巴跳”记录到东巴舞谱再到对东巴文字构建影响的一系列研究结果，可以按结构功能学派传统的逻辑技术路线；而对邻近的类似图画象形文字如玛丽马萨文、达巴文、沙巴文的比较，这是使用跨文化研究的方法；而对于其中典型身体动作与具有代表性的东巴文字符的联系用实证材料层层推演，聚焦于东巴跳—东巴舞谱—东巴文的形象思维外化过程进行“深描”，就有望揭示人类日常的身体运动在特殊的生态环境中可以对原始文字的形成产生举足轻重的作用。如果体育人类学的身体运动对原始文化形成的研究案例延续和扩展，其理论意义和

① 澜清：《深描与人类学田野调查》，《苏州大学学报（哲学社会科学版）》，2005 年第 1 期，第 46—49 页。

学术价值倍增，甚至可以延伸到世界范围的原始巫术形成、古文字起源的重大研究领域。这是体育研究对外辐射的创举，不仅超越了某一个群体的局限而倡导“类”意识，并把理论构建的触角伸到为人类探索共同文化财富的创新领域，其成果的学术价值可以升华到以往体育人文社会学研究无法企及的另一个无限宽广的层面。

实践篇

第四章　调查原生态身体运动为主的田野工作法

人类学最富有特色的方法是田野工作（Anthropological Field Work），国内通常称为田野调查或实地调查。采用这种方法进行研究，几乎是人类学家的专业标志，因此它也是体育人类学研究方法的主干。

田野工作的里程碑是1898—1899年的英国的哈顿领导的托列斯海峡探险；而真正具有理论生成意义的田野调查来自号称“美国人类学之父”的博厄斯；20世纪初英国功能主义学派的主要代表人物马林诺夫斯基和拉德克利夫—布朗非常强调田野工作的重要性，并把田野调查提高到了一个规范的崭新高度。在博厄斯和马林诺夫斯基的时代，人类学是一种“科学的文化理论”，这两位理科博士所倡导的田野工作引进了可重复检测的量化手段，或侧重于对社会结构和功能的分类与解释，或专注于历史特殊论点的构建，在通过实地调查获取的客观知识方面获得历史性的成就。今天这种经典的人类学研究方法，是体育人类学研究尤其是对原生态身体运动进行田野调查时不得不依赖的必要方法。

不过，体育人类学在认真汲取文化人类学和体质人类学的精华的同时也在创新，根据长期实地考察民族传统体育总结出的经验，经多次摸索而形成了具有符合自身学科特点的具体方法。当前，欧美的体育人类学没有大的进展，日本的体育人类学主要研究对象仍然针对民族传统体育活动，但中国的体育人类学研究已拓展到说明、解释或验证体育基本理论和学说领域，并改良、发展和创新了文理融通的独特实证方法。这种方法，是连接自然科学和社会科学的桥梁，也是体育人文学科中最具有客观科学价值的研究途径之一。

第一节　多学科集中介入的短周期专题性田野调查

一、调查体育活动需要多学科集中同时进行

田野调查是通过勘测、询问、交谈、观察等手段取得所需的研究资料的方法。尽管田野调查多用于文化人类学的研究中，但并不排斥一些体质人类学的方法介入，人类学家在研究灵长类动物时也采用田野调查方法。体育人类学的特点是以体质为基础的文化研究，在面对身体运动的研究中，首先需要判断其体育属性，而人体形态、机能的变化是证实体育效果最基本的指标，然后才能分析其体育意识并对其后天习得过程进行文化研究。这不仅需要体质人类学和文化人类学的综合介入，需要相关的多学科参与。

田野调查虽然崇尚客观，但田野工作的基本内容是“参与观察”（Participant Observation），其标准运作路径主要是透过参与观察了解当地人观点。参与观察的过程中，主、客观的角度很难把握，它是否是一种科学的研究方法也存在争议。有批评者认为，参与观察方法作为一种研究方法，它的程序是不明确的，它的观察是无系统的，它所得到的资料是难以用数量表示且往往缺乏信度，它的研究结果也是无法重复的。直接观察无法保证绝对客观，因为人类学家本身也容易受到自我偏见的限制。这些不足，提醒体育人类学应该尽量利用体育研究中已长期深度依赖的庞大生物学科群的宝贵经验，倚重身体运动的客观数据材料来说明其真实变化情况，在体育人类学方法创新中尽可能用亲手测量的数据弥补传统参与观察方法的软肋，把对研究结果的客观真实性的质疑削减到最低限度。

参与观察是否客观并符合科学性，与研究者是否有接受专业的训练有很大关系。我国的教育模式时学生在高中阶段就文理分开，受过高等教育之后的民族学、人类学工作者大多不具备有关人体生长发育的专业知识，很难涉猎体育人类学研究。我们都知道，具有理科知识结构的人转向文科研究相对容易——如早期人类学许多大师，而文科基础再去研究理科难度甚大。体育人类学的优势在于，体育专业的学生经过解剖学、生理学等生物学科的必修

课程学习，对自己需要研究的人体及其动作的客观科学性十分清楚明晰，增修一些文化人类学专业知识即可投入研究。体育人类学针对某一项原生态身体运动的田野调查，在开始进行研究时便很清楚自己的客观性研究立场、所需人员的学科背景、联络访谈对象的人际脉络等。为使体育人类学的研究方法具有客观性及符合科学性，需要对身体运动的一切相关信息进行详细记录，描述田野工作中的一切事项。而且，组织团队时就要考虑能够测试和评估体育效果的生物学科专家、研究历史文化的学者、了解民族、宗教和当地语言的特殊人才，形成多学科参与的考察队。

体育人类学的“参与”，就是调查者“在场”直接面对调查对象，对需要研究的体育活动耳闻目睹，获取第一手资料。研究者需要亲身前往于某个社区，参与当地人的体育活动，把握当地年度周期中传统身体活动的基本过程，从而收集有价值的信息资料。这种资料，不是书本知识，而是自己根据实际经验的积累和提炼所了解的有关体育活动的真实情况的记录。体育人类学增加了针对身体状况和活动环境条件方面的量化指标的测试和记录，可以重复检验其科学性，增加了明确而系统的科学可信度。

自马林诺夫斯基以来，“田野工作”的研究方式已经不言自喻地成为文化人类学的标志，运用这种经典方法也几乎成了文化人类学家的成年礼。没经过这种历练的研究者，没资格称为文化人类学家。但是，近年来体育界出现了一种到实地走马观花逛一圈却几乎没有带回任何第一手材料就侈谈用“田野调查”研究了“体育文化”的做法，恐怕是对田野工作的曲解。

体育人类学不是旅游观光，到“田野”去是要“工作”的，必须动手进行调查。体育人类学特别注重研究人类的一些特殊的身体活动，这些身体活动往往仅存于非常偏远的少数人群聚居区，由于特殊的地理环境、气候条件和生存状态，导致了特殊的身体活动内容、表现形式和运动器械的形成。田野调查的要素是有准备、有过程、有亲手收集的素材。把文化和体质、质化方法和量化方法进行分野，并不是绝对的，在体育人类学的研究中更应该加以融合，至多是根据不同传统体育活动的研究特点加以侧重而已。对某一项传统身体活动性游戏的调查，体育界如果仍然沿袭过去仅仅只描述活动本身的片面性直观调查的方式，时过境迁，很可能抹去这项活动原生态环境的初始数据，后人无法再对其分析研究，变异后的活动将难以复原。因此，体育人类学的参与观察，提倡在最短时间尽快获得第一手材料，并与体质评估、环境器物的测量和记录结合起来。

二、短周期获取真实素材压缩时间成本

奔赴实地参与观察的田野工作途径，是人类学最有特色的研究方法，也是收集第一手材料的最基本方式。这是对一项身体运动进行持续的主动参与性研究，需要研究者既作为参与者又作为观察者深入一种文化的内部。但是，体育人类学的研究主要是身体活动行为的短期专题性事件，不同于一般人类学百科全书式的文化生活形态的整体调查，因此不需要以全年为周期的方式与被调查人群居住在一起。时间缩短，但与身体活动处于同时段的环境器物测量与记录，必须事先准备尽可能详细的提纲和表格；否则调查时间将大为延长，甚至又回到一般人类学调查的长期居住模式。

想当初，英国人类学家马林诺夫斯基正打算依据旧有模式，准备尽快按文化项目列表收集资料而展开短期田野调查之时，恰遇第一次世界大战爆发，因而受困在新几内亚长达数年之久。他运用这段时间从事比先前的人类学家更加密集而细致的田野工作，1922 年出版了民族志的经典《西太平洋的航海者》，倡导一种田野工作研究取向。他因偶然际遇而创建的规范，使后来的人类学家身赴当地与土著生活，以长周期参与当地活动的方式进行各文化的研究与记录。

按田野调查的基本规则，首先是选择特定社区，对当地语言的掌握，然后进行一年以上现场调查时间，从本土的观点参与体验，最终达成客观的认识。一个多世纪以来，来自欧美人类学家的宝贵经验成为人类学田野调查的经典，因为要全面了解一群人的四季生活状态，所需的周期很长，一般是一年以上；过几年往往还需要复查，其耗费的时间、器材及各项经费开支，是体育研究者无法承担的。换言之，常规意义上的人类学田野工作，在体育研究中几乎是无法展开的，如果按英国皇家人类学会《人类学的询问与记录》第四版的相关章节中对田野作业的语言要求和一年调查周期的时间要求，体育界的研究者无法达标。

不过，就现实需要而言，体育人类学的田野调查，并不是为了撰写一部包罗万象的普通民族志，而是专题深度调查，大多仅仅是针对某一项局限在很短时间内进行的具体活动。调查目标不是为了解某一人群的生活全景，而主要是为了了解某种身体运动的具体情形，不需要撰写一部面面俱到的大部头民族志，而多是以调查报告的简练形式完成一部运动项目志。这种活动大都集中于少数民族传统体育领域，其特点是活动周期短，一般只有一天到几天，加上准备阶段与收尾期间的调查，需要到实地考察的时间，至多十天半月，就可以得到全面而清晰的真实材料。这个特点，使体育人类学的田野调查在所需时间上大大缩短成为可能。

体育人类学的调查者除了为了解与身体运动有关的内容而进入当地人的家里，其余时间多在户外，一般不需要与被研究者同居一室。其实，西方人类学家的田野调查，住在当地人家中也并不是必需的。譬如，马林诺夫斯基在调查新几内亚的特里布里恩德群岛时，他在这个岛上的一个村子里单独搭了一个帐篷居住。柏尔图夫妇 1973 年研究了 51 个人类学家田野调查之后，发现他们在田野作业期间，大多是租当地社区的房子或公寓居住。因此，体育人类学的“参与”，并不一定非要同吃、同住、同劳动的形式，主要是亲身参与到有关身体运动的现实场景中并进行观察、访谈、测量和记录。

事实上，在我国的本土化的田野调查工作中，因为语言、习俗、劳动方式等无须花太多的学习时间以及交通、通信条件的改善，前辈已经把单次调查的时间大为缩短，如费孝通回国后为了与《江村调查》作比较而在云南禄村作调查，第一次是从 1938 年 11 月 15 日到 12 月 23 日，第二次是从 1939 年 8 月 3 日到 10 月 15 日，挨家入户调查，统计各种数据，最初油印，再出专刊，反复修改增删，最后出版了《禄村农田》一书①。

相比之下，体育人类学的田野调查对象和内容单纯得多，民族传统体育活动尤其是少数民族的竞技游戏，一般都是在固定的节日集会进行，前后也不过十天半月，属于时间很短的专题性研究。相对于一般人类学以年为周期的百科全书式的田野工作，体育人类学在调查内容可以大为压缩，所花的时

---

① 费孝通：《禄村农田》，商务印书馆，1943 年，第 10—11 页。

间与经费相应减少很多。当然，体育人类学的田野调查并非因为大大缩短时间、降低成本，就可以变得轻而易举；相反，在很短的时间内要获得足够的素材并进行体育理论观点的创新，必须集中多学科优势力量，在前期准备与后期分析的过程中花费更多的时间和精力，才能获得有价值的成果。

人类学家为了提高参与观察的准确性，往往通过重返田野的方式观察他自己的曾经观察结果，把自己过去的观察化为对象加以检验，反省研究者和研究对象之间的关系，对形成的论点进行修正和补充。在体育人类学的田野调查中，应该倡导对已形成习俗而定期举办的传统体育活动，进行单次短期、多年积累的长期跟踪复查，以观察身体运动的变化情况；而且，往往还需要把首次测量到的数据加以符合，以观察其发展变化。这种多年短时间返回调查现场的做法，其实是历时态研究（主要是对单一区域或课题作纵向的研究）和共时态研究（主要是对不同区域或课题作横向的研究）的结合，使体育人类学的单次短周期调查方式仍然能获得足够的客观素材。

体育人类学的田野调查尽管大大压缩了时间，但与人类学的参与观察步骤仍然保持基本一致。除了需要遵循人类学田野工作参与观察与深度访谈的常规方法，体育人类学强调结合体质人类学和文化人类学的综合考察，需要特别注重前期准备工作以便调查者尽快与当地人克服彼此之间的隔阂和疑虑，在短时间把专门问题了解清楚，其余工作待回来后再集中已有资料进行特殊的身体运动的生存环境的跨文化比较，以综合的新方法拓展研究空间。

三、根据专题制订实施方案

凡事预则立。得知一项民族传统体育活动时，首先需要判断它进行研究的意义、价值和可行性。确定它值得进行田野调查后，对自己的时间、精力、经费情况加以判断；如果条件均已具备，则必须根据所选择的专题制订一个尽可能详尽的方案。

由于是短周期的集中调查，田野点的选择必须有清晰的专题，与自己的志趣和能力相适应，选择与所选专题相关的，有可进入性的和有一定典型性或者代表性的调查点。根据田野调查工作常规，进入田野前需要进行各种准备工作：包括了解与调查点相关的地理、历史、现状和前人研究知识；考虑调查队伍的组成，组织与主题相关的专家参与，一般由熟悉全面情况的专家担任组长；根据当地的地理、气候情况和调查时间的长短准备调查设备，除个人衣物、文具、书籍外，还应具备地图、生活用品、常用药品、个人证件、摄影器材、录音设备、特殊仪器以及准备好的表格和文卷。最后，在出发前要看调查者的身体情况是否适合调查地的天气、气候状况等。这些，都是根据专题制订实施方案的基础。

下面，是通过多年的实践经验，总结归纳的体育人类学田野工作的准备事项：

（一）相关资料的搜集准备工作

1. 了解调查专题目标所在的地理和历史资料，把握研究对象的文化背景，根据地图来选择范围、路线与日程。

2. 一切科学研究都是在前人基础上进行的。几乎任何研究都需要准备。掌握前人调查研究成果，检索国内外电子论文库，结合图书馆和阅览室的专业刊物，写出文献综述，分析不足之处和切入点。调查者参考或利用前人的调查研究成果，必须在自己的调查报告中详加注明。文献检索对于研究生的论文选题有特别重要的意义。

3. 到当地图书馆查阅地方史志，特别留意只能在当地才能见到的地方文献资料，包括博物馆档案、展示室收藏的展品、村寨祠堂及寺庙的碑刻、家谱和族谱中的记载、原住民生活中的其他图像符号及器物……在其中寻找传统身体游戏的内容以及传统运动器械等。

（二）实施方案及表格制订

把即将要进行研究的考虑和打算写下来，这就是调查方案。拟定一个好的调查方案非常必要，这既是为了申请经费（中外人类学家一般都不可能自掏腰包作调查，当前中国也有越来越多的申请课题经费的渠道），也是为了明确自己调查工作的目的性和计划性，在今后调查工作中有所遵循。

调查方案中要包括以下内容：调查地点相对象、调查日期和预计的时间长度，调查课题及其理论意义或现实意义，自己具备的条件及准备如何进行调查。既要包括必要性，也要包括可行性。前人拟定的调查提纲或问题表可供借鉴，国内外学者介绍民族志工作方法著作中亦常附有调查提纲或问题表亦可参考。如马林诺夫斯基的《文化表格》（原附费孝通译《文化论》后印行，现又收入《吴文藻文集》），但应该避免照搬，按照自己的专题修订使用。

田野工作的过程，是透过研究者的参与观察及当地人的访谈，得出符合科学性的民族志调查。

1. 打印身体和生态环境测量表格、访谈问卷，准备地图、笔记和日志。

2. 选择食宿点、安排生活和调查步骤的日程安排，整理后打印分发。

3. 摄录器材装备、药品及生活物品的购置携带计划清单，专人负责。

（三）集中研讨和人员培训

1. 完整调查队伍的组成，视活动规模和工作量的大小，一般需要身体运动测量与评价人员、深度访谈人员、影像摄录人员各一名以上，加上熟悉当地情况和语言的向导和司机等，4~8 人为宜；如小型活动且研究者可身兼数职，人员可减至 2 人。

2. 语言学习与准备，对于人类学家很重要。但能够完全使用异民族的语言与调查对象交谈只是一种理想模式，体育界极少数人能做到这一点。在此情况下，可以通过翻译或是使用彼此相通的第二语言，来完成调查的预期目的。目前在国内的大部分少数民族地区，很容易找到懂普通话的中青年做向导，最后在当地学校邀请有兴趣的教师，体育老师更好。

3. 有关一项传统身体活动如何运行的体制机制的调查，往往由于缺乏直观现象而调查难度较大。出发前集中进行专业培训，统一规范身体测量标准和问卷记录要求，讲解计划安排和工作要点。最终的调查报告的署名者，一般是了解全部研究计划并参与全过程的成员，其余人员可在致谢辞里提及。

第二节　田野中的体育效果测量与评价

一、表达体育的学科特点

对身体健康状况尤其是对身体运动能力的测量与评价，是体质人类学方法在体育人类学中的具体运用，但在当代学科分类中，我们将其归于医学和理学的范畴，作为纯粹的自然科学来对待。其实，体育人类学的测量方法是根据体育的特点而形成的，是为了在客观可重复检验的科学数据中证明人类对身体发育的文化创造力，蕴含着人文关怀，具有不同于其他学科方法的独立价值。体质人类学方法是为了明确测量的人体“是什么”，而体育人类学是为了证明经过体育活动前后的人体“发生了什么变化”。譬如，体质人类学注重人体的骨骼测量主要受先天遗传影响，而体育人类学注重身体的围度则是与身体运动对肌肉发达与否有最直接的关联，后天习得的文化影响甚大。影响身体健康的因素也不仅是自然环境，包括饮食、卫生、体育在内的生活方式等社会文化方面的影响往往更大。

当我们看到一种身体活动，往往凭经验从外在形式上去判断它是不是一项体育活动。体育人类学提醒我们注意客观的事实，更要依赖给它下结论的依据。体育活动，是人类具有体育意识、通过经常性的身体练习，达到提高身体运动能力的具体目标的文化教育过程。没有体育意识、锻炼过程、身体变化效果的活动，能视为一项真正的体育活动吗？体育人类学的田野调查，应该充分反映体育的学科特点，建立在体育效果测量与评价的基础上。

体育人类学从身体运动对人类发展的角度出发，通过科学的测量与客观评价，淡化影响身体的其他非体育因素而较为纯粹地反映体育效果。体质测量与评价，是体育专业师生很熟悉的一门课程，对人体形态和机能的了解可能仅次于专业医务人员，这就使体育人类学的研究人员比其他领域的研究者在判断研究对象体质状况方面更具有优势。以往的各种各样针对身体的测试标准都有明显的非体育因素的影响，如“劳卫制”是从有利于劳动与国防的角度出发，青少年体质与健康标准、国民体质监测等许多指标变化与遗传、营养、医学的影响有关。体育人类学认为，身体形态（主要是围度）和机能（主要是心肺功能）能反映身体运动能力的改善；如果能结合所研究的身体运动进行测量，可以显示体育活动最基本的效果。以此为基础，才能检验其体育属性，研究工作才能辐射到其他领域和层面。

在交通不便的偏远之地进行体质调查，需要特别注意保证田野调查的量化指标科学规范性。当少数研究人员进入陌生地区，以小样本、低成本的快速测量获取实证性的关键数据，测试器材数量必须尽量精简。要事先考虑到调查对象外出务工经历、被测试人员的戒备心理、农忙与调查时间的矛盾等困难。体育人类学的田野工作往往主要针对在很小范围内地某一项特殊身体活动遗存的调查，虽然不像传统人类学调查那样常年全面展开参与性观察，但要求在活动周期内集中体质人类学和文化人类学的综合优势浓缩完成大量获取第一手素材的工作，因此需要一个简便统一的对身体运动能力的测试方法。

二、测试标准——根据身体运动的效果评价体育属性

面对一种身体运动，如何确定它是否体育运动呢？除了参与观察和深度访谈时注意记录这种活动有无体育意识及日常锻炼，最客观的办法是根据身体运动的效果评价体育属性。因此，为了判断某种活动的体育属性，必须直接从参与活动的人群的身体测量中获得数据，以检验其体育效果。

测试标准，可分为最能反映体育效果的身体形态指标和身体运动能力指标两部分，需要设计制作两张表格，使受试者分为静态和动态两个单元参与进行测试，耗时尽量缩短。以 2012 年“东巴跳”田野调查相关表格为例：

体质调查表

姓名： 性别： 年龄： 住址：

身高（厘米）	体重（千克）	胸围（厘米）	腰围（厘米）	安静脉搏（次/分）	运动脉搏（次/分）	收缩压（毫米汞柱）
一分钟俯卧撑（次/分）	闭眼单脚站立（秒）	坐位前屈（厘米）	小腿围（厘米）	大腿围（厘米）	小腿围（厘米）	颈围（厘米）

检测时间：________________

负责测试教授签字：________________

体育人类学需要的体态体能测试标准，是为了科学分析和正确判断某种体育活动对人类身体的实际效果，参照在 1906 年、1912 年召开的第 13 届、第 14 届国际史前人类学与考古会议上通过的测量项目，结合中国国民体质测

量标准，可以制订出体育人类学特有的测试标准。

尽管体育学科已有了各种各样的身体测量标准，但由于体育人类学的田野调查大多位于偏远的交通不便处，往往是研究人员少、时间短、经费紧张、场地简陋甚至可能没有电源，因此，用最必要的仪器设备，能基本保证得到足以证明其体育效果的数据材料，是制订体育人类学反映身体运动效果的测试标准的最重要的原则。

三、相关仪器设备

勘测，通常是体育人类学田野工作的重要步骤。探测旷野、森林、水源、耕地、街道、道路，其目的是使研究者了解地形，对研究对象的身体活动与生存环境之间的关系有明确认识。在田野考察的最初阶段，当研究者解决了语言障碍可以进行广泛的访谈时，就可以对有关身体活动的工具、武器、家用器具、建筑、场地、运载工具等进行描述和制作目录。研究者必须调查人们为了身体运动而从他们的环境中获取的各种资源。譬如，针对大型体育场馆设施的修建与环境的关系，人类学家对这些方面进行了越来越多的生态学研究，有些研究产生了重要的新观点，指导近年的奥运会修建了一些可拆卸的建筑。体育人类学的崛起，从“自然、社会、人”的渐进关系作宏观的考虑，也将向生态人类学的方向靠拢。

人体测量：主要是通过对人体整体或局部进行测量和观察，来探讨人体的特征、类型、变异和发展规律。人体测量学是体质人类学研究的经典技术之一，在体育人类学中是田野工作的重要组成部分。

人体测量包括骨骼测量和观察以及活体测量和观察。骨骼测量和观察多用于古人类学研究。而活体测量和观察则多用于现代人类的研究。活体测量根据人体的部位，可分为头面部测量和观察及体部测量和观察。随着技术的发展，人体测量学还增添了诸如关节活动度测量、皮褶厚度测量、体力测定和生理测定等。

常用的人体测量仪有二十多种，最常用的只有几种，如直脚规、弯脚规、人体测高仪、卷尺、量角器、坐高椅等。

与体育人类学关系比较密切的是活体测量和观察。在此，我们对活体测量和观察作一些简单的介绍。

要进行活体测量，首先必须确定测量项目。要准确地进行测量，则必须准确地找到测点。体质人类学研究所选的测点和测量项目主要以德国人类学家马丁所编著的《人类学教科书》为标准。

头面部有37个常用测点。头面部的测量可分为：①长度测量，如头最大长；②宽度测量，如头最大宽、面宽等；③高度测量，如全头高、形态面高等；④围度与弧度测量，如头水平围、头矢状围等。为了探讨头面部各部分的比例与形状特征，可用两种测量值组成各种不同的指数。例如，头长宽指数等于头最大宽除头最大长，然后再乘100。根据头长宽指数，头型可分为6种类型，即特长头型、长头型、中头型、圆头型、特圆头型、超圆头型。头面部的观察主要是观察肤色、发色、眼色，以及头型、面型和五官的形态等。对体育人类学而言，头部的大小与形状可能与某些运动能力有关，其余部分远不用像体质人类学测量那样精细。

体质人类学对体部有38个常用测点。体部测量可分为：①立姿体部高度测量，如身高、肩峰高、中指尖点高等；②坐姿体部高度测量，如坐高、骨盆高等；③体部宽度和深度测量，如最大体宽、胸宽、骨盆宽等；④体部围度和弧度测量，如胸围、臀围、大腿最大围等；⑤上肢测量，如上肢长、前臂长等；⑥下肢测量，如下肢长、大腿长等。体部的测量值也可以组成不同的指数，用于表示体部的形态特征。有些指数，如李氏体重指数（Livi's weight-height index）、罗氏指数（Rohrer's index）、体质指数（constitution index）、艾里斯曼身高胸围指数（Erismann's index）、体型指数（habitus index）等，可以表示一个人的体型特征和体质状态。

体型的分类有多种不同方案。较常用的方案将体型分为瘦长型、中间型和肥胖型。近年来在体质人类学和体育领域应用得较多的是Heath-Carler体型分类法。这种分类方法借用胚胎学术语，按三胚层发育情况，将体型分为外胚层型、中胚层型和内胚层型。体部形态观察主要是观察颈部、胸部、体姿类型、乳房类型、臂部伸展类型、腿部类型等。另外，有时还要观察全身的毛发，包括头发、胡须、眉毛和体毛等的形状和多少。与体质人类学一般关注遗传指标不同，体育人类学有自己的关注部分，那就是身体的维度。

为迅速获得某项体育活动的对人体产生效果的真实数据，需要借助科学的仪器设备。1954 年，我国开始了人体测量仪器的研究和测试工作。经过几十年的努力，我国现已能生产一系列品种齐全的人体测量仪器，制造水平已进入世界先进行列。根据体育人类学田野工作中往往需要前往交通不便、人烟稀少的边远地区的情况，往往只能选择便于携带的几种简单测量工具。建议携带有厘米标志的 2 米长皮尺数条，这是测量身体围度最重要的基础工具，有条件还应带上体重计量器、心肺功能仪等。

第三节　同时性影像记录与生态测评

体育人类学的影像记录与分析，是影像人类学与运动生物力学测试方法相结合的产物，在案例的客观形象中寻找体育价值，在研究人类的身体运动方面具有举足轻重的独特作用。

一、确保身体文化遗产的客观素材

影像记录，可以借鉴图像信息科学直观分析的优势，客观准确地实证身体文化特征，用于阐释其深层意义，发挥影视人类学的功能。早期的人类学家都希望留下珍贵的图像资料，再现参与观察的细节，而摄影摄像工具的出现和发展，使如何使用影像工具甚至成为一种特殊的研究手段。

摄影、摄像一开始就是体育人类学研究的重要帮手，这是由体育活动必然有形象展示的特点所决定的。换言之，体育运动就是一系列动作形象展示的过程。在许多传统体育活动的分析中，语言文字往往苍白无力，离开了图形资料的资料的分析研究甚至影响成果的质量。

录音、照相、摄像，是保留原始记录的重要手段。但是，调查者不能为图省事而不做笔录。录音、照相、录像不能完全代替笔录。在有录音、录像的前提下，最重要的是“场景”：什么时间、什么地点、什么人参加（调查者）、多少人进行多长时间的活动、什么人讲述（调查对象）都要对具体细节询问清楚，刨根问底，务求准确问清。不要以为这些太简单，其实，最容易记不住或遗漏的就是这些“最简单的”。因为我们现在的头脑、电脑里各种信息充斥，当时不留下记录，过后不久，就可能忘记或张冠李戴。

由于人类记录影像信息的技术手段日新月异，建立一个资料库性质的“人类传统身体文化关系图谱档案”，成为体育人类学的远大理想。

二、记录身体动作的姿态与轨迹

在田野调查中大量采用影像记录，是体育研究的学科特点所决定的。体育运动一般都是由一系列身体动作组成，捕捉身体运动形象，可以作为体育人类学研究的基本素材。

但是，以往的民族体育活动的图片几乎无一例外都是单一角度的。也就是说，只能反映某一个侧面的形象。体育人类学的影像记录，既不是猎奇观光客的旅游留影，也不完全是影视人类学那种全景生活纪录片式的细节描绘，而是针对某种特殊的身体运动进行的专题式的相关影像记录。因此，对活动场景尤其是身体动作的记录，需要双机位，即在正面和侧面都同时各架设照相机或摄像机，同步按下启动开关。这样，就能得到需要研究的同样动作的纵横两张图像，留下整体的全面信息。

带有规律性的客观现象表明，具有显著体育效果的身体运动一般是大肌肉活动，或称为骨骼肌运动，在视觉上能明显感受到身体形态的变化以及在空间的位移。因此，用影像来记录之，并把单个的动作固定作为研究的素材单元，就成为体育人类学田野调查的特殊方法。具体运用至少可以分为两类：

一是可以用来进行定性研究，区分体育动作和非体育动作；

二是可以对体育动作进行分类，以分析其体育价值的大小。

仅仅在十余年前，收集影像资料袋成本还很高。那时出发到野外拍摄民间的传统体育活动，大多是携带 3 部照相机：一部装黑白胶片、一部装彩色负片、一部装可以制作幻灯以及为印刷物提供高质量图片的彩色反转片。加上备用胶卷和摄影包，整个装备很沉，所需费用很高。即便是这样，还免不了时刻关注剩余胶卷的张数，在更换胶卷的间隙中漏拍了一些动作……关键是仅仅从一个角度拍摄的平面图像，常常会因视角的不同而无法准确辨识所拍摄的动作。更成问题的是，单一的平面形象并不能完整重现身体运动的实际情况，研究者可以去分析图片中的各种细节所表达的文化信息，却难以全面展现身体动作的姿态与轨迹。如今，数码摄录设备已经普及，大容量的硬盘成本越来越低，可以拍摄很多图像而成本却不高。即使没有专门的摄录器材，几乎人手一部的手机也能临时摄录影像。

当然，带有自动连拍的专业照相机更能拍出高质量的影像。准确记录动作的基本规则，是使交叉的双机位同步（有条件甚至可以进行水平交叉和垂直的三维拍摄）。也就是说，至少需要从正面和侧面摆放呈 90 度位置两台照相机，交叉拍摄同一个动作，才能得到一个完整的准确画面。两台照相机最好在拍摄前用三脚架固定，用一根很长的快门线连接起来，由一人掌控以保证拍摄时同时打开快门；或事先预设同时开机。除普通数码照相机、摄像机外，必要时可使用运动生物力学专业的运动轨迹记录仪。

制订一张每日需用的影像记录表格，是一项重要工作。尽管现代摄录器材能在影像资料上留下若干关于日期及拍摄参数等技术信息记录，但仍然需要每个工作日以后，按田野工作计划和日程及研究需要，对素材及时筛选整理分类。过于相信自己的记忆力，到使用素材时难免出现差错，无法重现相互联系的身体运动，则悔之晚矣。

三、生态环境的测评与记录

任何一种生物都是在某种特定的环境中生活的，人类也不例外。生态学研究生物与其所处环境之间的相互关系，生态人类学研究人类与生态环境的关系，体育人类学从根源上研究原生态体育活动时，必须考虑生态环境的测评。个人与群体的生存状况，是某一族群的体育文化生态的构建基础。因此，分析身体运动与生产生活环境的关系，需要测评和记录相关数据。譬如，研究身体运动对图画文字的影响，在不同的地形、海拔、气温、植被、饮食、劳动方式及生活习俗的人群中，会导致一些形成路径和结果上的差异，其相关性需要测评和记录，获得真实的数据。人类活动干预最少的封禁区或边远的原生态状况，需要进行全面的资料搜集，同时还需要注意客观存在的各种文化行为对所处自然生态系统的影响。

有关自然环境的科学数据，最好是采用规范测量的结果。应事先查阅当地的地理环境及气象资料，找出气候、地质、植被各因素的最大值和最小值以及变化的频率；最好由调查人带着简单的科学仪器亲自测量，在举办活动的地区现场获得科学测量数据进行参照对比。在调查的过程中，往往有关数量、时间、空间定位等具体内容在操作时很难获得准确的数字，部分原因是当地的计量制度如计时定位、质量与数量、度量办法，各民族之间互有区别。调查时，避免随时进行单位换算，应当等调查结束时，对被调查对象的计量制度有全面把握的前提下，最后进行集中的一次性单位换算。

人类的体质发展，尤其是在人类起源和发展的早期阶段中，明显受到自然环境的选择压力的制约。因此，要想对人类不同群体的体质进化状况取得比较全面的认识，就必须了解他们当时的生存环境，各个不同时期的地质和地貌，世界各大洲的相对运动，世界上主要的气候带，雨量和温度的变化以及河流、山脉、冰川、沙漠、草原、森林、湖泊、沼泽的变化和各种动、植物的变化等知识。一项体育活动的诞生，与环境的影响密切相关，需要在田野调查的第一时间即时记录下来。

这样，就需要一张专门的表格。表格的内容分为 3 个部分：

一是观察指标：这部分是可以查阅或观察到的，如参加活动的人数、年龄、性别、活动次数等，可作为基本指标的量化测评项目。此外，公正公平、规范守信的市场环境、健康向上的人文环境、安居乐业的生活环境、可持续发展的生态环境、扎实有效的组织活动等，可以作为定性指标，最后采用评分的方法量化处理。(可制订活动具体过程观察表)

二是测量指标：这部分需要研究者的实地测量，如温度、湿度、海拔高度、场地面积等。信息传递、能量流动和物质循环是生态系统的基本功能，但身体运动在生物的生存、繁衍、调节相互关系及生态平衡中有重要作用。有些测量指标是根据运动项目的特殊性安排的，如在 2009 年调查黔东南独木龙舟时，还有清水江在一年只有几天的固定时间里龙舟下水的气温、水温和流速等测量指标。这些指标在若干年后，会或多或少发生变化。

三是访谈指标：这部分需要在访谈中以问卷的形式记录。如这项活动的由来、变迁、组织制度、运作规则及本人学习过程等。尤其要列出需要了解的主要问题，同时进行录音及编号。

在体育人类学的田野工作中，当地与身体运动有关的每件事都应该有文字记录。

撰写笔记（notes）、保存记录（records）和制作档案（files），是田野工作参与观察法的重要组成部分。由于体育人类学的田野调查多在几天的传统活动时间内进行，需采集的信息量大，研究人员的精力集中，时间十分宝贵，应该避免仅仅将注意力都集中在参与和观察上面，从而延误或忽略撰写笔记和保存记录。生长在都市的年轻人来到经济落后物资匮乏的地区，容易滋生优越感，而怀有居高临下心态并过分相信自己记忆力。其实，人类的记忆即便是对于那些本领域受过专业培训的人员来说，也是有限的。研究者作记录的时间距离观察时间愈远，可能丢失的东西就愈多，甚至是永久的遗忘。所以，将现场记录和每天坚持做笔记变成一种必不可少的工作习惯，这在专题集中的短周期参与性观察的体育研究中更需要加以强调。

回到研究室，需要对采集到的数据进行处理。譬如，简单地对开展体育活动的各项指标进行评分：采用“状态描述法”，以 A、B、C 描述测评内容的状态。A 为该项测评内容的满分；B 为该项测评内容满分 66%；C 为该项测评内容满分 33%（部分测评内容的最低得分为 0，用 C#表示）。每一指标的状态确定后，经过计算机处理，得出测评总分。

有了这些宝贵的真实的来自研究者自己亲临现场搜集的第一手材料，整理和归纳成果，印证假设，凝练理论观点，撰写学术论文，就是顺理成章的事了。

小　结

体育人类学遵循人类学经典理论形成针对体育研究的方法论，再依据体育研究对象的特殊性对传统人类学方法加以调整改进，在实地调查中尽量利用自然科学手段采集客观数据，而在资料处理后的理论生成中更具有人文风范，在实践中发展为更适合于体育人类学的创新手段。

体育人类学在开展田野工作时，需要充分的案头准备工作。预制的表格中所列各项调查内容的次序基本上是按实际调查中需要遵循的先后次序排列，一般是从弄清所调查的身体活动入手，最后以评估这些身体活动为结束。调查中不仅包括相关民族的物质文化生活部分，也要进入他们的精神生活领域。由于研究课题的具体目标互有区别，可以根据不同课题研究目标的需要进行取舍。但需要注意人体测量与活动形式拍摄、环境及器物观测记录、深度访谈及问卷统计之间的相互关联，使各项内容充分发挥相互印证的作用，从而增强所获资料的可信程度。在多人参与的调查活动中，可以按调查内容进行分工，然后集中整理。

问题往往是老的，而研究方法常新。体育人类学根据自身研究需要，对田野工作的单次时间大大压缩，增加了生物学科的身体及运动的测量手段，并采集原生态活动的环境指标参与分析，是一种倡导跨学科的综合研究方法。这种方法改变了体育人类学建立之初主要借鉴文化人类学方法而导致的研究结果与身体运动效果脱离的不足，避免了一些研究者赴“田野”蜻蜓点水、走马观花仅能简单描述或脱离身体运动实体、无视体育之效臆想误判侈谈“文化”最终不知所云的弊端。依据客观真实的第一手素材，体育人类学就能避免随意遐想，从详细记录、客观陈述转向深描解释，最终接近正确判断和评估。

体育人类学在体质人类学和文化人类学之间架设了一座和谐的桥梁，为认识体育提供了新的宏观路径。不过，上述调查原生态身体活动为主的田野工作法，只是一种聊胜于无的初步探索，必有若干不足之处，将在今后的实践中得到进一步的补充和完善。

持之有据，才能言之成理。研究方法的探讨，是为了体育研究中的理论创新，得到新鲜的知识营养成为体育学科中的重要组成部分，推动体育在不断变化的自然、社会及经济条件下得到可持续协调发展。

第五章　民族体育文化研究

民族民间传统体育，是体育人类学研究的重要领域。中国地大物博，历史悠久，56个民族的民间传统体育活动丰富多彩，为世界之最。长期以来，虽然我们在开展民族体育活动方面卓有成效，但对传统体育的原理方面仍然缺乏系统而全面的科学研究，使其整体上的迅速发展受到一定影响。

究其原因，主要是一直没寻求到一门合适的学科来用于民族体育的研究。从某种意义上看，人们所面临的问题都是老的，唯有方法在不断更新，理论之树靠新鲜营养而常青。在民族民间传统体育的特殊风貌中寻求人类文化的普世价值，这个新的学科就是体育人类学。

第一节　作为文化组成部分的民族体育

对于文化的概念，不同的学者有不同的理解。我国一般将文化理解为物质文化和精神文化的总和，对体育文化的探讨，使用这样大而不当、包罗万象的模糊概念，很难取得有价值的成果。在最近一百多年来，不同的学者对文化下过数百个不同的定义。在这些定义中，被引用得最多的是英国人类学家泰勒（Edward Burnett Tylor，1832~1917）在其代表作《原始文化》（1871）所下的定义。这一定义被许多学者看作是对文化的经典定义。泰勒认为："文化，就其在民族志中的广义而言，是一个包含知识、信仰、艺术、道德、法律、习俗及作为社会成员的个人所习得的任何其他能力和习惯的复合整体。"

一、文化的特征和共识

文化具有以下被普遍接受的特征。

第一，文化与社会是互相关联但不能互换的概念。社会通常指一群人及其相互关系的总和。而文化则指这一群人相互关系的方式。这就是说，社会是一群人及其关系的事实，而文化则是这些人的模式化的相互关系的特征、素养和抽象性质。体育社会学相对成熟，而体育文化的研究相当稚嫩。

第二，文化具有普遍性。在特定社会中，虽然每个人的行为有一定的差异，但是，在特定社会中，人们具有共同拥有一系列行为模式的普遍倾向。例如，人们在一定的经济制度和政治制度中生活，人们必须遵守特定的婚姻规则。又如，研究民族体育仅仅强调其特殊个性，难以获得广泛理解；而体育人类学在个性中寻找共同价值，有助于其他文化的认同和接受。

第三，文化是一种习得行为。文化不是天生具有的。一个人在特定的社会中生活，通过潜移默化的作用，接受该社会文化的熏陶，使该文化传统内化为自己的行为模式，逐渐发展出与该社会其他成员相一致的行为模式。体育就是典型的后天习得文化，需要不断积淀提高身体运动能力和维护健康的知识。

第四，文化是一种适应机制。动物主要靠生理机制适应环境的变化，人类则主要靠文化作为适应特定自然环境，在不断变化的环境中生存的手段。体育的特殊性在于，人类身体的适应能力很难跟上现代文明发展的速度。

第五，文化是一个整合的整体。一种文化的组成部分是相互关联、相互影响的。体育文化研究者用哲学思维考虑、用文学语言描绘、用历史资料印证的方法已经穷尽，应该通过与其他文化的关系审视自身在文化板块中的位置，树立整体意识。

第六，文化可以分为不同的成分。文化是由许多可区分的成分构成的。但是，文化成分的划分是相对的。例如，人类学家斯图尔德（Julian Steward）将文化分为技术经济组织、社会政治组织、意识形态三个层面。但是，在人类学数据库——人类关系区域档案（Human Relations Area Files）中，文化被分为 79 个大部类，631 个小部类。

第七，文化具有象征性。文化通过文字、图片、声音等具有象征意义的符号保存下来，一代一代传下去。应用符号表达意识是人类区别于其他动物的又一特征。体育的象征是什么？健身、竞技、金牌……可以作为符号吗？

第八，文化是人们的行为指南。在特定的社会中，人们必须以社会特有的行为模式来指导自己的行为和生活。体育成为生活方式，才是关系到人类幸福的模式。

总而言之，文化是一种习得的、特定社会的成员共同拥有的象征行为，它起着适应机制及集体和个人的行动指南的作用。文化是由许多相互关联的组成部分构成的整合的整体。文化的每种组成部分最终从属于相同的基本法则和一般的分析技术。

对文化的理解尽管历来就存在学术的纷争，但在人类学学科的深层仍然存在如下共识：

第一，承认和尊重文化多样性，包括尊重不同民族的文化价值观。尽管人类学家在面对看起来不文明的文化实践时不能无动于衷，但他们不主张用强力迫使人们放弃文化习俗，因为那可能适得其反地导致民族文化灭绝。

第二，承认文化是个人认同的组成部分。人类学家的人权观包括个人有权选择其文化认同。一个人生于家庭，通过教育和社会化而获得个性。每个人的自我结构中都包含着他的文化体系、价值判断、行为期待和解释方式。剥夺了这些内容，个体人格就会遭到破坏。个人当然可以修正其文化取向，但不能由别人越俎代庖。

第三，承认文化的整体性。文化信仰和实践不是以特质或特征，而是以整合关联的形式存在，一个要素的变动可能引起整体的相应变动。别的学科研究文化的单个方面，人类学则把被其他学科分解的文化碎片作为一个整合体系看待。文化整合观的另一个表现在于学科内部：各种理论虽有分歧，但可以相互利用。

人类体育事业的飞速发展业已表明：体育作为映射着人类智慧之光的一种实践过程，它所产生的观念形态和知识体系，所创造的方法、手段、技术、器械、设施，以及记录和传播所必需的组织、宣传机构等，已经在人类的社会生活中构成了独特的文化现象。但是，体育文化没有必要与体育领域的一切具体活动画上等号。体育文化的核心内容是作为精神产品的各种知识财富，是关于体育活动中各种规律的认识。它包括创造这些知识的各种方式，诸如对于体育教学、运动训练和竞技比赛的科学研究，对运动过程及其效果的客观评价，对体育在满足人们日益增长的物质和精神需要中的重要作用的认识，对于各种体育思想和观念、体育活动的组织管理方法的探讨等；还包括传播体育知识的手段，诸如体育术语、专项运动技术、竞技规则和裁判方法，有关体育报纸、杂志、音像制品的出版发行，广播、电视中的体育节目，体育题材的文艺作品，体育奖品、宣传品、纪念品以及体育文物等影响到人们精神生活的一切方面，均可视为体育文化的范畴。

体育文化虽然归根结底由社会的政治经济所决定，但它一经产生，就具有相对的独立性，就有其自身的发展规律。作为一种文化形态的体育具有很鲜明的传承性，因而具有自己相对独立的发展历程。这就要求我们对体育的整体认识时，必须回溯它的历史发展过程，在特定的历史时期中不仅应看到它与经济和政治的关系，还应揭示体育与其他文化现象的内在联系，以传统文化为基础，寻找出它的特殊规律。

传统文化，大多是以民族的形式发展起来的。民族在其产生、发展过程中所形成的民族语言、民族性格、民族的精神面貌、风俗习惯、传统与道德、生活方式以及社会关系等，构成传统文化的特征。譬如所谓中国文化，即指中华民族的传统文化。它对民族传统体育的产生及其发展所给予的巨大影响，无论怎样估价也不为过高。因此，体育人类学必须研究以民族体育为主要内容的传统文化，尤其是少数民族的传统体育文化。

文化的研究是一种综合性的考察，尤其在体育人类学中，文化不能被抽象地泛泛而谈，它包括传统文化，很大程度上也就是民族文化，民族体育是它的一种折射。因此，研究体育文化势必要涉及民族传统体育，并且应该关心怎样使其融入现代体育文化。

二、民族体育的价值评估与发展路径

在西方，民族民间传统体育往往是人类学的研究对象。人类学家对此感兴趣的原因在于，各民族的传统体育作为社会文化生活的浓缩点，可折射出各民族发展的轨迹。尤其是处于社会发展各不同的历史阶段的少数民族，是研究人类发展的活化石。民族体育的人类学研究成果，国际上对其学术价值是认可的。

我们注意到，过去的体育理论，随着西方近现代体育的传入，基本上属于西方文化的范围，并不包括东方文化，更无视民族体育的存在，严格说称不上是真正的国际性的学科。中国传统体育和西方近代体育分属两个不同的文化体系。这两个文化体系当然有共性，有相通之处，但更重要的是，它们又各自有其特殊性。西方体育不能完全取代东方传统体育，也不能把中国的传统体育视为西方体育的分支，或是对西方体育的补充。现在越来越多的人认识到，要使体育人类学成为真正的国际性的学科，必须具有多种文化的视野，重视研究东方民族体育的独特体系，使体育的理论研究上升到文化研究的高层次。

一项传统体育活动的价值并不仅仅在于它是否能成为奥运会项目。世界各民族都有悠久的体育文化，许多传统体育活动与奥运会的“秒、米、公斤”制度无关，与国际流行的运动项目的方法、结构不同，但它们却有不容忽视的文化价值。各民族丰富多彩的传统体育，是各自民族文化的组成部分，也是世界文化的组成部分。如果不对这些宝贵的文化遗产加以挖掘、继承和发扬，它们就有丧失的危险。目前世界上广泛流行并极受重视的若干种竞技项目并不能代表整个体育。要使体育不仅成为少数竞技天才和多数观众的世界，而有更多身体力行者投入锻炼体魄的广阔天地，更应该允许区域性的传统体育活动蓬勃发展。各国传统体育与国际性的体育活动相结合，妥善继承和发展人类宝贵的文化财富，才能为现代体育的发展道路寻求到最佳途径。备受工业文明压制的中华民族的传统体育活动，将在后工业社会重新索回自己的话语权，为世界体育文化的进步做出贡献。

今天，世界文化多元化已是人们的共识，因多元化早已是客观存在。不同国家、种族、民族、宗教、语言等划分开来的人群，不应该遵奉某一种体育文化的价值和规范。当前的环保、生态、文明冲突等全球性问题，是近代以来西方文化所引发的严重后果之一。包括奥林匹克在内的西方文化向哪里去，面对棘手的问题如何才能走出困境，人们仍在求索之中。由此产生的对于单一发展模式以及单一文化价值的怀疑是必然的。人们现在不得不把眼光放得更加宽广、更加长远。

文化多元化运动，源自联合国教科文组织 1980 年发表《多种声音，一个世界》的报告。文化多元化的前提：多元中的每一元趋于成熟；多元文化之间可以平等地学习和讨论；多元文化有共同遵从的基本原则；基于人的发展的价值评判；任何一元文化都服从于个体人的自由选择和个体人的幸福的考虑；以人的进步为社会进步的衡量标志；多元文化共同致力于人类进步和人的自由和幸福的；实现没有任何特殊的一元文化；任何一元文化都是可以讨论的；不立足于人的发展的伪文化没有生存空间；任何一元文化都是该文化主体中人的自由选择和讨论的结果。实现文明共存或文化多元化的正当途径应该是打破文化割据。

世界上有众多不同的民族，民族传统文化的多样性近年来已经受到广泛重视。2001 年 11 月召开的联合国教科文组织第 31 届大会通过的《文化多样性宣言》指出：文化在不同的时代和不同的地方具有不同的表现形式。文化多样性对人类来说就像生物多样性对维持生物平衡那样必不可少，从这个意义上说，文化多样性是人类的共同遗产，应当从当代人和子孙后代的利益考虑予以承认和肯定。文化多样性是发展的动力之一，它不仅是促进经济增长的因素，而且还是个人和群体享有更加令人满意的智力、情感和道德精神生活的手段。因此，我们要从继承文化多样性的角度来认识民族民间传统体育在文化中所起的作用。

文化多元就是价值观的多元。提倡多元化，应该允许以不同价值为基础的文化同时存在。如果人类的发展失去丰富性和多元性，许多人性的价值也丢失。经济的全球化，文化必须多元化、本土化。鲜活的原始生态的体育文化可以矫正现代体育的异化，提高体育文化基因的丰富性。《论语》中提出“和而不同”思想，在承认“不同”基础上形成“和”，这对于保持民族体育文化特色，实行文化多元化、文明多样性具有积极意义。

民族体育是传统文化的产物，民族体育最宝贵的价值是维系文化多样性。研究民族体育，必须借助人类学，描述和分析以前的和现代的各种文化，了解从社会上通过学习所获得的传统。这一学科有一分支，即民族志，它系统地记述当代各种文化。对不同的文化进行比较，可以为关于人类的种种生活方式的原因的假说和理论打下基础。有时文化人类学和民族学甚至用来表示同一学科，这说明研究对象具有相当程度的一致性。体育人类学并不仅仅向我们展示与原始体育有关的奇风异俗，而是通过剖析各民族的传统体育文化，寻求结构和功能的全球性差异，促进人类体育事业的协同可持续发展。

过去我们研究民族体育，主要从各种文献典籍中搜寻有关民族体育的资料，偶尔也从考古发现的文物中查找点滴信息，大有隔靴搔痒之感。民族地区大多发展缓慢，有的甚至到 21 世纪中叶尚处于新石器时代晚期，自身即使有些简单的文字符号也不能准确记载活动情况。数十年来，民族学家们与史学家界携手对中国各民族的社会历史进行了不间断的研究，仍有一些民族的历史无法定论，甚至还有若干族属识别问题难以解决。如此看来，研究民族体育不能仅仅待坐在书斋里，围着故纸堆转，而是应该大量采用人类学的田野考察方法，走向“田野”开展工作，前往保持原始文化风貌最完好的民族聚居区进行实地调查，抢救性地收集原始素材，这才是使体育人类学真正发挥效益的首要奠基工作。

现代中国民族体育的发展曾陷入误区。其历史原因在于大跃进式的跨越。解决的办法只有补上缺失的环节——进入学校。学校是体育的摇篮，是原始体育形态走向规范化、科学化、普及化的必由之路。从足球到橄榄球的流行，从德式体操到军事学堂的兵操，大多数游戏在近代以学校作为中介完成了向高水平竞技项目发展的过程。人类对体育的期盼调控，通过学校这个环节得以实现。先哲们把体育从潜文化形态中剥离开来，融于日臻完善的教育体系中去，使其具有生生不息的恒久生命力。一份份教学大纲，表明了体育是培养全面发展的人的有机组成部分；一张张课程表，显示了体育在塑造社会必需人才中的重要作用。一门门学科知识，回答了身体运动中数不清的为什么，也使形形色色的竞技项目从朦胧的无序躁动中走上科学化的轨道。

体育人类学的任务之一是寻求发展民族体育的方式。采用人类学的研究方法，体质人类学与文化人类学相结合，综合前期大量的调查素材，从自然条件、地理环境、人口分布面积与经济发展水平、生活方式及传统习俗、原始项目的活动形式等方面入手，筛选出适合全国五十多个民族普遍开展推广项目。针对我国的民族体育未能在学校向青少年全面推广的薄弱环节，遵照人体发育规律，优选传统项目进入体育课程。

体育进入学校，同时又是大文化的组成部分，标志着古老的原始体育形态已成为人类社会的一个自成体系的独立分支。可选部分城市的中小学作为试点，在丰富体育课程内容的同时弘扬民族文化，然后再向全国推广，可取得深远的社会效益。体育人类学要帮助民族体育走上现代体育曾经走过的路，这是一条必由之路。

三、中华民族传统体育的审美特征

从剖析中华民族传统体育审美特征的异化入手，可以看出，民族传统体育活动的核心与灵魂是天然状态的质朴纯真，其重要价值在于表现体育文化的多样性。

改革开放以来，涉足民族体育的研究者越来越多。然而，从美学的角度展开的研究较少，尤其是对少数民族传统体育活动的审美价值的探讨，更是凤毛麟角。采用美学①和人类学②相结合的理论与方法，首先从分析中华民族传统体育审美特征的异化着手，然后从鲜明表现原生态审美内容的传统体育活动的审美价值进行深入考察，再经由文化多元③的应用美学视角对中国少数民族传统体育进行价值评估，最终揭示中华民族传统体育的人文价值。

（一）中华民族传统体育审美特征的异化

中华民族传统体育是中华文明的有机组成部分。无论是作为主干的武艺

---

① 王朝闻：《美学概论》，人民出版社，2004 年；刘叔成等：《美学基本原理》，上海人民出版社，2003 年；叶朗：《中国美学史大纲》，上海人民出版社，1985 年；朱光潜：《西方美学史》，人民文学出版社，2004 年；弗里德里希·席勒：《审美教育书简》，北京大学出版社，1985 年。

② 庄孔韶：《人类学通论》，山西教育出版社，2003 年；爱德华·泰勒：《原始文化》，上海文艺出版社，1992 年；威廉·A. 哈维兰：《当代人类学》，上海人民出版社，1987 年；罗金斯基 & 列夫：《人类学》，警官教育出版社，1993 年。

③ 任海等：《奥林匹克研究读本》，北京体育大学出版社，2009 年。

拳脚和导引养生术，还是踢毽、舞狮、龙舟等民间习俗，或更多保留原生态风貌的各少数民族的传统身体运动，均为举世罕见的唯一几千年从未中断的中华传统文化的结晶。

中华传统文明以“天人合一”为审美至高境界，主旨在于追求人与世界的和谐，既注重人文关怀，又顺应自然规律和社会伦理。中国古典美学思想往往是在历代学者的论著中以自身体验的经验描述方式展现，始终表现出对人的生存意义的强烈关注。正如老子把“自然”视为“道”的形态而称“道法自然”，庄子视“道”为最朴素的自由境界，“道”就是审美极品。孔子提出：“志于道，据于德，依于仁，游于艺。”（《述而》）在熟练掌握各种运动技能时所获得的自由愉悦的感受。无论是道家美学，还是儒家美学，或是禅宗美学，在人生境界的追求以及人与自然、人与社会的关系等方面，都有傲立于世界的独到见解，长期滋润着中华民族传统体育的灵魂。

体育美学的研究表明①，古文明孕育的传统体育，充分体现了中华民族热爱自然，热爱生活和积极向上的心理因素。中国人的审美精神以欣赏和热爱自然为皈依，终其极，是对生命本体发生的热爱。中国古代的身体活动从人与社会的统一中去寻找美，追求天地和谐，不仅摒弃了损害人类自然生理本能的宗教禁欲主义，认为实行动物性的纵欲主义也是丑恶的。中华民族传统体育活动大多不追求非常复杂运动技术，不倡导与人为敌的激烈竞争；演练到最高阶段，要求动作随心所欲，能够使身体随意念在高度规范化、程式化的形式中取得高度的自由。修炼性的动作掌握来自对人体运动自然规律性的了解和运用，在愉快的氛围中对技能的熟练掌握，产生自娱效果和观赏价值，也就越有利于获得自由创造的美感。

我们从中国古典美学的基本特征中，发现它对中华传统体育活动审美特色的形成产生了巨大影响。中国古典美学历来强调美与善的统一，把审美同人的高尚精神品质和道德情操联系在一起，始终以美善统一作为根本性的主题。譬如，在评价中国古代著名的舞蹈时，子谓《韶》：“尽美矣，又尽善

① 胡小明：《体育美学》，四川教育出版社，1987、1990年；《体育美》，湖北教育出版社，1991年；《体育审美人类学》，［韩国］亚洲出版社，1993年；《体育美学》，高等教育出版社，2009年。

也。”谓《武》：“尽美矣，未尽善也。”（《论语·八佾》）善，始终是被置于首要地位的。中国古典美学这一基本特征的影响，在中国各民族的武艺类项目上表现得最为充分，使原本的杀戮技艺变为惩恶扬善、除暴安良、去邪扶正的教化手段，形成了一整套维护社会安定、减缓矛盾冲突的“武德”，其目的都是避免武艺给和谐的社会及人际关系带来损害。中国各民族的技击格斗术大都不主张主动出击，而认为自卫防身、“后发制人”更能表现美德。在冲突中，简单地战胜对手并不是最终目的，达到教化目的而又不伤人，被认为是至善至美的高手。美善统一、德术并重，在世界技击格斗术中具有很高的审美价值。

中国古典美学创造了一系列独具特色的美学范畴、概念、术语等，如“道”、“气”、“韵”、“意”、“象”、“形”、“神”、“味”、“妙”、“趣”等①。这些范畴大多来源于直观经验，与西方美学的表达方式有明显差异，但对于分析中华民族传统体育活动却有广泛的涵盖性。譬如，作为中华民族传统体育主干的武术和养生，都需要养气、练气、集气、运气，用这股“气”来传达出中华民族传统体育特有的韵味，使人进入一个只可意会不可言传的美妙境界。如打太极拳时，练到了一定的功夫，生理上的快感与精神上的享受合一，既养生又养气，审美的主客体重叠，中华民族传统体育之美既为旁观者领略，又能被自身感受。中华民族传统体育中的“韵”，指超然于世俗之外的生动含蓄的风采气度，通过表演者的动作、神态和风貌，抒发主观审美体验的、生动自然、雅致清奇、委婉含蓄、趣味无穷的意境，展示特有的东方古典的含蓄之美，激起欣赏者的联想和情思，从而唤起绵绵无尽的美感。各民族的乡土舞蹈都散发着自己独特的韵味，哪怕是看似简单的踢毽子、打陀螺，也要讲究韵味，以获得古人通常所说的象外之象、味外之味、言外之意，于动作形貌中透出外在的风采。中国古典美学讲究“写一时之意，意尽则止”，“立象以尽意”以达到一定的审美境界。如中华民族特有舞狮、舞龙的动作并不是写实性地再现客观对象，而是抒写自己的主观感情，挥发意兴，以意领气，促使动作虚拟化、程式化而更接近于表演艺术。民族传统体育中的“形”

---

① 李泽厚、刘纲纪：《中国美学史》，中国社会科学出版社，1984年。

是与“神”相对而又兼备的，这在体育美学中，可以把形和神的关系视为“身体美”和“人文美”的关系，通过运动而展示其独特魅力。从庄子的“熊经鸟伸”到华佗的“五禽戏”，都是模仿动物的“形”，来达到满足人类审美需求的“神”；可以说，中华民族传统体育中的几乎任何演练套路，都需要运动者的形体和动作体现出风度和气质，在运动中传达出内在的神气韵度之美。

令人遗憾的是，古代中国虽不乏健康、长寿等养生思想，射、御等礼仪教育，舞狮舞龙等节庆民俗，搏击武艺等杀戮之术……但并没有完整的体育思想观念和知识体系，身体活动直至明清时期仍然潜移默化受封建意识形态的影响。19 世纪末，在洋务运动的浪潮下引进西方的兵操，迅速取代传统健身方式。其后，新文化运动全面推展西方体育，工业社会创造的一整套体育制度文明在中国人的社会中逐渐固化，基本封杀了民族体育的生存空间。西方体育的审美风格，表现为写实、写形，对现实生活的再现和模拟，体现了西方人锐意进取的意识，充满着尖锐的矛盾冲突。在实际生活中，大量散发着乡土气息的民族体育活动，以不合时代潮流、不规范、无科学为由而饱受西方体育文化的排挤，甚至还要作为“糟粕”而加以“扬弃”。在自然经济土壤里生长起来的中华民族体育活动形式，在急功近利的工业时代失去了生存空间。农耕文明的果实被工业革命的大机器无情碾压，这是人类历史前进的代价之一。

20 世纪中叶，中国曾在天津召开了民间体育运动会以展现传统项目，但很快陷入沉寂，仅有改编的武术套路一花独放持续数十年。自 20 世纪 50 年代初到 80 年代初，中华民族传统体育万马齐喑，而按体操规则进行改造的武术项目作为象征性的点缀，经过几十年缺乏理论依据的生硬改造，传统武术按西方文化模式“变容”，丢失了传统文化的滋养而变成不土不洋的畸形怪物，脱离了传统文化的根脉却依然得不到奥林匹克的青睐。把现在的武术运动员与以前的武术家相比，不要说饱览经史子集、兼善琴棋书画、熟知跌打损伤的医理药方，就连能写好毛笔字的优秀选手也极为罕见。武术东施效颦的示范结果，使整个民族传统体育游离了传统文化之根，在相对科学规范的西方体育的全球化浪潮中日益边缘化。在很长一段时期，体育文明几乎遗忘了中华民族自己的传统身体文化。

改革开放以来，民族民间传统体育活动复苏，伴随着不同地域的民俗恢复而重新活跃起来。尽管如此，民族体育经过几十年的停滞、扭曲和变异，在麦当劳式的全球化旋涡挤压中仍然未完全恢复原有的审美特征。传统和时尚在审美层面的矛盾交织，使中国体育的文化根须既不能涵养于东方文明之中，又难以汲取西方文明中已为人类大多数认同的人文精神，其未来的发展为我们带来深深的隐忧。

转折的曙光出现在1982年，由于创造性地举办了世界上最大规模的全国少数民族传统体育运动会，让众多的表演项目精彩纷呈，使中华民族体育以举世罕见的五彩斑斓展现其审美价值，成为中国体育史的里程碑事件。

在地广人稀的少数民族聚居区，节日集会时进行传统体育活动，历来都超越了单纯强身健体的意义，是一种增强民族凝聚力、培养集体人格的重要社会交往方式。同族人在约定俗成的公共空间聚会，分享身体娱乐情趣，积淀共同的审美意识；同时讲授本民族的历史故事、举行宗教祭祀活动、男女青年择偶、生产生活物资的互通有无……大家载歌载舞，纵情欢娱，久而久之，相沿成俗。在中原地区的民众几千年受封建压抑的过程中，各少数民族因生活在“山高皇帝远”而没有受到政治因素过分干扰的原生态环境中，充分延续着中华民族传统游戏在大众参与方面的休闲娱乐价值和审美旨趣。

中国少数民族的传统体育活动，真正秉承了中国古典美学中人与自然和谐的人文理想，在整个民族传统体育中表现出更加鲜明的原生态审美特征，展示东方体育文明与西方体育文化的和而不同，体现当代体育的文化多样性。面对中华民族传统体育历来以汉族为中心的主体部分的日渐萎缩，尤其是竞技武术等已多年陷入审美特征异化的窘境，少数民族传统体育的独特审美魅力，使中华传统体育重新焕发多样化生态，为世界体育的文化多元做贡献。

（二）原生态文化促进中华传统体育焕发审美活力

就中华民族传统体育而言，其魂魄精髓，大多附丽于中国古典美学“天人合一”的特征。容易为体育界研究者忽略的是，所谓天人合一，其含义并不完全是当代部分学者善意理解的“人与自然的和谐统一”，而是在长期封建专制的淫威下其内涵已发生了相当扭曲。如果说庄子天人一体说，具有人与万物为一体的思想，蕴含敬重自然的理念；宋代张载确定名称的命题中，“天”、“人”与“合一”几个概念是多义的，也可以发挥出敬重自然的理论；那么在导引养生等下意识神秘化的场合，天人合一往往被诠解为主客不分的混沌状态。更严重的是中晚期已经固化的变异——从董仲舒的天人相副说，发展到宋明理学的天人一理说，即谓天理可来自人的心性，与自然没有关系。确实，在天人合一的中华传统文化体系中，圣主如天，只有圣君的皇权才能与高天厚土一样，成为世间万物的主宰。这样看来，中国主流传统文化中的“天”和“人”的概念，并不等同于西方传统中成为对立的两极的“自然”和“人”。由此，“天人合一”至少在汉族聚居的中原地区不可等同于“人与自然和谐相处”，因为其民间体育活动已大多逐渐脱离自然环境的粘连。从五禽戏到八段锦再到五花八门附会于名人所传的各路拳种。待到西方体育大规模传入后，随着封建体制瓦解及意识形态的逐步清除，陷入东西两难的尴尬境地；中华民族传统体育的原生态审美色彩，在沿海及中部地区几乎已消失殆尽，而更多地保留在西部少数民族地区。少数民族传统体育，既有中华民族传统体育共有的休闲娱乐特征，更具备绚丽的多样化表现方式的浓郁审美情趣，是当今我国体育的一种宝贵的文化资源，是环保、低碳、绿色体育活动的天然宝库。它既是剖析体育起源和发展各阶段诸形态的活化石，也是挖掘和创造新的体育项目和形式的源泉，具有很高的审美价值。

20 世纪 70 年代以来胡小明教授足迹遍及国内少数民族聚集区，通过对各少数民族传统体育活动的田野调查材料的分析和梳理，编写相关专著和教材和完成相关研究项目积累的经验①；在此基础上我们认为，少数民族世居偏僻之地，其鲜明的游憩精神与中原地区相对封闭的同质化环境形成了强烈的反差，在作为审美对象的身体运动的表现力方面、在获得美感的独特性中，在与艺术的水乳交融的程度上，是当今中华民族传统体育的卓越代表，是构建体育美学的珍贵材料，也是开发西部体育文化建设体育强国的关注重点。

中华民族传统体育活动植根于传统文化，不仅很好地保持了人与自然的

---

① 胡小明：《民族体育集锦》，四川民族出版社，1989 年；《民族体育》，广西师范大学出版社，2000 年；《体育人类学》，广东人民出版社，1999 年。

和谐统一，在追求强调美与善的统一中尤为注重内在含蓄的表现。由于中国古典美学中很少有纯粹概念的思考，而更多的是个体内心的体验和直觉；这也决定了中华民族传统体育活动多是没有严格规则和裁判制度的娱乐游戏，而很少有规范化的激烈竞技。然而，历经几千年的封建专制的压力和一个世纪西方体育传人的挤兑，中华民族传统体育内在含蓄的韵味、情趣、神韵，体现个体内在心灵与自然的和谐和统一的美，如今在经济发达地区几乎丧失殆尽，只能通过少数民族的运动习俗来表现。鸟瞰万众欢腾的“火把节”、“泼水节”或“那达慕”盛会，虽然都充盈着热烈的快乐，即使最激情的运动也不会使人陷入疯狂，这对于陷于都市化快节奏的浮躁焦虑之人，无异于心灵鸡汤。

在人类的蒙昧期，人类对自己生物性方面的规律的认识很肤浅，有时为了功利和审美需要甚至不惜损伤自己的身体。为了保护身体免受烈日和蚊虫的侵害，原始人用黏土、油脂和植物汁液来涂抹身体。部落战士弄得满身血污以威慑敌人和取悦妇女。为了身体具有出生证、护照、备忘录等的作用，不惜文身，用身体作为审美表达载体。由于数千年唯一没有中断的古文明的熏陶，中华民族体育活动中，基本上没有对裸露身体本身的美学加工。不过，“洋”体育驾全球化之势如风卷残云，在汉族地区，民间体育活动从服装到规则大多已“现代化”，在运动场上已难辨其文化特征；而各少数民族在参与传统节日活动、集会或观赏民族传统体育时，仍然保留中华民族的传统美德，人人穿着最美丽的服装，通过不同地域族群的艳丽服装来烘托对身体运动的审美，甚至把运动场地簇拥为分享欢乐的节日盛装表演舞台。

人类用服装以保护和美化身体的名义，施展理性对肉身的统治。与现代体育活动不同的是，民族传统体育的审美对象虽然是人的身体运动，但运动者的身体表面为服装、鞋帽等装饰物大面积覆盖，常常成为人们审美的趣味中心；在少数民族传统体育活动中，五彩缤纷的服装是独特的审美对象，集中反映了中华民族注重内在含蓄的表现的审美特征。现代的运动服有自身特点，但中国的少数民族穿着最漂亮的服装展现于运动场地，在世界体育文化园地里成为独树一帜的奇葩。

还有一些审美范畴也很好地保留于少数民族传统体育活动中。如阳刚、阴柔，这是中国古典美学表示不同风格的美的两个范畴。阳刚表示壮丽、雄浑、豪放的艺术风格，阴柔表示淡雅、柔和、飘逸的艺术风格，主要运用于对不同性别的运动者和不同风格的动作的审美评价，一般把男性、刚毅、强壮、雄健、剧烈运动之美视为阳刚美，把女性、柔韧、灵巧、秀丽、平缓活动之美视为阴柔美。这在最初几届全国民族运动会表演项目竞赛中可以看出，只要是原汁原味的活动，男女在服装、动作、意蕴上往往呈现鲜明度反差以强调对方的美——刚中见柔，柔中见刚，刚柔相济，相得益彰，以达到整体和谐之美。

田野调查实例：《苗族独木龙舟竞渡形式美学研究》①

传统独木龙舟节日竞渡色彩美

1. 自然色彩美。日光的折射，造就了自然界七色光谱，人类社会的传统习惯，某种色与某种特定内容形成较为固定的联系，由可以使色彩获得一定的象征意义。例如苗族认同红色代表喜庆；银色代表华丽等。但是，苗族更多地崇尚自然色彩，黔东南苗族聚集地属云贵高原南麓自然林木带，山中生长有许多与颜色有关的植物和特殊树木，如漆树、桐油树等。苗族同胞采集桐油树油籽提炼桐油，多数新造的独木龙舟船船身是用透明的桐油涂刷在母子舟船体杉木上，形成自然的木纹和颜色；同时苗族同胞采集利用漆树胶漆，调制加工成黑色的树胶漆涂刷在年代久远的独木龙舟上，具有较好的防腐功能，大多数年代久远的独木龙舟船身为黑色。服饰的色彩在苗族生活中是利用自然界生长的植物树叶浸泡制作染料，制成“蓝靛”用以染色自制棉麻土布，生活中苗族同胞无论男女服装多以自制棉麻土布通过“蓝靛”浆染为青丹或蓝黑色。

独木龙舟竞渡桡手身着“青丹亮布”（又叫“蛋浆布”）制作的衣衫，青丹亮布衫是苗族同胞青睐的服饰，其原料为自织的白布与蓝靛、糯灰、牛

---

① 周华、杨世如：《苗族独木龙舟竞渡形式美学研究》，《贵州民族大学学报（哲学社会科学版）》，2012年第6期。

皮汁、蛋清，经过复杂的浆染加工而成，所有原料取材于纯天然物质。青丹亮布具有耐磨保暖吸汗的特点，在阳光的映照下波光闪闪，华丽而古朴，是生活在清水江流域苗族同胞的钟爱，是苗族同胞返璞归真崇尚自然的审美风格，符合苗族朴实无华深沉稳重的民族性格，蓝靛染青布是苗族世世代代传承的染色工艺，这种独特的审美色彩是苗疆腹地原生态自然环境培育的结果。苗族世世代代对自然美的发现与感受，是在现实生活中实现了对自然生长草木的利用和自然社会化的改造，是苗族自然人化感知色彩美的属性和价值。

2. 红色喜庆、银色华丽。“色彩的感觉是一般美感中最大众化的形式”。[①]色彩的表情性包括色彩的兴奋与沉静、活泼与忧郁、华丽与朴素等。通过深入调查得知苗族色彩的象征中具有代表意义和普遍认同的是红色代表喜庆；银色代表华丽。独木龙舟龙头、龙颈、横向张开的牛角上挂满了亲朋好友赠送的红绸，龙头下颌挂上红色的旌旗；龙船上插满红旗；竞渡桡手腰系红腰带，桡手头戴的细篾“马尾斗笠”上银片插花上妆点一红色小绣球。红色触动独木龙舟节活动中参与者与观赏者情感信息不断升温，表达了他们情绪兴奋的信息。

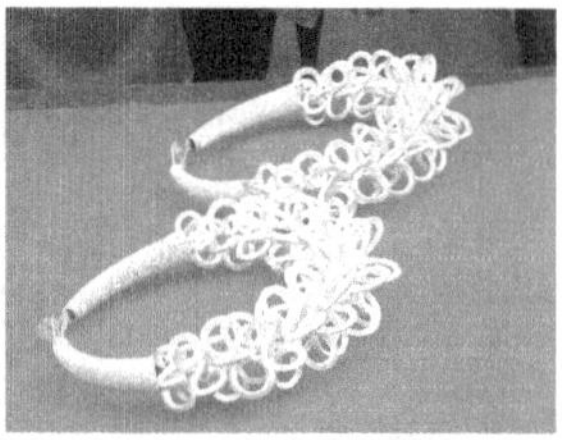

苗族银饰的色彩美在许多苗族文化艺术展演以及国际国内有影响的大型活动中逐步得到世界认同，成百上千参加苗族独木龙舟节日的苗族女性头戴银羽凤冠，龙头银钗，多围银饰大项圈，硕大的耳环以及镶嵌在服装上银饰

① 《马克思恩格斯全集》(第十三卷)，《政治经济学批判》，人民出版社，1962年，第145页。

图案和悬挂在服装边角的银泡，苗族以银饰修饰服装的华丽，装扮少女的美丽。竞渡独木龙舟男子也缠腰苗绣银带，银片镶嵌在青丹亮布衫边角与对襟处。《黔南识略》记载："苗族男子，项戴银圈一二围……女头必裹布，耳戴大环，项戴银圈一二以至十余围不等……女子银花饰耳，耳垂大环，项戴银圈，以多者为富"。清水江流域苗族聚集区在独木龙舟节中男性没有整套青丹亮布衫装束不能登船比赛，如今"马尾斗笠"上一片15厘米的银片插花百元人民币，一套装束简单镶嵌少量银片（泡）价值千元，长期以来银饰是黔东南苗族浮华富贵的象征，苗族华丽的银色色彩的表情性传达出一定的感情意味，传达出能够引动人的情感反映的信息。

总之，独木龙舟美的形状与苗族认同的美的色彩相互呼应，孕育了苗族独木龙舟的审美观。"说到表情作用，色彩却又胜过形状一筹，那落日的余晖以及……碧蓝的色彩所传达的表情，恐怕是任何确定的形状也望尘莫及的。"①

（三）民族体育的审美多样性促进当代体育的文化多元

中国传统文化是东方文明的代表，这其中包括世界上唯一没有中断的民间身体活动形式，是由具有共同审美情趣的人类群体创造并承载的养生健身活动。历经数千年的文明历史孕育的中华民族，使身心悠闲欢愉的游憩活动，被安排在以年为周期的24个节气的农耕间隙里，表现形式是以全民族的节日集会，民族传统体育是重要的内容。

中国的封建社会伦理，长期左右着身体发展的价值观念，使国人身心虚弱。中原地区的各种民间体育活动，虽有一定的娱乐性和健身价值，但不为官方提倡，其竞技性丧失殆尽，以至于射箭变为投壶，蹴鞠化为踢毽，连杀人用的武艺亦成为花拳绣腿。中国的传统体育活动具有重娱乐、重表演、重修身养性、防身保命的优秀成分，但始终未脱离封建伦理的束缚，身体活动形式循规蹈矩，作茧自缚，势必扼杀创造力，泯灭竞争意识，导致日渐萎缩直至自行消亡，不能发育成形，难与现代竞技运动融为一体。然而，各少数民族传统体育因为远离中原，既保持中华民族传统体育"天人合一"的真正

① 阿恩海姆：《艺术与视知觉》，中国社会科学出版社，1984年，第455页。

顺应自然的特征，又很少受到封建伦理长期的负面影响，区别于汉族民间体育的“和而不同”，它充满了多样化原生态的新鲜活力，全国民族运动会中不断增多的竞赛项目正在弥补传统体育的缺陷。

在各民族不同地区的宗教仪式、喜庆丰收、婚丧嫁娶以及各种节日中，传统运动形式内容丰富多彩，至今仍然是不可缺少的内容；各种身体游戏出现的频率之高，是其他各国的传统文化活动所不能比拟的。由于地域、气候及风俗习惯的多样性，我国少数民族传统体育活动多姿多彩，可以为日渐萎缩的以汉族民间体育为主体的中华民族传统体育文化，提供新鲜的营养和持续的活力。

少数民族传统体育作为中华文明的一个有机组成部分，将成为新的文化传播载体。在自然经济土壤中诞生的少数民族体育活动，保持了与大自然相互依存、和谐同步的审美精神。开发这个值得珍视的宝贵资源，是对民族文化的认同和凝聚力的提升，可以为中华民族体育全面走向世界，促进国际体育文化的大发展做出积极贡献。

民族体育与原始艺术，在萌芽状态中同源，相互为自身发展提供终极的人文关怀和价值判断；尤其在中国少数民族传统体育活动中，呈现出与原生态的艺术表现形式高度融和，是为当代体育和艺术发展提供精神资源的活化石。目前在发展少数民族传统体育的工作中，当务之急是保护非物质文化遗产，存留原汁原味的审美对象，包括活动轨仪、传统服装、运动器械、集会场所和自然环境，重点在充分尊重少数民族传统体育活动的原生态审美价值。

保护非物质文化遗产的重要意义在于提倡文化多样性，即允许以不同价值为基础的文化同时存在，包括多元的审美价值观。鲜活的原始生态的民族体育文化，保留了丰富多彩的人性纯粹流露，以利矫正现代体育的异化，提高体育文化基因的丰富性。民族传统体育作为中国当代体育的多样性构成，代表中华体育对丰富全球体育文化的贡献。在西方体育全球化的浪潮下，中国少数民族传统体育在审美文化中的鲜明特色，是东方体育唤起国际性关注的重要因素。

人类在体育活动中，希望编织身体运动的理想图景，却又往往在物欲横流中迷失在集体无意识的浓雾里。值得庆幸的是，对未来体育活动的美好愿望和追求，仍然大量蕴含于中国少数民族的传统体育运动中，等待人们凝聚审美经验的结晶，升华为更加完善的审美理想。虽然我们对少数民族传统体育审美价值的探索刚刚起步，但在分享运动、大众参与的进程中，在民族团结、祖国昌盛的浪潮里，中华民族传统体育必将为世界体育文化增添更美好的图画。

第二节 身体运动与原始文化的形成

民族民间传统体育活动，是一种深厚的文化遗存。在人类文化的原始积淀期，我们现在分得很清楚的门类是混在一起的。因此，在某种对象中，你可以发现诸种成分——宗教、艺术、教育，当然还有体育。它们是混沌的、朦胧的，具有萌芽和本源的意义。研究人类文化的起源与发展的规律，仅在精神文化方面就包括绘画、雕刻艺术、神话传说故事、宗教信仰、舞蹈、谚语、风俗习惯等，范围相当广泛，人类学是剥离和分析原始文化的利器。

一、从岩画看身体动作与原始艺术的发展

体育活动是生动形象的。在古代，描述与体育萌芽有关的情况，最佳展现方式恐怕就是遗留下来的绘画了。笔者曾实地考察过著名的广西左江岩画、云南沧源、怒江和宁夏、新疆的一些岩画，深深感到这是供我们探讨民族体育萌芽的珍贵史料，同时，可以从岩画中的人形看到身体运动对美术、歌舞、文学、戏曲及杂技等原始艺术的形成发展的影响。

左江是流贯中国广西壮族自治区西南部的一条河流。在左江沿岸的断崖峭壁上，保存着许多用赤铁矿粉和动物胶制作的古文化遗迹——岩画。经北京大学考古系碳 14 实验室和地矿部岩溶地质研究所实验室测定，岩画的年代应在距今 4200~1680 年这段时间内。据考古学家们研究，岩画的绘制年代主要在战国至东汉时期，而迟至清代的地方志中，才开始有所记载，而且谬误甚多。这样反倒使我们抛开许多干扰因素和环节，直接回到史前时代，面对

身体运动与原始艺术发展、巫术与体育起源等问题。在左江流域所发现的风格相同的70处岩画地点中，以宁明县耀达花山岩画作为左江岩画的集中代表。左江岩画色彩鲜明，线条简约，形象质朴而粗犷。图像绝大部分是人像，总计约2600个，还有一些动物图像和其他器物。在宁明耀达花山距江面高约30米的地方，有高约60米、宽约170米的岩画绘于峭壁之上，其间有1000多个从几十厘米到3米高的人像。这些人像几乎都是裸体。一些男性绘出硕大的勃起之男根，而一些女性除以长发、丰乳、鼓腹来表现外，有的还在胯间画一个圆圈来表示女阴。根据人像的大小、头饰及执物的不同，显示人物地位和身份的多层次。岩画中还有些男女交合形象，反映出原始生殖崇拜的上古巫风。岩画中环首刀、长剑、扁茎短剑、矛等，对研究武术史不无补益。还有佩戴面具类似傩舞的形象，数人侧身划小船的生动姿态，故意夸大的首领人像骑马图等，都是我们研究古代体育萌芽的素材。

左江岩画大多绘于依江临水、人迹罕至的悬崖陡壁上，一般距江面高30~120米。绘制者在少数情况下攀崖壁天然裂缝爬到绘画点，其余大多只能搭架而上或是悬索而下。如此众多的崖画，在人口稀少的生产力低下的古代，要靠若干代人的努力才能完成。并且，许多画是绘制于肉眼难以观察之处。由此看来，岩画不是单纯作为消遣和欣赏而绘的，更不能产生任何直接的物质财富，因此只能把它作为一种巫术文化来解释。环视左江两岸，有肥沃的田地，不远处雄峰对峙，翻过山去，多是原始森林。如宁明花山背后，现今仍是无人居住的自然保护区。骆越先民世世代代在江边农耕渔猎，最担扰就是洪水泛滥。岩画多绘于江流拐弯处的悬崖上，距平静的江水至少约30米，但在岩画下仅数米，便清晰可见历年来洪水淹浸的水渍印。古人对洪水既恐惧又敬畏，于是便频繁举行祭祀，并绘制祭祀图于峭壁，企望对水鬼江神有特殊的威慑作用。

左江岩画中有小船的图像。船上一般数人，侧身，曲肘举手，半蹲腿，动作一致，似载歌载舞并奋棹击水。有的船头尾精心饰物，有的还悬以铜鼓，这并非用于捕捞等生产劳动，而是所谓“龙舟鷁首，浮吹以娱”（《淮南子·本经训》），标示图腾并祭祀水神。这类形象在云南出土的石寨山形铜鼓中描绘得更为清晰。史籍记载，越人陆事寡而水事众，于是披发方身以像鳞虫，以便涉游操舟。《越绝书》称其为“水行而山处，以船为车，以楫为马，往若飘风，去则难从。”舟船作为古人的重要生产劳动工具，如果没有祀河巫术作为催化剂，进一步附会的“救屈原以为俗，因勾践而成风”（唐·韩鄂《岁华纪丽·端午》），哪来的今天盛况空前的一年一度的正式竞技比赛。舟船竞渡古已有之，并非体育，而多与巫事有关。

左江岩画是古骆越人生活中各种巫术的反映，而舞蹈则是巫术礼仪的主体。画面上那些双手高举，屈膝蹀步，踏地为节的正面和侧面人像，正是置身于巫术幻境中的舞人形象，他们所跳的舞蹈，是以祀神为目的的巫术舞蹈。从舞蹈内容看，有羽舞、铜鼓舞、面具舞、拟兽舞、祭日舞、祈年舞、祀河舞、交配舞等，常见成群的侧身舞者簇拥着一高大的正面舞者，象征着在作为首领的大巫师的带领下，“坎坎鼓我，蹲蹲舞我”（《诗经·小雅·伐木》），蹲踞张臂，摆头呼号，向虚幻中的鬼神顶礼膜拜，祈求恩泽。这一动作特点，在骆越后裔壮族的师公舞中仍有保留，俗称“拉屎马”。这些素材，既是探索艺术、宗教萌芽的依据，也是考察体育起源的参照物。①

舞蹈，恐怕是与体育最为相近的艺术门类了。在原始社会，许多身体运动很难说清到底属原始体育还是属原始艺术，至今相互的渗透仍然很深。舞蹈和体育都以人的身体运动为手段，都不同程度熔铸着力与美。在舞台上，在各种为了表演的场合，舞蹈无疑是一朵艺术之花；而民间的习俗舞、生活中自娱性的社交舞、学校体育课中的集体舞之类，则几乎与体育活动没什么区别。舞蹈在现代竞技运动项目中的作用，主要是用于“装饰”和“调节”。在体操、技巧、花样滑冰等评分类项目中，动作具有一定难度后，就应该美观大方、轻松协调，这就需要用舞蹈动作对成套动作发挥装饰和美化作用；在整套动作的开头、结尾，高潮与高潮之间，不同的动作组合之间，都需要用舞蹈动作使其流畅地衔接，和谐地过渡。紧张的剧烈运动间隙出现轻松优美的舞蹈动作，便于运动员调整呼吸，恢复体力，对整个运动节奏进行调节。在一般的运动训练中安排舞蹈动作练习，既可以增添

---

① 胡小明：《从左江岩画看民族体育的起源和传播》，《成都体育学院学报》，1992年第2期。

情趣，调节紧张而单调的气氛，还可以作为准备活动和放松活动，发展运动员的灵敏、柔韧等身体素质，有利于提高运动成绩。在学校体育课中，组织学生练习健康优美的舞蹈，有助于促进身体的灵活性和敏感性，使动作协调，举止优雅，身体匀称而敏捷，而且，作为艺术教育的手段，有助于培养学生的审美能力。许多国家把乡土舞蹈作为体育课程内容，而体育比赛也进入了奥运会。

云南沧源岩画为两千多年前古人的作品，根据意义比较明显的画面来看，经常表现的是狩猎的场面，此外则有舞蹈和战争凯旋的场面，是当时宗教仪式的一部分。在狩猎之前绘一个战争胜利场面，认为在即将到来的战争中可真正掳获很多战利品。这在原始宗教中是常用的一种巫术，即所谓“模拟巫术”。较为特殊的有一些类似表演杂技的图形，有两人或三人叠立者，有似舞流星者，有似头顶长杆而杆上立一者，有作向上抛丸之状者，这些在其他地区崖画中还从未见过。它应该是反映当地一种特殊的技术和风俗。按现代沧源地区各族人民已完全不知杂技为何物，但根据记载，在古代附近地区却有过类似杂技的流行，如缅甸的杂技队曾到中原表演。在崖画中的这些表演场面，也具有宗教的意义，是当时一种娱神的活动。

崖画中表现的一些舞蹈和表演的场面，不仅在沧源地区各民族如今的现实生活中不复存在，而且已从他们记忆中完全消失，即使在他们最古老的诗歌或故事中，也寻捡不出关于头饰牛角、身披羽衣、手持盾牌舞蹈的情节和顶杆、舞球或叠立等技艺的描述。古老的岩画引来断想：巫术文化中的巫舞，很可能给中国传统的武术和养生的成套动作以直接的影响。

岩画中举手蹲足的舞姿在我国古代文献中也有记载，如《诗经·小雅·伐木》篇有：“坎坎鼓我，蹲蹲舞我”之句；傅毅《舞赋》中也提到：“雅美蹲蹲之舞”。这种舞姿在现代的一些民族中仍有保留。如马来亚半岛的色曼人“舞蹈者的步伐类似行屈膝礼”。北极爱斯基摩人“舞蹈时脚站立不动，但屈膝和扭摆身体”。我国土家族先民有古代著名的“巴渝舞”，如今流传的“摆手舞”，主要特点是双手在不超过肩头的部位摆动，膝盖随之屈伸。广西壮族的师公舞，以蹲腿为特征，屈膝蹲腿的动作贯穿于整个舞蹈之中。保持半蹲使重心下沉，是南拳的显著特点。

以舞蹈作为岩画主题在其他地方也不乏其例，“在欧洲、非洲的某些旧石器时代晚期的洞画、岩画上面，留下了不少原始舞蹈的画面”。如法国著名的“三兄弟”岩洞、拉斯科洞穴岩画中都有兽首人身的舞者形象。西班牙的列里达岩洞岩画，画了八九位穿着特殊服装，以相同步伐跳舞的女子。芬兰的阿斯图万萨尔米岩画、苏联的贝加尔湖岩画、蒙古德勒格尔—穆连和特斯河谷岩画中，都有跳舞的人像。北非的费耶赞岩画，有猎人扑击猎物的舞蹈图。南非共和国龙山洞穴岩画，描绘了古代布须曼人追踪猎物舞蹈，以及舞会的场面。我国的内蒙古阴山岩画中，则表现了古代游牧部落的粗犷舞蹈的雄姿。云南沧源，路南石林岩画，四川珙县岩画中的舞蹈图像，充满了南方古代民族舞蹈的韵味……由此看来，在岩画中出现舞人及舞蹈图，是毫不足怪的。只是有一点是艺术史家们常忽略的，那就是舞蹈中常常手持各种器械，这完全需要从武术表演套路的角度去重新加以诠释。

在考察过滇西北怒江岩画和宁夏贺兰山、新疆托克逊岩画之后，参阅内蒙古阴山、甘肃黑山、西藏日土、中国台湾万山等地的岩画资料，发现在先民的原始身体活动中，或浓或淡，均有巫风弥漫，为我们探讨与美术、歌舞、文学及杂技等原始艺术的发展提供了可以实证的丰富素材，也为探讨武术起源延展出发生学意义上的纵深。

人类学研究表明，人类首次艺术创造的时间大概在冰河期的晚期，距今32000 年到 12000 年，前后共长 2 万年。在这段时期内，人类学会了用符号来装饰工具，装饰坟墓以及居住的房屋。冰河时期的艺术家们发展了几乎艺术生产的所有加工技巧，包括石质的、骨质的、象牙的、泥土的圆雕、浮雕以及在这些材料上的各种刻画符号。许多史前岩画或雕塑作品存在的地方几乎都是人迹罕至的地方，这无疑是精心选择的一种结果，因此引来巫术论的解释。而从岩画中的身体动作经由“东巴跳”这样的载体变成图画象形文字的“活化石”居然还遗存在中国西南边陲，使体育人类学的田野调查寻求到最有价值的实证案例。

二、巫术与体育萌芽

人类学的研究表明，许多竞技的形式均源于生产和战斗技能的学习，经过原始巫术的加工与传承，成为类似民族体育的身体游戏。从本能的攻击动作到防卫动作，到调整动作以至积累使用原始武器的最有效的经验，人类在漫长的岁月中经历了艰苦的历程，由集中了部落智慧的精神领袖——巫师完成总结和演绎。到原始社会晚期，最初仅仅表现狩猎场面的洞穴壁画和岩画，开始描绘人与人之间的格斗，展示了竞技的萌芽。军事训练也开始成为青少年学习的内容。在原始部落的传说中，时常提到英雄人物用竞赛的方法战胜恶魔的故事，英雄常以超自然的身体能力和智力，以竞技的方式消除对人类的威胁。原始人祈望通过竞技来使神灵感到喜悦，以期风调雨顺，驱魔避邪。竞赛成为原始宗教仪式，胜者很谦虚，失败者亦无怨言，重要的是参加，而不是胜负。

"竞争性的户外运动在有史人民的宗教生活中是很重要的，且一村的运动员与另村的运动员的比赛，对参与比赛的人以及观众来说都是一件大事。运动员在数周前即练习运动的基本动作，并通过练习跑步来增强耐力以准备参加预定的比赛项目。在此训练期间，巫师或教士规定禁止食用某些食物与两性的性行为，并且每日举行仪式以抵制对方的教士所施行的魔法。在比赛的前一日，巫师用草汁调制清洗，自此时起一直到比赛结束，运动员不得对其自身有所脏污。在比赛前一日的晚间，运动员参加村民所举行的典礼仪式，在此仪式中他们担任舞蹈，不论胜败，每一个人都参加盛宴与狂欢会。"（哈肯史密斯：《西洋体育史》）

经过漫长岁月的演变，许多原始宗教活动到后来在目的上已经逐渐模糊，它们的功利性越来越弱，而娱乐性则变得越来越强了。昔日山地民族在丛林中传递信息的战鼓，迄今仍被西南各族巫师作为法器和传统体育活动的器材，同时还显示其浓郁的民族特色而出现在亚洲运动会的开幕式上；昔日先民的交通工具进而用于祀河的舟船，如贵州清水江的苗族划龙舟仍未改当年竞渡驱恶之初衷，同时这项活动又发展为香港国际龙舟大赛，这是民族体育的传播与交流的国际化趋势。我们不能说现代奥运会的所有仪式都源于巫术文化，也不便说开幕式的团体操和闭幕式的歌舞狂欢就是巫舞的再现，但至少从奥运圣火传递中可略窥古巫术文化承袭之一斑。

人类学与史前学的研究结果表明，人类第一次艺术创造大概在欧洲和亚洲冰河期的晚期，距今约 2 万年。在这段时期内，人类学会了用符号来装饰工具，装饰坟墓以及居住的房屋。冰河时期的艺术家们发展了几乎艺术生产的所有加工技巧，包括石质的、骨质的、象牙的、泥土的圆雕、浮雕以及在这些材料上的各种刻画符号。这些艺术现象首先引来的是一种巫术论的解释。巫术论之所以被普遍接受，最根本的原因不在于一些有声望的人类学家和考古学家是否持赞成态度，而是由一系列事实所能给出的旁证而得到支持的，比如，许多史前岩画或雕塑作品存在的地方几乎都是人迹罕至的地方，这无疑是精心选择的一种结果。

世界上所有的原始民族都有巫术，而几乎所有的巫术活动都采用过歌舞形式。巫师就是舞师，从羌、彝、佤、傈僳族、景颇、纳西等许多少数民族的巫师作法仪式中，目睹那些巫舞表演，如果退回去千年，称这些巫师为优秀的体育教师毫不为过。《周礼 · 地官》谓："舞师掌教舞，凡野舞则皆教之。"这些舞师司掌乡野庶民习舞之事，作为原始教育的主体活动，那么，早期的舞师不是巫师又是谁呢？历史上最原始的巫术礼仪，是由氏族部落成员集体来进行的，如景颇族流传到今的目瑙纵歌。后来出现了巫觋，巫术礼仪就由这些集原始文化之大成者主持，如纳西族东巴跳、彝族的毕摩皮鼓、景颇族的目瑙纵歌等。最终，巫觋垄断了巫术活动，乡下人家有人生病，请端公道士披发仗剑狂舞一番，这已是巫术文化的强弩之末了。

史前的巫术中孕育着"潜体育"。巫舞可以说是最古老的原始体育形态之一。为了在战斗中取胜，巫术升级为大型武舞。"苗民逆命，帝乃诞敷文德，舞干羽于两阶。"（《尚书 · 大禹谟》）"教兵舞，帅而舞山川之祭祀。"（《周礼 · 春官舞师》）"巴师勇锐，歌舞以凌殷人。"（《华阳国志 · 巴志》）至于西周军队中的"象舞"和"大武舞"，则直接用于军事训练。中国体育史上数得出来的贯穿始终的两种活动——武术与养生，哪一种没有隐隐散发出神韵和鬼气？哪一种没有经由巫术那玄而又玄的众妙之门？"舞"、"武"二字，在古代是相通的，现代武术的成套动作即使不是直接从巫舞中来，至少曾受过它潜移默化的影响。武术的精髓，源出于巫—舞—武。如果武术不是受益于武舞。那它将向拳击、摔跤等格斗术的方向发展，而不是向如今这般具有极强的表演性和艺术魅力。至于后期儒、释、道的影响，不过是为武术披上了一层伦理学的面纱。

远古时期，竞技与政治的关系非常密切，竞技往往成为达到政治目标的一种特殊手段。英国社会人类学家弗雷泽在其名著《金枝——巫术与宗教之研究》中指出：古代社会里对于体格健美的要求占重要地位。与公主联姻并继承王位有时明显地取决于某种竞赛。阿莱特尼的利比亚人将王位授予跑得最快的人。古代普鲁士的贵族候选人骑马赛跑，最先跑到国王面前的人便封为贵族。据古老的传说，最初的奥林匹克竞技由国王恩狄米昂主持，让他的儿子们参加赛跑，优胜者继承王位。直到罗马帝国时期还一年一度遵行著名的“国王奔逃”的习俗，即每年 2 月 24 日在罗马国民议会厅里举行祭祀，祭祀之后主持典祀之王便跑出会场，与竞争者们角逐，跑得最快的人赢得王位。到年终时国王还要再次参加赛跑竞选连任下届国王。如此年复一年，直到他被别人胜过，或废黜或刺杀。饶有兴味的是，国王领先在前奔跑，竞争者在后追赶，如果国王被赶上，就得献出王位甚至自己的生命给优胜者。

按照一些体育史学家（如德国的费特）的观点，体育的起源可以上溯至原始公社时期部落间的战斗。巫术与武术融为一体，可以成为真正的战斗，也可以形成流传至今的体育运动项目。赫梯遗址的一段铭文说明，人们常分为两队进行战斗游戏，获胜者向神祭献战俘。古希伯来人也重视发展体力和军事技术，内容有练习弓箭、刀剑、投枪、掷石和游泳。《旧约》提到，拜尼米部落的一个人从阿菲克跑到希洛赫去通报以色列人被菲立斯丁人战败的消息，其距离不亚于马拉松跑，表现了极强的奔跑能力。

原始的巫术，总是与人类的身体联系在一起的。与缅甸接壤的沧源佤族自治县的一堵巨大的岩石前，石壁内凹，在阳光和雨水所不能侵蚀之处，描绘着上百个人形。这些用赤铁矿粉绘制的人形，没有五官，躯干呈三角形，上边明显画有象征男女性别的器官，四肢变化多端，手舞足蹈，不少人手中还拿着各种器械，活脱脱是一幅几千年前的人类生活风情画。令人惊叹的是，在那食不果腹的年代，先民们肯花费如此精力来表现和赞美人体，这难道不是巫术的力量吗？

到滇西北与西藏毗邻的怒江峡谷，可以在怒族和独龙族聚居的山寨见到文面的妇女：那饱经风霜的面庞上，从眉心开始，鼻梁及两侧均匀而对称地刺有青蓝色花纹，并从上下嘴唇展开，组成面部菱形纹的方圈，接近眼部和唇边，还分别刺有点状花纹和竖向条纹，非常规整和讲究。据了解，这些妇女以文面为美，文面时要经过一系列神圣而又神秘的过程。到过云南边境地区的人见到傣族、布朗族男子身体上所刺的美丽的花纹，都不由深深体会到这些美化自身的“活化石”的意味。虽然对于文身的缘由有种种说法，但都或多或少可见缕缕巫气。

气功在前些年风靡中华，在现代科技如此发达的条件下，仍夹杂着若干魔法幻术，使若干痴迷者为之赴汤蹈火，这不能不使我们体会到古代导引养生术与原始宗教密不可分的联系。按照修炼的目的，气功可以分为两大类：一类是入世的气功，其目的在于增强体质，提高生活质量；另一类的气功是出世气功，其目的在于提升精神境界，追求“特异功能”和超自然体验，追求成仙成佛，这类气功与宗教巫术有密切的关系。巫觋们欲使巫术成为自己的专利，除要勤加练习娴熟的舞姿，创编成观赏性极高的套路外，势必还要琢磨出旁人不可理解的种种“硬气功”以显示其超凡的力量，说明鬼神附体，魇魔婆娑竞相舞，给人以敬畏之震慑。先民人人信巫，而现代则有信有不信，有人将信将疑。这种“信则灵”之术，恰好说明人类难于穷尽自然奥秘时所表现出的精神需要。当然，导引气功所遵行的基本方法——呼吸、意念和肢体动作相配合，的确有益于身心健康，的确有体育的功效，否则便无人相信巫医华佗所创之五禽戏、易筋经之类，也不会把巫气十足的导引图葬在长沙马王堆汉墓之中了。

巫术是靠巫师去达到传播的目的。实际上，法术和巫术同是英文 Magic 的意译，而且行法术或巫术的人名称也很多。依地而异，有的称巫觋，有的称禁厌师，有的称医巫，或者称萨满、东巴、达巴，或者称术士，名称虽不一，实际的性质则全同。巫师，充当了教练的角色；他们，是潜体育教师。中国东北边境地区的赫哲、鄂伦春、鄂温克等半个世纪前还停留在原始社会末期的民族，由萨满传授的“萨满舞”，现在已成为欢聚时节的集体健身娱乐舞蹈。

早在1890年，弗雷泽在《金枝》中曾就人类思想方式发展的一般进程问题总结出一个公式，即巫术—宗教—科学。在弗雷泽看来，人类的思想是逐渐进化的，在所谓巫术时代，巫术观念占据统治地位，人们借助于运用错误推理而产生的种种办法来控制自然。继而进入宗教时代，人们把超自然的力量个性化为神灵，借助于它的帮助，消灾弭祸，求福祈祥。最后进入科学时代，这是由于人类对于巫术无效的重大发现所带来的一场缓慢但却是根本性质的革命的结果。弗雷泽认为，正如人类文明在物质方面到处都有过石器时代一样，在智力方面也都有过巫术时代，对于巫术功效的信仰，是一种真正全民的、全世界性的信仰。探索体育和竞技的萌芽，不可不触及巫术。

巫术与游戏，在人类原始欲求的诸因素中对民族体育起源的影响是举足轻重的；而身体对于原始文化的形成，也有不可或缺的作用。

古代体育萌芽与原始宗教的互渗现象，表现在一些原始宗教活动中，不同程度地包含着一些原始体育萌芽尤其是当代民族传统体育形式。大众在参加这些宗教活动的过程中，客观上可以获得体育的效果。这种体育与宗教的互渗现象，一般多发生在混杂着宗教与体育萌芽的原始文化中。

原始宗教是原始思维方式的自然外化形式，是人类最早的和原始社会最主要的意识形态。在原始人的心目中，周围的世界是一个神秘的人格化的世界，充满了超自然的力量和神奇的表象。为了使神灵与人类和睦相处并福祐人类，原始人按照自身的性格、想象和好恶设计了繁多的仪式活动来取悦神灵。由此而产生了以各种原始文娱体育活动为主要形式的娱神慰神仪式。根据近现代人类学家对北美、非洲、澳洲等地原始民族调查，频繁的娱神仪式充满了各种热烈的集体舞蹈和模仿性游戏。通过田野工作也经常观察到，在中国的少数民族中也有很多民族体育活动通过宗教娱神仪式表现出来。如云南纳西族信奉东巴教，在祭礼中演练类似集体武术活动的“东巴跳”。云南、四川、贵州等地彝族在其特有的民族宗教节日“火把节”进行的祭祀活动中，伴随着盛大的摔跤、赛马、射箭、斗牛及舞蹈等活动。蒙古族著名的“那达慕”运动会，等等。从这些活动中均可看出其娱神慰神的初始意义和宗教仪式痕迹。随着社会的发展和进步，这些活动本身的原始宗教因素和色彩将逐渐淡化，文娱体育的因素和价值逐渐增强，最后要脱离宗教范围而成为人类的珍贵体育文化财富。四川阿坝州的文体工作者在1997年的民族运动会上，把藏族传统的宗教仪式“磕长头”改编为健身性的民族体育项目，就是一种积极的尝试。

巫术是原始的准宗教现象。幻想以特定的动作如模仿性舞蹈等来影响或控制自然现象，或幻想依靠“超自然力”对客体施加影响。在早期原始社会的巫术中，包含和孕育着一些原始体育活动的萌芽和雏形。如原始人类于狩猎前举行意在支配狩猎对象的模仿舞蹈或佩戴牙骨及雄牛的利角进行奔跑等都具有一定的原始体育意义。著名法国人类学家列维·布留尔指出：“在狩猎中，第一个最重要的行动是对猎物施加巫术影响，迫使它出现，而不管它是否愿意。如果它在远处，就迫使它来到。在大多数和原始民族那里，这个行动都被认为是绝对必要的。这个行动主要包括一些舞蹈……”为说明这一点，他引证了北美印第安人的野牛舞：“跳这种舞的目的是要迫使野牛出现……大约五个到十个曼丹人一下子就参加跳舞。他们每个人头上戴着从野牛头上剥下来的带角的牛头皮（或者画了牛头的面具），手里拿着弓或矛，这是在捕猎野牛时通常使用的武器……这种舞蹈有时要不停地继续跳两三个星期，直到野牛出现的那个欢乐的时候为止。”（列维·布留尔：《原始思维》）四川平武县的白马藏族把头戴沉重的木制面具跳跃的古老巫术“跳曹盖”带进民族运动会，其凝重古朴给人以震撼。而汉族的舞狮、舞龙源于驱邪和祈雨的巫术，这一点可能早已被人们所淡忘。显然，在这类准宗教的行为中，原始人类通过经常的、大运动量的、高激情的活动和舞蹈客观上实践着体育的行为，同时实现了原始体育的功能。

宗教修炼，是一种在特定观念支配下个人有意识地采用某些特殊方法手段来对自己的身心进行宗教改造的过程。在一些民族宗教中，某些修炼形式客观上也具有一定的体育价值。其中比较典型的是古代印度的瑜伽和中国的气功。瑜伽是古印度婆罗门教特有的修行方式，后来为佛教、印度教所吸收和继承。瑜伽的本意是“结合”、“联系”和“一致”。按婆罗门教和印度教教义，只有通过瑜伽术的修行，方能达到梵我一致，人梵合一，从而得到个人的解脱。因此瑜伽术注重心理修炼，并在发展过程中加入手和身体的动作

(哈特瑜伽)，形成现代风靡世界的瑜伽体操。藏传佛教的宁玛派（红教）、噶举派（白教）都有独特的身体修炼内容。在古代中国，除了部分医学因素外，气功主要是作为道教的特殊修炼术发展的。道教是世界宗教史上最重视人的生命和肉体的宗教。道教的主要教义认为，人能够通过某些特殊方法对现实肉体进行修炼而达到生命长生不死甚至肉体飞升成仙。这一教义驱使历史上大批道教徒去探索寻求通往人体长生的途径，由此推动了中国古代化学、天文学、药物学，特别是古代养生方法是古代中国对人类文化发展的重要贡献之一。

在历史上一些国家、地区和民族中，宗教具有强烈的民俗特征。因此，同这些宗教活动互渗的那些文体活动便由此而赋予一定程度的普及性和广泛性。在这类活动中，其中的宗教意义往往逐渐下降，而人文的色彩和体育的因素，地位逐渐增强，从而翻开了体育史辉煌的篇章。古希腊竞技是典型的例子。古希腊分为许多独立的城邦国家，彼此间政治制度、经济形态等有相当差异，但它们却有一个共同的宗教。这个特点使各个城邦的希腊人能够走到一起举行宗教祭祀典礼。从这种意义上看，可以说，没有古希腊宗教，便没有古希腊灿烂的竞技运动。著名的古希腊四大竞技本身都是泛希腊宗教祭典。只有在古希腊宗教的祭坛上，才可能燃起古奥林匹克竞技的熊熊火炬。因此，当基督教取代古希腊传统宗教及深受其影响的古罗马宗教而成为罗马帝国的国教后，古希腊竞技便失去了依托而为东罗马皇帝以禁止异教为由所废止。

千百年来，宗教对人类社会生活的各个领域，尤其是对包括古代和现代体育在内的文化领域产生了广泛的作用和影响，延续至今。宗教是人类社会发展到一定阶段的意识形态现象，人类学家通过比较民族志材料发现宗教信仰是一种复杂的文化现象，对宗教的文化诠释就成为分支学科。宗教人类学关注宗教以及参与的人群，强调“参与性观察”和比较研究的方法，进行多学科的整合研究。

值得注意的是，体育受益的“人本主义”与宗教的“神本主义”相对立，提倡人文精神，其最根本前提在于对人的肯定。体育观念和行为本身必然是人类自我肯定过程和对人的价值和人的权利的追求过程。人在体育的过程中所体验和实现的是人的存在和生命的意义，并通过这种体验达到一种社会人格的升华。人的价值、生命的价值是体育的根本前提所在。任何对这一前提的否定都是对体育本身的根本否定。可是，宗教的本质以否定人来肯定神，剥夺人的精神自由，思想自由和行动自由，这样，宗教实际也就否定了体育存在的根本前提。

体育是人的身体和精神的和谐发展过程。它意味着人类能够能动地通过一定的运动手段和健身方法去完善和发展人的体质，并在这一过程中完善和发展人的心理和社会人格。因此，肯定人的物质性亦即肯定人的肉体存在的合理性，承认人具有获得生理享乐和肌体发展的天然权利，是体育存在的基本前提。体育是对人的现世生活的肯定。体育行为本身所贯穿的是人对现世生活乐趣和自由幸福的热情追求和体验。它所培养的也正是现实的积极进取精神、高尚的道德品质以及时代的精神气质。而这一切恰恰又是与宗教否定现世生活、追求来世的特征直接对立的。即使宗教在历史上对体育所起的那些派生的促进作用也不能改变宗教本身否定体育的本质。事实上，无论是古希腊宗教还是道教或者其他任何宗教，它们的一切礼仪活动的宗旨都不是为了人而是为神。这种与宗教活动互渗的体育活动与近现代体育有着质的区别。或者说，这只能算一种“亚体育”形态。在这种情况下，一方面，某些宗教活动给古代、近代和民族传统体育以派生的促进作用；另一方面，宗教的目的和本质又必然限制和阻碍体育的健康发展，使其走向褊狭和畸形。

因此，从巫术着手研究原始宗教与体育萌芽的关系，是原始文化研究的重要领域，对当代及未来人类身心健康发展的意义深远。

第六章　乡野体育

——体育人类学实证研究

第一节　乡野体育

——民族传统体育的研究案例

一、少数民族传统体育概论

少数民族传统体育，是人类古文化遗存中的瑰宝，从生态人类学的角度看，它更具有与自然环境协调、与日常生活均衡发展的意义。这对于我们当前狂热迷恋于超水平的竞技中所遇到的种种困惑，是一剂反思的清凉剂。通过对少数民族的体育人类学的研究，可以从一个崭新的角度来观察人类与体育的关系。

人类在面对环境压力时，通过行为反应、生理反应和基因频率改变等形式对付这种压力，继续生存的能力，称为对环境的适应性。人类应付环境压力的形式包括适应（adaptation）和调节（adjustment）。适应是群体通过基因频率的改变对环境的选择压力做出的反应。适应通常需要多代时间才能完成。调节是群体通过行为反应和生理反应对付环境压力的过程。调节是非遗传形式的短暂的适应性。调节可分为三种形式：行为调节（behavioral adjustment）、气候调节（acclimatory adjustment）和发育调节（development adjustment）。行为调节又称为文化调节（cultural adjustment），是人类对环境压力的文化反应。人类的行为调节可以表现在住房、用火、穿衣服和特定文化习俗方面。气候调节是人类群体对付环境压力的可逆的生理反应。人类通过气候调节能够在严寒、酷热和氧气稀薄的严酷环境中生存下来。

从人类的适应性的角度看，民族传统体育可以看作是该民族对他们所生活环境的一种行为适应机制。我们可以看到，民族传统体育项目的种类与该民族的生活环境有密切的关系。例如，生活在草原和畜牧业地区的民族中，赛马、马术、姑娘追、骑射等体育竞技活动非常盛行。这与当地民族经常骑马有关。马术在这些民族当中是一种必需的生活和生产技能，高超的马术能够提高人们在这些地区的生存能力。生活在树林茂密的森林地带的民族，有许多民间竞技项目与空中技巧有关，如爬杆、爬树、秋千等。而生活在江、河、湖泊岸边的民族，则较流行游泳、划龙舟、赛皮筏等水上运动。

在中国这块广阔的土地上。大量的考古文化遗存还说明了中华民族起源的多元性。早在新石器时代，已出现了北方、中原、南方三种不同的系统特征。在华夏、夷、三苗等族开发黄河流域、东部沿海一带和长江流域的同时或稍后，氐、羌、戎诸族开发西北和西部地区，濮、越等族开发长江中下游以南地区，狄、匈奴等族开发北部草原地区，肃慎、东胡等族开发东北地区。随着这些地区经济、文化的发展及其与中原地区联系的加强，为形成统一的多民族国家奠定了基础。公元前 221 年，秦始皇结束了从西周到战国 800 年的诸侯割据，建立起统一的多民族的中央集权的封建国家。此后的两千多年来，统一不断得到巩固和发展，成为中国历史发展的主流和本质。

中国是个多民族的国家，中华民族为中国各民族的总称。分布在亚洲的东部和中部。汉族因在中华民族中人口最多，所以建立的中央王朝也最多。匈奴、鲜卑、吐蕃、回鹘、契丹、女真、蒙古、满等民族，也在部分地区以至全国范围内建立过政权，各民族都为统一多民族国家的形成和发展做出了贡献。在 960 万平方公里的土地上，居住着 56 个民族，组成中华民族，各个民族之间，虽有不同的语言、文字，有不同的生活方式和风俗习惯，但政治、经济、文化关系结合紧密，互市贸易，共耕田畴，各民族人民互利互助，辛勤辛劳共同开发了中国富饶的土地，捍卫了神圣领土，创造了高度文明，也包括绚丽多彩的传统体育文化。据 1990 年第四次全国人口普查统计，中国大陆 30 个省、自治区、直辖市共有 1133682501 人。其中汉族占 91. 96%，少数民族占 8. 04%。在漫长的历史发展中，各民族逐渐形成了以汉族为主体的大杂居、小聚居的局面。

汉族在历史上曾有击壤、蹴鞠、投壶、捶丸、木射等运动健身娱乐项目，由于全面接受了西方体育并历经了一个多世纪的影响，目前仅在部分地区保留了舞狮舞龙、龙舟竞渡、踢毽、秋千等民间体育活动，并且多已失去了原始风貌。因此，少数民族的传统体育活动就成为体育人类学研究的珍贵资源。

现今中国的55个少数民族，几乎都有自己独特的传统体育活动。

让我们沿着祖国大地的东南西北，鸟瞰一下那丰富多彩的少数民族传统体育吧。

东北地区的气候寒冷，开展冰雪运动有良好的自然条件。《隋书》、《新唐书》等史籍上曾记述了北方少数民族的滑雪活动。长期居住在松辽平原的满族，不仅酷爱骑射，而且尤其擅长于滑冰，努尔哈赤以此来训练的士兵，可昼夜滑行数百里去奔袭敌人。他们还在太子河等天然冰场上举行滑冰比赛。清朝入关后，把风驰电掣的速度滑冰和姿态优美的花样滑冰带到内地，并将滑冰和武术、杂技、射箭、球类等运动结合起来，称为“冰嬉”。满族军士冬季常在北海等处举行上千人参加的冰嬉盛会，以阅武的形式表示不忘旧俗，表演各种冰上绝技供皇室观赏。

朝鲜族的妇女喜爱秋千和跳板，小伙子则对摔跤感兴趣。朝鲜族姑娘所荡的秋千往往架得很高，秋千架的前方高高悬吊着花朵或铜铃，谁能荡起秋千后用嘴叼住花朵并用脚踢中铜铃，谁就是比赛的优胜者。只见姑娘们争揽绳索飘然荡起，美丽的彩裙往来飞舞，阵阵欢歌笑语，极富诗情画趣。跳板也是一种勇敢者的游戏，两人站在一条类似跷跷板的木板上，利用对方跳起后落下踩板的弹力，跃起空中做各种动作。他们手持扇子、彩绸和花环，腾跃而起，像燕子钻去，似仙女下凡。朝鲜族小伙子们的摔跤方式独具一格，双方要在腰上系一根长带子绕过大腿，单膝跪地，相互抓好腰带后开始比赛。经过层层淘汰，优胜者得到的奖品是一头膘肥体重的大黄牛。

生活在祖国最北方的达斡尔人爱玩的“波依阔”，很像现代的曲棍球。在足球场上那样大的场地上，两端分别插两根棍子作门柱，双方各派11人上场，用带拐子的木棒将球打入对方的大门。在晚上，他们把空心的球里浸满油后点燃，火球传来传去，如游龙戏珠，别有一番风趣。鄂伦春和鄂温克族的儿童从小就玩狩猎和捕鱼的游戏，稍大一点便接受射击的训练。赫哲人为了掌握渔猎技术，余暇时用鱼叉进行投射草球的比赛，谁能准确以叉中用草扎成的“球”，那他一定是个叉鱼的能手。

祖国的南方气候温和，这里居住的许多少数民族，各有自己缤纷多彩的传统体育活动。在祖国最南端的海南岛上，黎族青年爱球“跳竹竿”的游戏。在椰林里，在海滩上，他们手持竹竿对面蹲坐，若干人一齐将手中的竹竿一开一合地敲击，有节奏地发出“呱哒、呱哒”的声响，跳竿者就在竹竿分合的空隙中巧妙地转身、跳跃，那灵巧的动作散发着青春的活力。居住在宝岛中国台湾的原住民，不但从小练习长跑、游水和渔猎，而且喜欢“竿球”、“背篓球”游戏。

在少数民族中人口最多的壮族，传统体育项目也不少。富有特色的“打扁担”是来源于生产劳动的娱乐健身项目，壮语称为“谷榔”，意思是舂米，据说始于宋时期。参加活动的人两两相围在长凳或舂米木槽旁，用自己手中的扁担敲击各处，打出和谐的音响和复杂的节律。每逢新春佳节为祈祝五谷丰登，壮族人倾寨聚于庭院，扁担声声分外响亮，数里之处都能听到。来源于生产劳动的项目还有湘西土家族的“打飞棒”，云南普米族的“飞石索”，川西羌族的“打靶”，佤族的“打弩”，畲族的“赛海马”等。

布依族的“毛花包”，苗族的“抛荷包”，以及不少民族都喜欢的“磨秋”、“车秋”等传统体育活动，是少数民族青年男女选择佳偶，表示爱慕之情的社交活动方式。而纳西族的“东巴跳”，侗族的“抢花炮”，景颇族的“目瑙纵歌”，京族的“跳天灯”，白族的“绕三灵”，傣族的“赛龙舟”等，已经摒弃了原有的宗教祭祀内容而演变为娱乐健身活动。

有些少数民族的节日集会，也是进行传统体育活动的盛会。居住在云、贵、川三省交界处的苗族，常在正月间举行盛大的“跳场”，从方圆百里赶来的参加者成千上万。小伙子们聚集在空坪当中竖起的长杆下，比赛谁能灵巧地爬上滑溜溜的“花杆”，取下高悬在上面的奖品；姑娘们伴着芦笙歌舞，还举行一些生动有趣的赛跑活动。最有意思的是“跳芦笙”，集音乐、舞蹈、体操、武术为一体的传统娱乐活动。苗族跳芦笙时，要表演吹着芦笙进行身体运动的各种技巧，主要有滚球、踩蛋、肩上乘上、翻板凳、走竹竿、旋方桌、快速旋转、矮步、倒立、巧喝酒、爬杆等。表演的难度大，带有竞技性质，而且观赏性强。

著名的“火把节”是彝族的传统节目，同时也是传统体育项目比赛和表演的大好时机，斗牛、斗羊、赛马、摔跤是火把节上的重要内容。入夜，人们点燃火把，饮酒歌舞之余，可能会观赏到一种罕见的“跳火绳”比赛。这种比赛的参加者是一些勇敢的姑娘，她们手里拿着浸过油的布绳站在起跑线上，待发令后点燃绳索，再舞动着熊熊的火绳向前跳跃，争先到达终点。彝族男子除了摔跤以外，在休闲时还玩一种蹲在地上相互撞击斗力的角力游戏，他们称其为“雄鸡打架”。这一类可以在劳动之余较量力气以取乐消乏的传统游戏，还有藏族的“格吞”和“奔牛”、羌族的“推杆”、拉祜族的“拔腰”、瑶族的“推竹竿”、基诺族的“顶竹竿”、京族的“顶棍”、土族的“拉棍”等，都深受小伙子们喜爱。藏族的传统体育活动是在过年或宗教节日时进行的。据《清稗类钞·技勇类》载，西藏历来就有赛跑、赛马、骑射爬绳、爬竿等习俗，技艺出色者，还要受到达赖喇嘛的赏赐。摔跤和举重活动在草原上盛行，妇女参加摔跤的风气流传至今。目前在西藏最早建立的桑耶寺（唐大历十四年）的壁画中，还可看到摔跤、赛跑、赛马、举重、射箭、游泳等生动的艺术形象。在预祝丰收的“旺果节”中，藏胞盛装结队，骑马到田野巡游，也要举行赛马、射箭等传统体育活动。藏族猎人和门巴族、珞巴族猎手一样，都是善射的勇士。藏族人有一种奇妙的响箭，称为“碧秀”，据说是为了英雄格萨尔王战胜妖魔而发明的。这种箭的箭头粗大并有小孔，射出后空气穿入孔内发出悦耳的响声，参加比赛的选手胜了可得到洁白的哈达，没射中目标的则要罚酒一杯。赛牦牛也是高原上经常举行的竞赛，参加比赛的牦牛配上各种颜色的鞍具，骑手挂上醒目的号码，闻令后群牛齐奔，蹄声隆隆，牦牛身上飘拂的长毛驱散了高原奇寒，为比赛增添了雄壮的声威。

祖国的西北，居住着能歌善舞的维吾尔族，他们有两项在高空进行的独特活动。一种是可上溯至 13 世纪的古老游戏“空中转轮”，这是一架巨型的靠转动而荡起的秋千，十多米高的柱子上端装着一副转轮，轮上挂下两架秋千，数人像推磨一样转动柱子下的一根横木，秋千就会随着旋转的逐渐加快而高高荡起。另一项是名为“达瓦孜”的高空走绳运动，在美妙的“十二木卡姆”乐曲的伴奏下进行，更增添了它扣人心弦的魅力。自唐、宋到明、清的史籍中，称这种活动为“踏索”、“履绳”、“踏绳”、“走索”、“绳技”等，如今发展为在高空走 80 米长的大绳，异常惊险，其难度之大，要求的技艺之高，非一般杂技节目中的“走钢丝”所能相比。

生活在牧区的民族，性情剽悍，传统体育活动多离不开马匹。哈萨克、柯尔克孜、乌孜别克、塔吉克等族的男女，酷爱一种称为“叼羊”的集体马上游戏。这种骑着骏马奋力争夺一只山羊的竞赛异常激烈，有时数百骑搅成一团，人喊马嘶，似乎又将我们带回到鏖战不休的古代沙场。而另一源于男女青年表达爱情的民间游戏“姑娘追”，也绝无一点儿脉脉温情：一对青年男女骑马同往指定地点，去的时候小伙子对姑娘任意笑谑，到达指定地点折回的返程中，小伙子则要纵马急驰，不然被姑娘追上就要遭到鞭打。

在北方辽阔的内蒙古大草原上，传统体育活动集中于“那达慕”大会。“那达慕”大会是娱乐、游戏的意思，这种传统的群众性集会多在夏秋之际举行，已经在北方草原上流行了几百年。从成吉思汗时代传下的男子三项竞技——摔跤、赛马、射箭，是那达慕大会的主要竞赛项目。粗犷古朴的蒙古族摔跤，具有浓郁的民族风格。参加比赛的摔跤手有时多达千人，他们上身穿牛皮或帆布制成的紧身半袖背心，边沿镶着闪闪发亮的铜铆钉，腰系围巾，下身穿带有美丽的民族图案的肥大套裤，脚蹬潇洒的蒙古靴，脖系标志选手战绩的彩条，形同古代武士。在激情昂扬的赞歌声中，摔跤手们挥动双臂，跳着狮子舞步或雄鹰舞步出场。这种摔跤舞在激战前跳，是一种很好的准备活动；结束时跳，则可以作为放松手段，同时也可抑制因胜利或失败而引起的情绪的剧烈波动。比赛采用单淘汰制，不按身高和体重分级别，不受时间和场地的限制，身体任何部分着地都算输。比赛结束后将根据名次向各位摔跤手发奖。

赛马是许多少数民族共有的传统项目，早在《史记》和《后汉书》上就有记载。然而，蒙古族的赛马在各族中是规模最大的，形式最多的，距离也是最长的。蒙古族赛马是男女老少均可参加的群众性比赛，有儿童短途赛、长年长途赛、成年短途赛、女子短途赛等多种，一般距离远达几十公里。少年儿童参赛的居多，他们身材灵巧轻盈，骑在飞奔的光背马上，显得英姿勃勃。取得名次的马匹，在“那达慕”闭幕式上依次排好，由民族歌手吟诵赞马诗，并在获得第一名的马头上洒下奶酒以示庆贺。

射箭比赛，以命中目标多少或环数多少决定胜负。那达慕大会上，常举行百余人参加的大型骑射比赛，一般规定每人射九箭，分三轮射完。骑手们从远处疾驰而来，张弓搭箭，射向靶心，以中靶的箭数多少评定名次。如今草原上的弓箭大多让位于步枪，所以在那达慕大会上也常举行乘马射击、乘骆驼射击等比赛。我们还可以看到“赛骆驼”、“布鲁”、乘马斩劈、超越障碍、飞马拾物等传统竞技活动。在中原地区早已销声匿迹的马球，也还在内蒙古草原上开展。

回族在我国分布最广，大部分城乡都有他们的踪迹。历史上回族人民为图生存和反抗凌辱，十分重视练武活动，他们中流行着弹腿、查拳、八极拳、通臂拳、“阿里棍”、“沙家杆子马家枪”等许多拳种和器械武术套路。

对少数民族的传统体育匆匆一瞥后，我们发现，地广人稀的少数民族地区，节日集会时进行传统体育活动，是一种增强团结的社会交往方式。同族人借此聚会，讲述本民族的历史故事，举行宗教祭祀和纪念活动，或便于男女青年择偶，或交流物资互通有无……大家载歌载舞，纵情欢娱，久而久之，相沿成俗。少数民族传统体育散发着草原的芳香，传播着森林的气息，展现着水乡的风情，显示着高原的神奇，它那浓郁的民族风格和独特的地方色彩正为越来越多的人所喜爱，它正准备走向世界，为繁荣人类的体育文化做出自己的贡献。

中国的50多个少数民族，虽然只占全国人口的6%，但分布面积却占国土面积的一大半。他们世代相传的体育活动，渗透着本民族的历史、宗教信仰和文学艺术，反映出各具特色的经济生活和风俗习惯，是祖国文化宝库中的一串璀璨夺目的珍珠。少数民族虽然人口很少，但传统体育项目的数量、原生态程度和丰富多样性远远超过了人口众多的汉族，因此体育人类学把它作为重要的研究对象，并对其素材加以分类整理。

少数民族传统体育项目，与民族起源、种族繁衍、生产劳动、宗教信仰有关，体现了不同社会形态的遗痕（如珞巴族的弓箭），反映出不同的地域特点，（如牧区的马术）；也是表现各民族不同特征的形式（如藏族的赛牦牛）。

许多原生态的民族体育，构成了民族体育在其原始发展阶段的主体。从形式上看，它们多少带有原始宗教和巫术的色彩，并已逐步仪式化。从本质上看，它们更多地反映了人与自然力的关系和人对自身来源、自身力量的朦胧认识。就其功能而言，部族试图通过这些逐步仪式化了的身体活动，实现自身与主宰自然的某种神秘力量之间的交流、互渗，从而获得某种力量、结果或实现某种角色认同。因此，这些身体活动对于古代民族（部族），乃至对于至今尚未完全脱离蒙昧状态的土著部落的生存和发展，都具有异乎寻常的含义。

有的民族传统体育，反映了促进民族认同的功能，即参与民族共同体的形成。在活动的形式和内容上，也日益明确地与本民族起源、复兴、发展等有关的历史或神话人物联系在一起。这在黔东南苗族独木龙舟、以彝族为代表的火把节竞技活动等民族传统体育中反映得很清楚。因此，传统体育活动中的民族文化特征尤为强烈，甚至形式上大体上相同的竞技活动却往往具有完全不同的文化含义，并进而使这些竞技活动本身也呈现出一些细微但却很重要的差别，如南方各族在秋千、龙舟和北方民族在赛马、射箭、摔跤等活动中所表现出的情况就是如此。

民族传统体育活动在维系种族繁衍方面，始终起着主要的，有时甚至是唯一的媒介作用。在许多尚未进入现代生活的民族中，从出生、成年、交往、恋爱、婚配直至死亡的人生旅途中，常常伴随着特定的民俗活动，其中传统体育活动的地位常常引人注目。从总的趋势看，这些活动包含的原始宗教色彩逐渐淡漠，日益变得世俗化。只是那代代相沿不改的仪式使人们可以略略窥知其昔日所有的神圣色彩。在这个时期中，民族传统体育的地域性和传承性这两个基本特征日益鲜明。年复一年、代代相传的那些特定身体活动，不仅是民族物质、精神和社会生活的重要组成部分，发挥着维系民族生存和团结的重要作用，而且逐渐内化为一种民族性格的象征。人们在西北民族的摔跤、赛马，东北朝鲜族的秋千、跳板，东南畲族的顶棍、舞龙，西南各族的丢包、划龙舟等活动中，看到的不仅是千姿百态的身体活动，而且可以看到其中表现出的各具特色的民族性格。

民族传统体育所具有的地域性、传承性，使其民族文化特征在一代又一代自我复制中得以保存。少数民族的传统体育是一个巨大的宝库，是一块富矿资源，等待着人类学家的进一步挖掘。各民族由于传统文化的影响，在体育活动方面不能不显示出差异，各自相对独立地发展，表现出较强的民族特性。研究传统体育的民族性可参照如下原则：

1. 共同语言，是人们在长期共同劳动和共同生活中逐步形成的。语言为一个民族的全体成员所了解和使用，具有极大的稳固性，在体育的继承、发展和交流中，发挥着极大的作用，也是人类学研究的重要对象。体育作为全人类的文化财富，需要把体育活动中某民族所使用的语言变为全人类的共同语言，需要一整套在世界范围内被共同理解的体育术语。20 世纪 80 年代，国内进行过较大规模的体育概念的讨论，但迄今未取得一致意见。对“体育”、“运动”、“竞技”等概念理解上的不一致，已造成了不少误会和矛盾，这表明了舶来的名词术语给我们的理论研究和实际工作带来的难题。在相当长的一段时间内，各民族只能用某种语言来标示一些体育术语。比如柔道比赛的裁判免不了要用日语，跆拳道免不了喊出朝鲜话，众多的国际体育组织采用法语、英语、德语等作为工作语言。我们看到，国际体育名词术语委员会等机构不懈进行着统一体育词汇的研究，这正是有利于互相交流的有益尝试。

2. 共同地域，是一个民族长期共同生活并发生内部联系的空间条件。各民族的传统体育活动，就是在共同地域内形成的。中国自古有“南人善舟，北人善马”、“南拳北腿”之说，是对地理环境影响人类身体活动的概括。古代中原以东的部族被称为“夷”，在古金文中“从人从弓”，乃善射部落称，故有其首领羿射九日的神话；而生活在山谷丛林中的西南“戎”，因“弱于弓矢”，故在古金文中表现为持戈盾之形。曾在希腊半岛上盛行的古代奥林匹克竞技和在英伦三岛上兴起的近代户外运动，都表现出地理环境的影响。随着社会的现代化，尤其是交通的发达，传统体育从狭小的地域内放射性地迅速扩大范围，在各民族的密切交往中促进发展。譬如中国的少数民族传统体育活动，千百年业也固定于有限的地域，近年举行了几次全国民族传统运动会，把赛马、摔跤、射弩箭、打秋千、抢花炮等各族传统项目发展为共同的竞技项目，其开展活动的地域大为扩展。还有，日本的柔道已传遍全球，中国的武术等运动，也正在走向世界。

3. 共同的经济生活，是民族特征的前提，也是传统体育各具特色的基本条件。游牧民族善骑，狩猎民族善弓弩；北方民族喜溜冰滑雪，南方民族爱嬉水划船，这些都是在长期的共同劳动生活中形成了千姿百态、丰富多彩的传统体育项目。今天，社会正在完成由小生产走向大生产、由小经济走向大经济、由小科学走向大科学的伟大变革，各民族传统的小体育也正在走向全人类共同的大体育。体育围绕着朝代所需要的共同经济生活发生着巨大变化，逐步走向国际化的道路。

4. 表现于共同文化上的共同心理素质，是一个民族的物质生活条件、历史发展、地理环境的特点在精神面貌上的反映，也可以称为民族性格或共同心理状态。它具体表现于民族的生活习俗（如衣、食、住、行、娱乐、竞技、礼仪、婚葬等）

和宗教活动中。传统文化对于体育的影响，主要表现于某一时代、民族或阶级的人们所共有的东西，一经形成，就会渗透到社会生活的一切方面，变为多数人认为理所当然的传统。中国的民间体育活动划龙舟、踢毽子、舞狮耍龙，西班牙的斗牛，日本的大相扑，泰国的泰拳，沙特阿拉伯的骆驼大赛等，都是能够表现民族性格的传统体育项目，充分反映出传统文化给体育带来的民族性。

民族是一个历史范畴，它发展的必然趋势是要走向消亡的。民族消亡的途径和方式是民族的融合，各民族通过长期和广泛的经济文化交流和共同的劳动生活，各自的传统体育活动中先进的成分为大家所接受，落后的东西被淘汰，通过民族传统文化融合因素的积累，最终将使各民族传统体育活动中有继承和发展价值的为全人类所接受，走向国际化的坦途。

中国有 50 多个少数民族，已发掘出上千个传统项目，其数量之多，乃世界之最。改革开放以来举办的民族传统体育运动会，其规模之大，无愧于世界之冠。然而，长期缺乏系统的卓有成效的理论研究，导致我国绚丽多彩的民族体育未能有序地融入全民健身活动中去，更未奢望推向国际体坛。在广大的农村和边远的少数民族地区，受现代文化和经济大潮的冲击，挽救和发展民族体育成为当务之急。中华民族的伟大复兴，必然带来中华民族体育崛起。

体育与竞技的异同，在中国体育界一直是个纠缠不清的问题，以至于许多学者投身于分析体育概念的长篇累牍中，把从概念到概念的解释当成一门学问来做，终其一生而令人不知所云。这种在其他学科很难出现的状况，是因为对舶来的体育尤其是竞技缺乏实证研究，特别需要体育人类学的帮助。

人类的竞技活动早于体育，是许多体育研究者的一种朦胧感觉。中国的体育人类学研究者通过黔东南独木龙舟进行田野调查的典型案例，不仅印证了人类学的田野工作方法是研究原生态身体游戏最适宜的方法；同时，也对保护文化遗产采集科学数据的有益尝试，完成了对一项古老的身体竞技游戏的全面探索；更具有理论价值的是，对原生态竞技活动远远早于体育意识的产生提供了鲜活的实证案例。

二、竞技的产生远早于体育的实证案例

在中国贵州省黔东南苗族侗族自治州的崇山峻岭中，蜿蜒流淌着一条美

丽的清水江。独木龙舟竞渡，就是这条江上苗族的古老竞技活动。这种类似现代体育运动竞技形式的活动，长期以来被人们视为民族体育。然而，它到底属于什么性质的身体活动、是否具有体育的目的和功效、类似的活动在人类发展的历程中具有怎样的地位和作用，这些都需要研究。在前期已有数年观察经历的基础上，华南师范大学体育科学学院和贵州民族大学体育与健康学院组成联合调查队，于 2009 年 6 月 12～22 日进行了体育人类学的田野调查。

（一）我国体育人类学首次田野实证调查工作

1. 我国体育人类学首次田野实证预调查——黔东南苗族独木龙舟节日竞渡预调查

2008 年为检验我国体育人类学理论与方法在体育人文社会学学科研究中更加适合解析我国民族体育文化的学科优势，筹备完成首次中国体育人类学田野实证调查，杨世如、胡小明在政协台江县文史办主任张云生，施洞镇副书记熊根东陪同下于 2008 年 6 月 11 日至 7 月 1 日筹备和实施开展对苗族独木龙舟节日竞渡活动的预调查。

（1）黔东南苗族独木龙舟节日竞渡活动地理环境预调查

Ⅰ. 苗族独木龙舟竞渡河流

黔东南苗族独木龙舟节日竞渡活动起始于清水江巴往寨上游十里龙潭出口至六合小寨约 27 公里的清水江流域，巴拉河与清水江交汇起始于长滩村至巴拉河村 15 公里长的巴拉河流域。

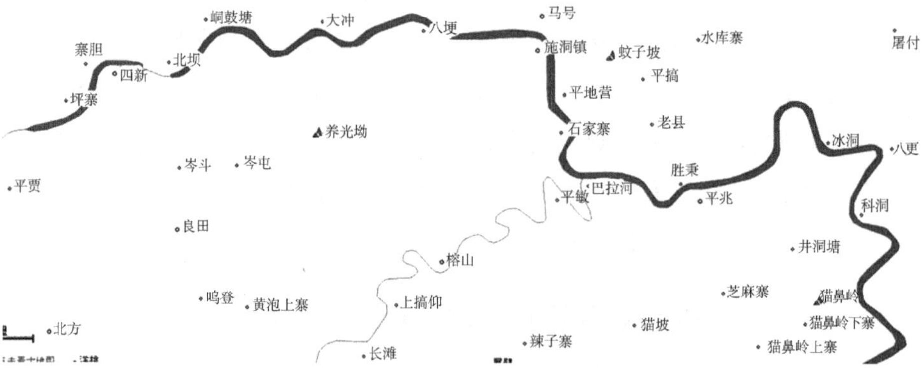

黔东南苗族独木龙舟节日竞渡活动清水江与巴拉河流域图

清水江上赛独木龙舟

巴拉河上赛独木龙舟

Ⅱ. 黔东南苗族独木龙舟节日竞渡行政区划

清水江及其巴拉河竞渡独木龙舟的行政区划分别地属贵州省黔东南苗族侗族自治州台江县和施秉县，下辖于台江县施洞镇、老屯乡以及施秉县双井镇、马号乡。两县居住于清水江以及巴拉河流域“下游苗”（俗称河边苗）38 个自然村寨。

（2）黔东南苗族独木龙舟节日竞渡活动赛事组织预调查

施洞镇全景

Ⅰ. 施洞“地区”苗族独木龙舟协会组织——行政镇级竞赛组织施洞“地区”苗族独木龙舟协会组织是在镇党委、镇行政指导下的民间协会组织。

有包含施洞镇、老屯乡的村级协会成员十余人，也包含来自施秉县马号镇的八梗村、坪地营村等施秉县辖区的成员。

Ⅱ. 行政村级竞赛组织

A. 施秉县坪寨村苗族独木龙舟协会组织

B. 施秉县铜鼓塘村苗族独木龙舟协会组织

C. 台江县老屯村苗族独木龙舟协会组织

在苗族独木龙舟协会行政村级竞赛组织的预调查中发现，村级协会大多以村委会成员组成，同时包含部分青年积极分子。施秉县坪寨村苗族独木龙舟协会组织的活动是节日重大活动的第一天，5 月 24 日的赛龙头。该协会不参与施洞镇龙舟协会活动，加上交通便利程度远没有施洞镇的交通方便，赛事的影响力有局限。

Ⅲ. 自然村寨竞赛组织——寨老、鼓头

在苗族独木龙舟节日竞赛活动中，自然村寨竞赛组织也就是我们称道为参赛队伍的组织，传统龙船队伍组织是有各村各寨德高望重的、子孙满堂、夫妻双全的寨老轮流担当；流变至今，辅以村寨集体组织龙船参赛队伍的形式逐渐兴旺起来，村委会指定今年龙船队伍的龙头，召集全村在外务工的青壮年返乡，以村寨住户为单位集资开展当年的龙舟竞赛活动。

（3）黔东南苗族独木龙舟节日竞渡活动赛事文化人类学预调查

苗族独木龙舟竞渡起点与传说中的“十里长塘”

清水江十里长塘出口	传说中的清水江十里长塘龙洞	清水江十里长塘出口	清水江十里长塘

苗族独木龙舟节日竞渡活动赛事文化人类学预调查涉及独木龙舟竞赛起源、节日活动禁忌、独木龙舟竞赛宗教仪式以及伴随节日活动的民俗，如斗鸡、斗鸟、踩鼓舞比赛、赛马以及赛事结束时各村寨举行“吃龙肉”聚会等。

（4）黔东南苗族独木龙舟节日竞渡活动赛事体质人类学预调查

苗族独木龙舟节日竞渡参赛人员体质测量与评价的预调查，我们在测试工作中寻找尽可能多的样本，但测试工作并不顺利，参加独木龙舟竞渡村寨的青壮年不少系外出打工返乡参赛，受当地文化习俗、戒备心理和各种情绪的影响，许多竞舟选手拒绝测试，通过台江县政协文史办主任张云生、施洞镇独木龙舟协会主席刘诗龙和台江县中学学生潘成成等大量解释工作并亲自参与测试，同时简化测试方法并尽量减少测试指标，仅选择身高、体重、胸围、腰围、臀围、臂围等苗族同胞能接受的形态指标，克服语言、交通、民族习俗、被测试苗族同胞的心理障碍，于2008年6月23日至28日，使用体重秤、身高米尺和腰臂围软尺等简便工具，完成了参加苗族独木龙舟竞渡人员的身体形态测试工作。

2. 华南师范大学、贵州民族学院两校首次体育人类学联合实证调查研究

2009年华南师范大学、贵州民族学院两校首次体育人类学联合实证调查人员及分组调查信息表

姓名	性别	单位	所在考察小组	备注
胡小明		华南师范大学体育科学学院	统筹	土家
夏五四		贵州民族学院	测量组负责人	院长
程志理		体育与科学编辑部	视察	
李晴慧	女	体育科学编辑部	视察	
谭广鑫		体育学刊编辑部	访谈、测量与记录	
邓星华		华南师范大学体育科学学院	民族性访谈及测量	

续表

姓名	性别	单位	所在考察小组	备注
王广进		华南师范大学体育科学学院	田野工作法运作	
于永慧	女	华南师范大学体育科学学院	测量及数据督察	
向有明		华南师范大学体育科学学院博士生	访谈与各动作记录	
王　锐		华南师范大学体育科学学院博士生	测量与记录	
赵　霞	女	华南师范大学体育科学学院博士生	测量与记录	
李　凌	女	华南师范大学体育科学学院博士生	生态与运动记录	
倪依克		广州体育学院	竞技特征比较及访谈	
黄永森		香港体适能总会	体能测量指导	粤语
杨世如		贵州民族学院	访谈组负责人	苗族
陈　强		贵州民族学院	访谈、测量与记录	
崔　周		贵州民族学院	访谈、测量与记录	
王建中		贵州民族学院	苗语口碑材料	苗族
韦　佳	女	贵州民族学院	起源与巫术调查	

（1）《2009年黔东南苗族独木龙舟田野工作》函件

校函字〔2009〕　号　　　　签发：

贵州民族学院
关于商请合作开展民族体育传统文化科研工作的函

华南师范大学：

我省将于2011年承办全国第九届少数民族传统体育运动会，这是一个推进民族体育事业发展和弘扬、展示民族传统文化的盛会。社会各界不仅关注体育健儿在各项运动上的表现，对各项竞赛的所蕴含的民族文化也极为重视。我省作为民族大省，有着丰富的民族体育资源需要发掘，其中，苗族的独木龙舟活动作为在相对封闭的黔东南地区完整承袭下来的非物质文化遗产，历来被视为最具特色的民族传统体育项目之一，对其研究迫在眉睫。近年来，国内外媒体对苗族独木龙舟竞赛进行了大量的报道，但是仅限于直观描述，就其起源、性质、参与角色、赛事礼仪及社会文化影响等规范性的学术研究极少。在2010年第七届贵州省少数民族传统体育运动会和2011年全国民运会即将在我省举行之际，对苗族传统独木龙舟竞赛这一独特的贵州民族民间文化资源进行调查、整理和深入研究，对该文化进一步保护、继承和开发，意义重大。

贵校是国家“211工程”重点建设大学，学术声誉斐然。特别作为全国“九五”、“十五”规划期间唯一进入“211工程”重点建设的体育学科，长期以来领军国内体育人文社会学科，学术力量雄厚，各项研究成果丰硕。而我校是全国创建最早的综合性民族院校之一，是贵州省重点建设高校，是贵州省人民政府与国家民委共建高校。作为贵州省民族学术的研究中心和贵州少数民族传统体育项目训练基地、贵州世居民族民间文化传承基地，我校在民族传统文化的研究、传承和开发上肩负重任，组织开展对苗族独木龙舟竞赛的研究，有着义不容辞的责任。

鉴于苗族独木龙舟具有学术研究之重要价值，而西部地区院校专业人员、经费及仪器设备的不足，我校特来函商请贵校胡小明教授等体育人类学专家与我校科研人员联合组成学术团队，开展对贵州独有的非物质文化遗产——苗族独木龙舟进行调查研究，以期进一步发展民族体育，支援西部开发，繁荣民族文化。

可否，请函复！

二〇〇九年五月二十一日

附件：1.贵州民族学院 华南师范大学 合作开展民族体育传统文化科研协议
2.贵州民族学院 华南师范大学合作开展民族体育传统文化科研方案

（联 系 人：夏五四　贵州民族学院体育与健康学院院长
联系电话：13984092666　传真：3612501）

主题词：科研工作　合作　函

贵州民族学院办公室　　　　2009年5月21日打印

共印5份

（2）两校联合调查：2009 年黔东南苗族独木龙舟田野调查研究协议与方案

附件 1：

贵州民族学院　　华南师范大学
合作开展民族体育传统文化科研协议
（建议稿）

甲 方：贵州民族学院　　　　　乙 方：华南师范大学

一、合作目的及意义

华南师范大学体育科学学院是全国首批进入“211 工程”重点学科建设的单位，有博士点一级学科授予权和博士后流动站，也是国家重点学科、重点基地和国内体育人文社会学的领军单位。此次联合调查是华南师范大学体科学院本着支援西部开发的宗旨，帮助和扶持西部民族院校进行联合调查和科学研究，目的是为了提升民族院校的自主科研能力。体健学院是贵州省少数民族传统体育教学训练基地，由于条件限制对贵州省少数民族传统体育项目的研究至今缺乏重要成果。为了提升体健学院的自主科研能力，确立系统研究的理论和方法。为确立我校在少数民族传统体育研究领域的重要战略地位，确立体健学院在贵州各高校民族传统体育研究的龙头地位。此次对苗族独木龙舟的调查研究只是对贵州众多民族传统体育竞技活动项目进行全面调查突破性研究工作之一，有华南师范大学专家教授和经过人类学田野工作方法规范训练的 10 名专业人士的实地田野调查方法指导，我院后期体育人类学研究的可持续发展空间之拓展，使我院的科研工作能力迈上一个新的台阶，对体健学院硕士点的申报、重点学科的建设以及整体科研工作起到极大的推动作用。联合调查的目的就是借助华南师范大学体育科学学院的人文社会科学学科优势和贵州世居少数民族民间传统文化、民间传统体育项目优势。联合调查是完成理论与实践相结合的科学实践活动。

二、本次联合调查合作内容包括对苗族独木龙舟的起源、竞赛性质、参与角色、宗教礼仪，对族群身心影响效果等内容进行科学调查。

三、合作方式

合作时间：联合调查组田野调查活动时间为：2009 年 6 月 12—21 日（农历 5 月 20 日—29 日）。为期十天。地点：贵州省黔东南台江、施秉交界清水江与巴拉河流域 37 个苗族村寨

人员构成：华南师范大学体科院一位领导牢队，将带领 10 位中青年教师；我校由体健学院院长夏五四、王建中（教授）、杨世如、陈强、崔周（副教授）、韦佳（硕士）等六人组成

经费来源及使用：

华南师范大学经费来源

贵州民院经费来源：由贵州民族学院体健学院向校科研处申请调查科研项目经费。

本次联合调查经费使用将全部用于联合调查过程中的交通、食宿、小型会议交流、民俗考察以及联合调查文印耗材等。

成果享用方式：

预期成果将在体育学界最高规格的《体育科学》、《体育学刊》上发表相关论文，以及首次出版详尽而科学的调查报告。

联合调查预期成果：

1、苗族独木龙舟文化人类学

2、苗族独木龙舟原始竞技的界定

3、苗族独木龙舟体质人类学分析

4、苗族独木龙舟调查报告

四、附则

（请补充）

鉴于我院曾派遣访问学者到贵校进修，也请贵校专家前来讲学，获益匪浅；经多次认真考虑和磋商，拟请我国体育人类学的学科创立者、华南师范大学博士生导师胡小明教授带队指导，联合调查于 2009 年 6月中旬对黔东南苗族独木龙舟进行系统全面的田野调查，范围广及台江、施秉两县清水江 40 公里流域的 37 个村寨。在进入苗族村寨田野调查十分艰苦的条件下，10 名专业人员预计工作 10 天以上。

由于此次科研工作的专业性强，涉及面大，我院缺乏基本条件，迫切需要贵校派出经过人类学田野工作方法规范训练的专业人员参与。

甲 方：华南师范大学（签章）　　乙 方：华南师范大学（签章）

代 表（签字）：　　　　　　　　代 表（签字）：

年　月　日　　　　　　　　　　年　月　日

附件 2：

贵州民族学院　　华南师范大学
合作开展民族体育传统文化科研方案
（建议稿）

一、科研项目具体名称

——贵州苗族独木龙舟调查报告

科研项目合作单位：华南师范大学体育科学学院；贵州民族学院体育与健康学院

二、科研人员构成

华南师范大学体科院人员构成：一位领导牢队，将带领 10 位中青年教师。

贵州民族学院体健学院人员构成：夏五四（院长）、王建中（教授）、杨世如、陈强、崔周（副教授）、韦佳（硕士）等六人组成

三、科研经费来源及使用

经费来源及使用：

华南师范大学经费来源：

贵州民院经费来源：由贵州民族学院体健学院向校科研处申请调查科研项目经费。

本次联合调查经费使用将全部用于联合调查过程中的交通、食宿、小型会议交流、民俗考察以及联合调查文印耗材等。

四、联合调查活计划

（一）、苗族独木龙舟竞赛及准备时间：

苗族独木龙舟竞赛活动时间：2009年6月14—19日（农历5月22—27日）。

联合调查组田野调查活动时间为：2009年6月12—21日（农历5月20日—29日）。合计十天。

（二）、联合调查组调查活动时间安排：

1、6月12日（农历5月20日）联合调查组成员报到，地点：贵州民族学院，晚上邀请校领导、科研处、省民委、省体育局等领导进行座谈。

2、6月13日（农历5月21日）联合调查组成员上午乘车前往调查地点：台江县，与台江县有关部门取得联系。下午联合调查组成员进入“施洞地区”联系施洞镇主管部门领导及“施洞地区”龙舟协会主席、副主席、“鼓头”等进行座谈。

3、6月14日（农历5月22日）联合调查组成员分三组，分别进入清水江流域的“施洞地区”、“施秉地区”以及巴拉河流域“老屯地区”的苗族村寨进行田野调查和人物访谈。

4、6月15日（农历5月23日）联合调查组成员分三组，分别进入清水江流域的“施洞地区”、“施秉地区”以及巴拉河流域“老屯地区”的苗族村寨进行田野调查和人物访谈。

5、6月16日（农历5月24日）联合调查组成员分组调查苗族独木龙舟下水仪式以及施秉县“平寨码头”的龙舟竞渡。

6、6月17日（农历5月25日）联合调查组成员集中调查“施洞地区苗族独木龙舟竞赛”，考察和观看苗族龙舟节的独木龙舟竞赛活动。

7、6月18日（农历5月26日）联合调查组成员分组进入分龙竞赛码头，调查“分龙竞赛”、“苗族踩木鼓舞”等活动。

8、6月19日（农历5月27日）“施洞地区”龙舟竞渡“赛龙尾”活动调查。

9、6月20日（农历5月28日）联合调查组成员分组进入不同苗族村寨调查“苗族独木龙舟归棚仪式”、“吃龙肉”活动。

10、6月21日（农历5月29日）联合调查组成员乘车返回贵阳

11、6月22日（农历5月30日）联合调查组成员组织考察贵州山川名胜，联合调查组成员离开贵阳。

五、其他

（请补充）

（一）联合调查收集资料整理：

1·问卷资料有效问卷统计以及数据结果统计

2·录音资料整理

3÷图片整理汇集整理

4÷小型会议记录影像整理整理

（二）联合调查收集资料整理汇编结束时间

联合调查收集资料整理汇编工作于2009年7月30日完成。

（3）两校体育人类学联合调查准备

表1：2009年黔东南苗族独木龙舟田野工作调查准备问题格（Questionary）

为研究其体育性质及竞技起源，需要调查下列情况：

地理环境	龙舟棚的数量和位置	竞赛活动相关统计	宗教巫术
龙舟赛段的河流海拔及落差	各龙舟棚与河水的高差	每条龙舟的长度与总人数	制作地及仪式
参与龙舟赛的村寨数量及各自海拔	各龙舟棚与河水的距离（约）	每条龙舟的收获禽畜	抬出龙舟棚的下水仪式
岸边各山丘海拔	龙舟棚与村寨的距离（约）	每天各赛场观众数量（约）	赛前仪式
各有关地点的温度湿度	每条龙舟在村寨的归属户数	观众的总人数（约）	赛后仪式（包括吃龙肉）
周边树木直径及植物种类	参与龙舟赛的各村寨总人数		

（以上需制作分类测量表格）

有关来源的神话传说	选手的参赛动机及时间	舞蹈含义及动作	武艺及其他身体运动
1. 你听说的老人们叙述的为什么要龙舟赛的故事	1. 你为什么参加龙舟赛	龙舟赛期间的踩鼓与姊妹节含义有何不同	为什么练武（舞吉保）
2. 巫师在河边作法是表达什么意思	2. 何时开始参与？每年所花费的时间	与反排木鼓的动作有何不同	为什么很难见到传授套路？你见过什么场合下表现武艺
3. 为何龙舟上需要一男扮女装少年	3. 平时为何不练习		你对习武者的看法
4. 为何要“吃龙肉”	4. 划完龙舟后最重要的感觉（收获）		

（以上需制作标示姓名地址日期的问卷）

表 2：两校联合调查：2009 年黔东南苗族独木龙舟田野工作准备调查表

苗族独木龙舟参与者深度访谈表				苗族独木龙舟统计监测表		
乡镇负责人、龙舟协会会长调查表	“鼓头、锣手、桡手、槁手、舵手、炮手”调查表	“寨老、鼓头、锣手、宗教巫师”调查表	苗族独木龙舟竞技文化调查表	国民体质监测；成年人各项体质指标监测表	苗族村（寨）独木龙舟数量与分布统计表	“器物”调查表

（以上需制作标示姓名、地址、日期的问卷）

注意事项：

1. 阅读人类学书籍，重点学习田野工作方法，互相主动交流。

2. 参与性观察方法需要获得客观准确的信息，调查活动尽量避免主观介入。

3. 每天晚上必须将当天的工作记录完毕，并准备好次日所需物品。

4. 外地队员所有活动必须两人以上同行，特别警惕山崖和河边的安全。

5. 尊重当地少数民族的风俗习惯，适应艰苦生活状态，注意饮食卫生。

（4）两校联合调查：2009 年黔东南苗族独木龙舟田野工作交通与安全准备

交通工具的选择集中在航空、火车、船舶、公路公交与自备交通工具等。伴随公路交通的发达，选择自备（私家车）交通工具已经成为我们中转和实地调查的有效手段。因此，调查集结前，交通工具的日常检修与承载人员数量与器材大小体积等准备工作是完成体育人类学田野调查工作不可忽视的重要环节之一。

（5）两校联合调查：2009 年黔东南苗族独木龙舟调查方法与器械使用培训田野准备工作

许多学科开展田野调查工作之前提，首先必须开展相关活动性质以及内容与发展状况的基础资料收集整理，即相关文献资料的整理。其次，在实证调查准备工作中，学科理论与实证调查中需要解决什么问题，开展相关调查中的理论出发点，以便发现问题，分析实证调查中记录下来的影视图片、录音、文字、器物等提供靶向性。为田野调查笔记整理的目的和意义找到理论支撑。

在人类学学科下的体质人类学（Physical Anthropology），又称为生物人类学。体质人类学可分为古人类学（Paleoanthropology）和今人类学（Neoanthropology）两大分支。体育人类学强调学科下开展体质人类

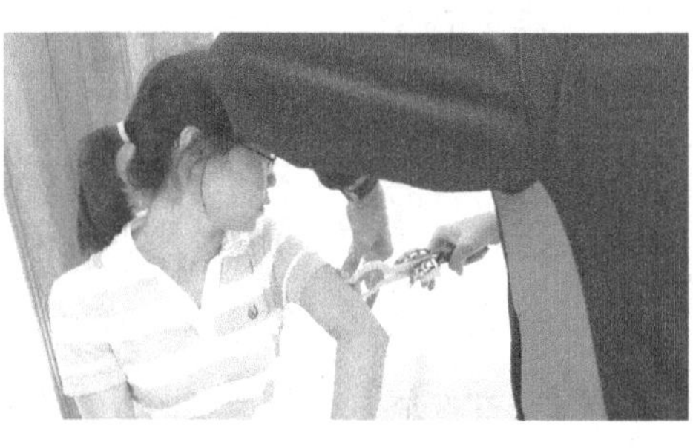

学的调查研究，主要运用和开展对当今人体形态学（含解剖、生理、生化、人体测量学等）指标和数据的收集，无论是古人类学和今人类学理论中涉及的体质研究，数据的采集多采用专业测量器械获取，所以在体育人类学人体测量与评价实证调查工作中体质测量器械的培训准备工作不可忽视。

（6）两校联合调查：2009 年黔东南苗族独木龙舟竞赛文化田野工作实证

独木龙舟原始古朴，有许多非同一般之处。首先是龙舟的制造外形特殊。苗族独木龙舟只用 3 根巨大杉木抠槽掏空制成，准确说最原始的应该是用 3 根独木捆绑而成。中间的一根称为母舟，长达 20 余米，两边的两根叫子舟，长度在 15 米左右，平时分开搁置，竞渡前众人抬下水后，用麻绳或竹篾将两只子舟捆绑在母舟两旁。

龙头用柳树精心雕琢而成，五彩斑斓，有一对弯弯的大水牛角，典型的稻耕文化的产物，左右角上分别写“国泰民安”和“风调雨顺”等祝词。独木龙舟的奇特还在于，有漂亮的龙头，但没有龙尾。

划龙舟的方法，也相当特殊。黔东南苗族独木龙舟参赛者站着俯身划。独木龙舟的舟身最宽处不足 1.5 米，长度 25 米左右，能承载 40 余人。每年农历五月 23~27 日，清水江的苗族穿戴着鲜艳亮丽的民族服装站在两边的子舟上划，并敲锣、打鼓、鸣炮，以壮声威。在参赛途中，过激流险滩时需要用铁皮包头的长桡片戳底前行，像用蒿撑船般奋进。最终，以各村寨宗族相聚“吃龙肉”而告结束。

独木龙舟竞渡起源的传说也与众不同。中国绝大部分汉族地方的龙舟竞渡是纪念伟大的爱国诗人屈原；也有说是纪念越王勾践操练水师或纪念伍子

胥与曹娥；云南和福建的龙舟竞渡是纪念当地的英雄；傣族是为了纪念本族的古代英雄。苗族的独木龙舟赛，却来源于一段远古的惊悚传说，相传清水江有个老渔夫的独生子被恶龙咬死，老渔夫杀死了恶龙，各村寨的苗民还割开龙肉吃得津津有味。随后天地昏暗，恶龙向苗民报梦，要求村民以划龙舟方式祭祀它，相传至今。这显示出与众不同的不畏强暴、不惧鬼神、与自然顽强抗争的人文精神。

独木龙舟保存了相当浓郁而完整的传统仪式。从制作龙舟，到龙舟下水、出发比赛前及赛后“吃龙肉”，都有一系列祭祀性巫术活动；停放龙舟的龙舟棚旁边，常见到小土地庙；颇为独特的还有划着龙舟到各村寨通知亲戚们送来鸭鹅猪牛的“接龙”仪式：比赛前一艘艘的龙舟在鞭炮声中划到沿途码头，接受本艘龙舟所代表的姓氏或村寨联姻的亲家来人的送礼和敬酒。此时，健儿们会表演“花式划船”，并对岸上围观的群众向上撩拨的挑水花，霎时珠帘翻卷，休闲娱乐味道十足。

针对像独木龙舟这样的活动范围极其有限的珍稀民俗游戏，本次体育人类学的田野调查重点集中到围绕这项活动的体质状况测量、环境器物记录、历史文化的深度访谈三部分，涵盖与体育运动有关的所有信息。

（7）体质状况测量

研究人类的身体状况，是文化进步的需要；对体育人类学而言，研究人类的身体形态和机能，最终是为促进人类文明的可持续发展。换言之，体质测量是为了说明人类文化的生物性载体。同样，环境、器物的调查也是为把握这些文化的物质基础。

由于水边苗寨劳作的成年男子几乎都可以划龙舟，所以对这一很小人群的体质调查，可以科学直观地反映出独木龙舟活动对他们身体的影响。本次实证研究针对独木龙舟参赛者所选择的测量指标是在国民体质监测指标的基础上加以精简，包括身高、体重、胸围、腰围、臀围、上臂部皮褶厚度、肩胛部皮褶厚度、腹部皮褶厚度、安静脉搏、收缩压、舒张压、安静肺活量、右手握力等，主要目的是评估该项活动的体育效果。

调查队住在贵州省台江县管辖的连接清水江上下游的重要渡口和驿站——古镇施洞，测试对象是居在江边的苗族人群。首先，对2008年已测的划船选手进行复测。2009年调查队在形态指标的基础上，增加了生理（心率、血压、肺活量）和机能（左右手握力）等指标，共测试苗族男性竞赛选手227人，有效测试为196人，接近2009年参加龙舟竞赛选手总人数的2/3，收集样本有效数据1600余个，样本采集科学合理有效。结果表明：通过两年采集的苗族独木龙舟选手体质数据加以比较，竞赛独木龙舟选手体质

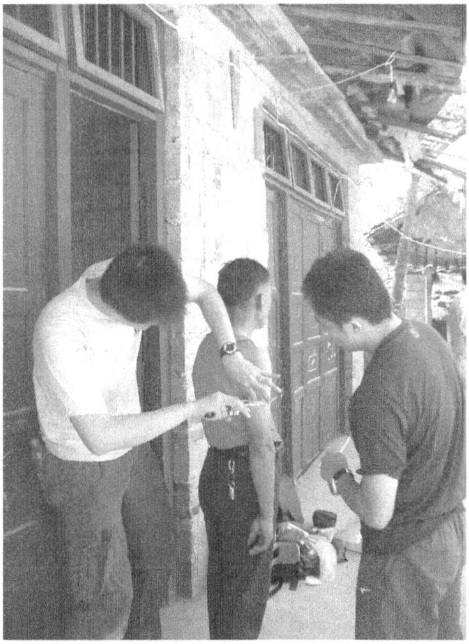

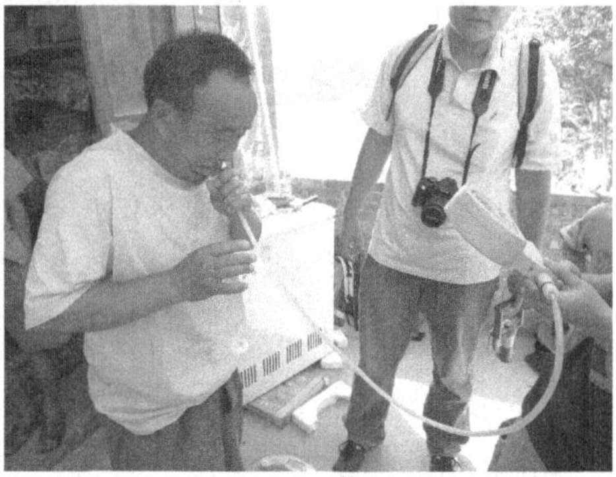

指标没有显著性差异；无论与周边不划龙舟的苗族相比，还是与周边其他民族相比，独木龙舟文化圈的人群并未显示出因一年一次的划船活动而产生明显影响的体育效果①。

（二）环境器物记录和参与观察

借鉴文化人类学传播学派的圈层理论，本研究首先通过实地勘查确定独木龙舟竞渡活动的范围即清水江、巴拉河“独木龙舟文化圈”，在此范围内全面测量和记录有关龙舟活动的地理地貌、植被和农作物、龙舟棚及与江边的距离、龙舟及附属器械的详尽尺寸数据等。对于气温水温及江水流速等指标，在在龙舟下水的竞渡活动期间测量，避免犯“刻舟求剑”的错误。调查队抵达“独木龙舟文化圈”后，先后测量了沿江所有的独木龙舟及龙舟棚，并全程观察龙舟下水组装过程，通过村主任请到了主持独木龙舟祭祀仪式的巫师进行专题调查，重点观察独木龙舟下水请龙神祭祀及开划仪式。调查队租船沿清水江实地考察传说中恶龙所居之地“十里龙潭”，顺水路观察并测量参加独木龙舟竞渡且陆路交通不便的各村寨环境的数据。

黔东南耕地面积较小，人均占有耕地低于全国平均水平，但土层肥厚，保水条件好，宜于树木生长，有“杉乡”、“林海”之称，是全国重点林区之一。清乾隆十四年(1749年)《黔南识略》记载：“郡内自清江以下至茅平二百里，两岸翼云承日，无隙土，无漏荫，栋梁木角之材，靡不具备。”自古以来，苗族造独木龙舟一般用杉木，选定某座山

① 杨世如、胡小明：《苗族独木龙舟竞渡的体质人类学分析》，《体育科学》，2009年第7期，第78—83页。

上某一棵树作为造龙舟木料，砍树、运输、制作的过程中有许多复杂的原始宗教仪式。独木龙舟活动的形成，基础在独特的地理环境尤其出产巨大树木的自然条件，现今周边大树砍伐殆尽的情况下，这种活动还能持续多久，如何发展变化，值得跟进研究。

经本次联合调查组测试确定，独木龙舟竞渡范围，仅限于清水江中下游段从平寨到六合小寨 31.88 千米河道以及巴拉河段长滩至巴拉河 13.35 千米河段。中心施洞镇，位于贵州台江县北部，隔江与施秉县马号乡相望，地势起伏较大，海拔在 480~710 米。根据实地测量，与各村寨紧邻的龙舟棚大多建在海拔 570~610 米，距河边直线距离为 15~50 米，高差 8~20 米。清水江流速为 3.18 米/秒，一般宽 130~160 米、水深 3~5 米，河段中有不少激流险滩和深潭。经调查组实地测试，2009 年 6 月 13~22 日独木龙舟竞渡期间，白天的最高气温接近 36℃，平均 30℃，水温为平均 23℃，很适宜进行户外水上运动。调查队观察到，清水河畔划龙舟的苗族村寨，一般一寨一只龙舟，两百户以上的村寨有 2~3 只。目前黔东南地区清水江及其支流巴拉河流域的 38 个苗族“下游苗”支系村寨共有独木龙舟 41 条（不包括已损坏或流失的 4 条）。放龙舟的房子形似长廊，称“龙舟棚”，一般附近有座土地庙。

两校联合调查：2009 年黔东南苗族独木龙舟竞赛赛事调查

调查队全体成员全程观看 2009 年独木龙舟节的盛况，集中体验农历五月 24 日平寨码头“赛龙头”、农历五月 25 日塘龙码头“赛龙身”、农历五月 26 日铜鼓码头“分龙赛”、农历五月 27 日施洞码头“赛龙尾”等竞赛活动。

1. 农历五月 24 日赛龙头——平寨码头

2. 农历五月 25 日赛龙身——塘龙码头

3. 农历五月 26 日分龙竞渡。地点：铜鼓塘村、老屯乡、六合村等

（1）老屯乡——分龙竞渡

（2）铜鼓塘村——分龙竞渡

4. 农历五月 27 日赛龙尾——施洞镇码头

两校联合调查：2009 年黔东南苗族独木龙舟节日民俗——接龙

传统的“接龙”仪式，是节日重要内容：一般先鸣放 3 声土炮，等候已久的亲属抬着礼品（主要为鹅鸭，偶有猪牛等大礼物），放一串鞭炮以示祝贺，然后逐一敬酒，亲朋好友所赠礼物挂在龙颈上，挂得越多，则表示“鼓头”亲戚富足，有脸面。站在龙舟颈上的撑篙人，是声望较高、口碑较好、亲友较广的人，他站在龙舟前跟鼓头在一起，很容易让沿岸寨子识别这条龙舟是哪一寨的，如有人要赠送礼物，就拿了鹅鸭之类提前来到河边，鸣放鞭炮示意龙舟靠岸。附近村寨村民携妻带子或老幼相伴，着节日盛装参与一年一度的龙舟节。

两校联合调查：2009 年黔东南苗族独木龙舟竞赛及其他

正式比赛共 8 舟参与，每次 2 艘独木龙舟竞渡，比赛河道长约 200 米，规则是谁先到终点谁赢。裁判一声令下，众健儿协调一致奋力前划，并发出雄壮的呐喊，鼓手擂鼓以激励士气，男扮女装的少年负责打锣配合，炮手不时发炮以振声势。一轮轮比试期间，发生了一些争执。令人惊奇的是，争执双方在指挥台闹得不可开交之际，只有各龙舟所属姓氏的村民关注，而其他人敬而远之似乎完全沉浸在节日和谐的氛围之中。庆典活动除了小学操场里村际篮球比赛，岸边河滩上还有踩鼓舞的表演。调查队还观察到斗鸟、斗鸡、吹芦笙、对歌等民间娱乐活动。

两校联合调查：2009 年黔东南苗族独木龙舟节日民俗——“吃龙肉”

到了龙船节结束时，各村寨都大摆酒席，展现“吃龙肉”的奇特习俗。调查队一行进入赛场守候很久，但并没有看到运动竞技性质的正式比赛，龙舟多是两两捉对竞渡，自娱自乐，岸上的观众似乎也并不关心谁输谁赢。

在这次独木龙舟比赛中，现代体育竞赛规则的影响耐人寻味。2008 年当地龙舟协会曾经请外来的体育教师制定苗族独木龙舟比赛规则，结果引起广泛的负面影响；2009 年恢复为传统方式，又寻回了皆大欢喜的和谐气氛。尽管当地不时传出有独木龙舟到贵州其他地区甚至到外省进行表演的新闻，甚至有些地方官员谈论如何使苗族独木龙舟比赛的常态化，试图开发常年旅游以造福一方，但并不能代表大众的意愿。值得注意的倒是经济的诱惑：有的村寨开始以龙舟下水为筹码，向可以接触到的相关方面（包括调查队）筹集经费；村民在提及自个寨子的独木龙舟出外地比赛表演时一脸的骄傲，甚至有村民托调查队寻求到外地进行比赛表演的机会，渴求的高额物质回报。村民们向往获利，而不是正式的运动竞赛，也与公平、公正、公开的规则无关。整个独木龙舟节，调查队并未感受到多少现代体育意识，倒是在休息娱乐的氛围中体验到不少原始竞技游戏的独特魅力。

（三）深度访谈

人类学田野工作的周期长，其中重要原因之一是人类学家需要学习当地的语言。而在体育人类学面临的专题式研究中，在本土即使面对最为原生态的活动，也可以找到用普通话交流的中青年，还可以找乡村干部或学校老师帮忙。在本研究涉及的访谈人群中的寨老、鼓头、锣手、巫师、划手、槁手、火铳手等。

寨老、鼓头

锣手

巫师

划手、槁手

火铳手

鉴于当地苗族中青年基本上都通汉话，只是多数普通话欠标准，因此调查组成员选择大部分能听懂西南方言的研究者参加；针对苗族巫师念咒时必

然要使用的苗语，调查组特意聘请了土生土长的苗族教授参与翻译，完全消除了语言交流障碍。

本次田野调查的访谈组驻扎农家，访问了乡长、各村村主任和支书，再对鼓头、鬼师、寨老、村主任、村支书、竞赛组织成员、龙舟选手等进行深度访谈，填写访谈表多份，收集到深度访谈表及现场影音材料。对独木龙舟参与者的深度访谈，涉及的是通过体质测量和直接观测记录所难以得到的历史文化内容，有起源及传说、仪式和禁忌、活动组织管理等内容。

清水江苗族独木龙舟节竞赛起源，民间有各种传说。经文字资料收集，归纳整理和实地访谈多数苗民认同。这些传说体现了杀恶龙食其肉习俗和与恶龙抗争的民族精神，并根据各村分得龙肉部位的颜色，打造成象征性的不同颜色的龙舟，并且依各寨拣得与吃龙肉的部位及时间顺序决定划船日程安排和先后次序。

独木龙舟文化中，很重要的部分是仪式和禁忌。砍树制龙舟的时间、祭品、选树、祭礼，砍树、树倒、运送、接龙船木，择日制造、如何请神、请什么样的木匠和雕刻师傅，请龙仪式和开划仪式，乃至鼓头家请何人煮饭与烹肉、食物的存放、如何在龙舟吃饭、何人可以接近和触碰龙舟等环节都有严格的禁忌，其过程包含大量的巫术。在这诸多的龙舟仪式和禁忌中，苗族巫师是要关注的重点和核心人物。调查队在不同村寨数次观察和访谈了龙舟下水时的“起龙”仪式。观察经过巫师占卜后推算现场做请龙、接龙的仪式，持续到龙舟停靠的河畔边，搜集了宝贵的录音和影像资料。

独木龙舟竞渡是苗族男人的节日，妇女不能触摸龙舟、家里有妇女坐月子者不能划龙舟等禁忌，显然也和原始宗教观念有联系。独木龙舟的活动组织管理，属于苗族特殊的传统社会结构的组成部分。苗族认为木鼓为祖先亡灵所居，是血缘家族的纽带与象征。鼓社是以木鼓为核心的祭祀组织。每只龙舟上都有一个主持人，俗称为“鼓头”。全船都要听从鼓头指挥，按鼓声节奏挥桨划船。所以，划龙舟首先要从寨中大姓的头面人物中产生“鼓头”，然后由鼓头物色船头撑篙、掌艄和锣手、炮手及众多划手。每年划龙节结束，“鼓头”要杀猪请寨上的人吃酒，大家共商推荐来年的“鼓头”，他在竞渡活动中地位最高，禁忌最多，开支最大，既被选中，就不能推辞。

调查队在多次访谈和观察中确认，参与每年一度独木龙舟赛事的男性村民，完全没有进行任何有组织的训练。原则上每条参赛的龙舟需要进行下水仪式，每一位成年男性都可以划龙舟。一群人每年只有几天的时间参与一项竞技游戏，没有训练，没有身体练习，没有体育效果，缺乏现代体育活动的各种必要环节，因此与其称其为“民族体育”，不如视为一项原生态祭祀竞技活动。

考察中得知，苗族独木龙舟节庆典已被商业化的价值观所干扰。最明显不过的是比赛及表演往往受金钱奖赏及报酬的因素所主导。例如，参赛者因为奖金的争执而互不相让地投诉，并尝试推翻比赛结果；妇女们因表演酬劳而四处奔波参与踩鼓舞表演。在原生态竞技活动中盲目地引入金钱刺激、科技改造及异文化影响，很容易侵害苗族传统的淳朴习俗及民族特色。对于它的保育、承传、延续及发展模式，如何善用现代文明的影响，重视生态环境的和谐，为传统竞技游戏的发展带来有益的新方向及视野，是很值得研究的课题。

第二节　乡野体育的体育人类学解析之一

——黔东南独木龙舟节日竞渡文化的体育人类学解析

黔东南独木龙舟的田野调查，不仅展示体育人类学的实证研究范例，显现研究各原始运动形态获取第一手真实资料的有效途径，还要运用文化人类学进行具体深入的解释和分析，通过理论建设为保护文化遗产和倡导体育生态化提供更完善的思路。如何运用文化人类学对第一手材料进行具体深入的解释和分析，乃理论生成的重要步骤。研究发现，黔东南苗族独木龙舟至今仍不具有体育性质，应视为一种体现独有民族性格的巫术礼仪性的游戏竞技遗存，是竞技到体育的萌芽进程中的“活化石”。

一、独木龙舟的非体育性质

本调查队的部分成员在2008年首次对参加竞赛的选手进行了体质形态的

调查测试，对比了苗族独木龙舟竞赛选手的体质形态与贵州世居各民族以及国民体质的平均值，再加上竞技小独木龙舟运动员的体质形态，对其基本特征进行分析，结合体育人类学的理论与方法，为揭示原生态身体游戏的竞技内涵提供了科学依据。

体质人类学的调查表明，苗族属蒙古种族南亚人种，体质形态为矮小和瘦弱型，身体形态的最大值和平均值指数明显低于当地世居土家、布依、侗族。苗族中学生的身体形态发育明显晚于全国城乡平均水平。一年一度的龙舟竞赛历来并无日常训练的传统，仅仅几天时间划龙舟的剧烈身体运动，对苗族的体质状况并无显著影响。从测试结果看，独木龙舟竞赛桡手几乎所有的成年男子均可参与，年龄结构很宽泛（15~74 岁），与非龙舟竞技选手相比，身体条件没有显著优势。不过，独木龙舟选手身体形态指标高于世居（如台江、王卡等地）苗族，说明独木龙舟选手是经过有限范围筛选的体格相对健壮的选手。经过苗族独木龙舟竞赛选手的体质形态与国际小独木龙舟选手的体质形态要求相比，独木龙舟选手的选拔不符合竞技运动的体质特征要求。说明了它注重竞赛人员的广泛参与性，而非现代体育的竞速比赛。①

调查队通过 2009 年独木龙舟选手的体质追踪复测，再次用数据说明黔东南独木龙舟竞渡既非体育过程亦无体育效果，表明无体育意识带来的非体育目的、任何的身体活动，仅仅是一项貌似体育竞赛的民俗竞技游戏。这项保留着浓郁民族文化特色的民俗竞技游戏，用浓郁的巫术礼仪维系着本支系聚居群体的文化认同和精神交往，是各村寨和睦相处的休闲娱乐载体和民族整体性格的延续，“接龙”、“吃龙肉”等精神层面的内容远比身体活动效果更有价值。因此，2008 年将其列为国家非物质文化遗产，而不是使其进入现代体育活动的圈层开展高水平竞赛、推广到学校体育教学、普及全民健身领域，这是一个明智的选择。

苗族的独木龙舟节是男人的节日，显示的是男人的力量，维系着原始的生殖崇拜和性选择功能。过去女人不能坐龙船、不能摸龙船，甚至家里有怀

---

① 杨世如、胡小明：《苗族独木龙舟竞渡的体质人类学分析》，《体育科学》，2009 年第 7 期，第 78—83 页。

孕或坐月子的女人的男子也不能参加，但这几年从仪式到禁忌也没那么严格了。与许多民俗活动一样，独木龙舟文化圈各村立下村规民约，不管平时外出多远，节日期间都要回家与父母团聚，并且参加村上的庆祝和对外联谊活动。有些村还规定，如果在外地打工者不能归乡划龙舟，须罚款数百元至数千元不等。所以，平时在村寨里很少见到的年轻人，龙舟节一到便成群结队涌来。有不少苗族少男少女在此暗送秋波，相识相知，终成秦晋之好。这与史籍记载一致，如《贵州图经新志·镇远府·风俗》称："苗人于五月二十五日亦作龙舟戏……是日极其粉饰。女人富者盛装锦衣、项圈、大耳环，与男子好看者答话，唱歌酬和。已而同语，语到深处，即由订婚，甚至有当时背去者。"龙舟竞渡作为水边苗的性选择的传统平台，习俗随时代变迁，这也是"残存"部分得以延续发展的必要条件。

体育人类学认为：判断人类行为和活动是否具有体育性质，除了考察是否有体育意识及身体练习过程，最基础的标准是检验对参与活动人群身体的影响和效果。体质测量是为了分析身体文化的物质载体，研究人类的身体形态和机能也是人类体育文明可持续发展的需要。因此，体育人类学解析独木龙舟的非体育性质，并不是要将它逐出民族体育圈的范畴，而是一次触类旁通的科研示范：用体质测量的科学数据来说明一年一度的节日习俗中的其他大量身体竞技游戏同样也没有强身健体的价值，民族体育特别是少数民族传统体育活动的存在意义主要是作为体育的萌芽进程中的活化石，维系体育文化生态的多样性。

二、从远古竞技到近代体育

体育人类学认为，竞技可以上溯至远古时期，远远早于体育；但竞技性身体活动一旦具有体育意识，就融入体育，再也不能分开。

人类攻击的本能曲折反射在许多巫术活动和宗教祭祀中，到文明社会后逐渐演变为竞技的雏形。例如古代埃及的欧赛埃司人，他们对自己传说中的女神每年都要举行一次祝祭。希罗多德在记载时用了希腊女神雅典娜的名字。在祝祭的时候，"他们的少女分成两个队，相互用石头和木棒交战，据他们说这样做是遵照他们祖先的方法来崇敬当地的那个我们称之为雅典娜的女神。

因伤致死的少女则被称为假处女。”（希罗多德：《历史》）中国西南少数民族中现仍然流行的许多身体游戏也是这种不具备现代体育属性的竞技活动。

虽然比赛一般以挑选出强壮者为结果，但可以认为竞技在其萌芽阶段及很长的一段历史发展过程中并不是以增进健康为目的的，甚至现在也不完全是以竞争胜负为目的。竞技与体育起源不同，而纳入体育轨道则更是晚近的事。

体育作为几百年前才抽象出的概念，是人类成熟意识外化的理性需求、是工业革命以后自身发展的功利向往、是抵御现代文明给人类身体带来负面影响的积极方式。因此，在工业社会成熟的体育几乎把所有的竞技运动作为它的内容和手段。正因为如此，拿掉丰富多彩的竞技运动，体育就成为空壳；体育与竞技分家，在实践中不具有可行性。原生态竞技无论是身体游戏还是体育萌芽，都是人类成长的“玩具”。中国体育半个世纪以来极其缺乏娱乐游戏成分，借助传统身体文化发掘休闲娱乐元素，有助于和谐社会的体育事业向文化本位回归。

龙舟竞渡是中华民族最有代表性的一项古老的传统活动，据《诗经》记载其起源可追溯到西周，每年春季天子要到泾河对面的岐山郊祭，郊祭过河所乘之船叫龙船或龙舟。但后来关于端午节划龙舟的由来说法甚多，诸如，纪念屈原说；纪念伍子胥说；纪念曹娥说；起于三代夏至节说；恶月恶日驱避说，吴越民族图腾祭说等。许多人认同学者闻一多先生的《端午考》里的说法，距屈子投江千余年前兴起的竞渡，目的是通过祭祀图腾——龙，以祈求避免常见的水旱之灾。祭祀之日便是端午，在水域中竞划刻着龙饰的舟船是“龙祭”的重要内容。虽然闻先生在《端午考》和《端午的历史教育》中列举的百余条古籍记载及专家考古考证，端午划龙舟之习俗作为图腾祭早已存在于吴越水乡一带的起源，但后来屈原的爱国精神和感人诗词深入人心，故纪念屈原之说逐渐占据主流地位。

不过，清水江的独木龙舟与众不同。苗族是中国历史悠久的古老民族，起源于黄帝时期的“九黎”，五千多年前居住在黄河中下游，后与黄帝部落发生战争，失败后退入长江中下游，形成尧舜时期的“三苗”部落。后与北方华夏部落发生战争，失败后继续迁入今黔、湘、桂、川、鄂、豫诸省毗连的山区。唐宋时期，移入贵州的苗族进一步增多，逐步成为全国苗族分布的中心。这一时期，“苗”的称呼在唐人樊绰《蛮书》、宋人朱辅的《溪蛮丛笑》和《宋史》等书中已开始出现。由于贵州设治较晚，又远离文化发达的中原地区，因此，黔东南苗族社会的发展，比其他地区更为迟缓，更多保持了自己的独立性。黔东南自古就是龙舟竞渡盛行之地。（宋）朱辅《溪蛮丛笑》记载：“蛮乡最重重午，不论生熟（苗）界，出观竞渡，三日而归，既望复出，谓之大十五。”（清光绪）徐家干《苗疆闻见录》：“苗人好斗龙舟，岁以五月二十日为端节，竞渡于清水江宽深之处，其舟以大整木刳成，长五六丈，前安龙头，后置凤尾，中能容二三十人。短桡激水，行走如飞。”清乾隆《镇远府志》写道：“重安江由胜秉入清水江。苗人于五月二十五日，亦作龙舟戏。形制诡异，以大树挖槽为舟，两树合并而成。舟极长，约四、五丈，可载三四十人。皆站立划桨，险极。”民国《施秉县志》记载：“划龙船，县城及胜秉分县城，以五月五日。平寨、铜鼓唐各苗寨，以五月二十四、五、六等日。船用长木刳成，首尾具备，施以彩色，荡漾波心，蜿蜒有势，颇足观赏。”以上史籍所述，不同程度地描绘古代清水江苗族划龙舟的盛况。时至今日，周边汉族地区的龙舟成功变身为一项现代体育活动，符合泰勒的文化“残存”理论。1990 年在贵州台江县施洞镇举行了全国“龙舟文化研讨会”，专家学者对龙舟的起源、传承与演变、文化特征、社会功能、龙舟竞渡活动、龙舟文化的原始宗教——巫术心理等各个层面探讨。不过，由于研究人员对人类学理论和方法的生疏，导致把独木龙舟与其他龙舟混为一谈，甚至按图腾祭祀—纪念名人—改造为现代竞技比赛的思路来对待独木龙舟；还有发表于体育核心期刊的论文，认为苗族龙舟竞渡受汉族龙文化的影响，也因缺乏田野调查依据而欠准确。通过田野工作的实证检验，可以彻底纠正这些认识误差，说明尽管活动地点仅距离数十公里的镇远、施秉已举办过国际龙舟赛，但清水江独木龙舟仍然保持其原生态固守自己的精神家园，顽强的生命力必然有其深刻的文化缘由。

三、独木龙舟所体现的民族性格

本实证研究在展示体育人类学对竞技文化多样性方面的创新尝试，在深度访谈中瞄准“吃龙肉”的习俗作为切入点，折射出苗疆腹地仅存的遗俗，仍然还依稀闪耀的民族性格之余晖。

苗族对龙的崇拜较普遍，如黔东南的“招龙”、湘西的“接龙”、云南屏边的“祭龙”、广西融水的“安龙”等。黔东南台江、凯里交界地区的苗民，认为龙是保佑人们平安的灵物，如有不吉利预兆，全村的人共同商定吉日，集资购买祭品，请鬼师来主持“招龙”仪式。看来，苗族许多龙崇拜的行为与其他民族并无明显区别，然而，独木龙舟竞渡的活动中，为什么沿袭“吃龙肉”这样对龙神大不恭的习俗呢？

龙，自古以来就与占统治地位的皇族联系在一起。龙舟一词最早见于先秦古籍《穆天子传》，表明龙舟乃天子所乘。《管子》出现龙舟一词，也说是王公乘坐龙船治理天下。后来，皇帝穿龙袍，皇族成为“龙子龙孙”。皇帝发怒称为“龙颜大怒”，人间的最高行政统治者神人合一，就是龙的化身。从中国神话权威袁珂先生的研究结果来看，舜曾穿龙纹服变成一条游龙从井里逃出而避开一场谋杀；大禹从父亲鲧的尸身跳出之时是一条头上长着尖角的虬龙；天降雌雄二龙于宫中大殿交尾、宫中有女子化为龙等异事象征夏王朝气数已尽……龙的出现对华夏民族的形成起到了举足轻重的作用①。尽管《拾遗记》、《左传》、《史记·夏本纪》等记载了王室贵族养龙、乘龙、玩龙甚至误食龙肉的故事，但都把龙视为神圣不可侵犯之物。世界华人文化圈里占绝对多数的“炎黄子孙”把自己称为“龙的传人”，以龙为图腾，实际蕴含着农耕民族浓郁的中原文化意识。

尽管苗族自己没有文字，但不认为自己是“炎黄子孙”，也不会把龙作为本族神圣的“图腾”。因为《山海经·大荒北经》记载的那个著名故事，即远古苗民跟随“蚩尤作兵伐黄帝，黄帝乃令应龙攻之冀州之野。应龙蓄水，蚩尤请风伯雨师，从大风雨。黄帝乃下天女曰魃，雨止，遂杀蚩尤。”《史记·五帝本纪》说：黄帝“与蚩尤战于逐鹿之野，逐禽杀蚩尤。”黄帝部族利用动物作为战斗利器，《山海经·大荒北经》叙述很清楚：“应龙已杀蚩尤，又杀夸父。”然后之处：“应龙乃去南方处之，故南方多雨。”那么，苗族面对

---

① 袁珂：《中国古代神话》，华夏出版社，2006年，第194、256、391页。

这条杀掉本族先人的神龙，不会奉为“图腾”并认同“传人”的身份。

就是这条龙，《山海经·大荒东经》注明是“龙有翼者”，但它作战后并未返回天上。“应龙杀蚩尤与夸父，不得复上，故下数旱，旱而为应龙之状，乃得大雨。”黄帝之女魃也不得回到天上被置于赤水之北，但因身体充满炎热而带来干旱称为“旱魃”，所以人们请龙出来呼风唤雨。在独木龙舟的起源传说中，苗族虽不会忘却神龙曾加害于己，但对其呼风唤雨、消灾解难的功能却是认同的。

对蚩尤的战争胜利后《史记·封禅书》还说“有龙垂胡髯下迎黄帝，黄帝上骑”；联系到杜佑的《通典》提及黄帝命令吹号角“作龙吟”以抵御蚩尤的进攻，龙成为受皇帝驾驭的工具，在苗族先民的记忆里，当然很难不保留龙曾是自己最凶恶敌人的印记，也很难把龙与中央皇权分离开来。作为被朝廷长期镇压和剿杀次数最多的少数民族，苗族当然不会像汉族那样对龙完全俯首帖耳式的顶礼膜拜，而是形成敬而远之的“人不犯我，我不犯人”心态。苗族“吃龙肉”的习俗，表现了对外来压力的“人若犯我，我必犯人”的平等抗争心理，充分体现了不畏强暴的民族性格。

战恶龙的民间习俗，自先秦时期就在西南少数民族地区广为流行。如四川汉羌交界处的都江堰，至今流传着李冰锁龙、二郎斗龙、二郎战火龙、王婆擒龙、寒潭伏龙、金鸡芙蓉斗黑龙、赵昱斩蛟等故事。在苗岭腹地的黔东南地区，仍然保持着对龙神的戒备心态，是可以理解的，这反映了远古逐鹿中原失败后长期遭受帝王清剿的残存警惕心理。联系到台江地区在每年元宵节舞火龙后也要吃龙肉的现象看，独木龙舟吃龙肉的习俗折射出抗击外来压迫和杀戮的反抗威慑态势。在潜意识中，龙是皇权的象征，苗族虽然在独木龙舟起源的传说中描述自然界的威胁和灾难，但在拟人化的细节中如果不是体现了对龙神的欠尊重，至少也没有其他民族的俯首帖耳的心态。苗族与其他民族对龙崇拜的区别，有重要的源自本族历史起源的特殊人文社会因素影响。与西方文化视龙为邪恶之物，有着完全不同的社会历史缘由。

苗族是一个勇敢而斗争性很强的民族，看似与自然抗争的行为，背后隐含悲壮的社会历史。苗族古歌《战争与迁徙》① 唱道："……举族窜往箐林里。砍下大树来造船，造船要渡过河去。树干做成船体，树枝做成船桨。三天三夜渡过黄水河，三夜三天渡过浑水河。"清水江在古代是御敌之天堑，历代军事活动与每年划独木龙舟带来的具体影响，尚待进一步研究。

独木龙舟竞渡时，每条龙舟上都有一个男扮女装的少年锣手，身着装点了清水江边的"方南"苗族的银饰手工艺精品的女性服饰，应着鼓点节奏打锣。由懂水性的老人当负责掌舵的艄公，艄公以长桡片充舵桨，控制船向，并发出号令调节桡手用桡节律，担当指挥的重任。艄公和锣手一老一少，象征古代被恶龙拖下河咬死和潜水烧死恶龙的英雄父子。据调查队成员分头现场询问，各龙舟上的锣手年龄在 8 至 14 岁不等；中老年男性，也都穿着礼服系银饰腰带，有的鼓头还佩戴精美而硕大的颈挂银饰。列维布留尔②认为，"具有自己制度和风俗的一定类型的社会，也必然具有自己的思维方式"，"集体表象"、"前逻辑" 和 "互渗律" 相互联系和影响。古代苗族先民在无制度保障只能依赖自然时，无法不将自己交付给带有虚拟人格色彩的"神明"。对黔东南独木龙舟带来的难解之谜，也可用格尔茨倡导的阐释人类学针对其"地方性" 进行 "深度描写"③，对具体细部的显微镜式的求异研究，恰好可以强调民族体育的文化多元价值。譬如，对于为何少年锣手男扮女装的疑问，可以阐释为"原始思维" 的结果：化装成女性是为了防止再被恶龙认出加害于身。推及整个独木龙舟上的人员均盛装打扮，即便是成年人也都改变了渔夫等普通劳动装束，穿着节日的漂亮服装参加活动，正是为了向神龙表示和平友好的姿态。对于独木龙舟没有尾巴的现象，可以阐释为祭龙仪式中扔茅草代表恶龙失掉龙尾，独木龙舟因龙身不全而无法使龙复活而再食人的象征意义；对于选择比端午节晚十余天作为竞渡时间，可以阐释为等待烧死恶龙后黑雾遮天的日子过后，以便于汉族龙舟相区别……可遵循原始思维的路线去寻觅，体育人类学可以用自己的理论和方法加以合理的阐释和印证。

---

① 夏扬：《苗族古歌》，德宏民族出版社，1986 年。

② 列维布留尔：《原始思维》，丁由译，商务印书馆，1981 年，第 20 页。

③ 格尔茨：《地方性知识》，中央编译出版社，2004 年。

第三节　乡野体育的体育人类学解析之二
——黔东南独木龙舟节日竞渡选手体质分析

苗族的古代称谓为："五溪"，或"罗雄部"、"夜直部"等；苗族自称"蒙"、"摸"、"毛"、"仡熊"等。2000年全国人口普查，苗族的人口为8940116人。主要分布在贵州、湖南、云南、四川、广西、湖北、海南等省区。其中贵州分布最多（4299954人），占全国苗族人口总数的48.10%。贵州省苗族的分布地区比较广，主要集中在黔东南和黔南两自治州，在安顺、铜仁、毕节等地区和黔西南自治州也有苗族聚居地。

对苗族独木龙舟竞赛选手的体质人类学分析，是借鉴体质人类学研究现代人群的变异性，如不同人种间的外貌、体质的差异，从中了解人类生理构造与环境适应的关系。体质人类学研究人类的生物学及其与环境、文化的交互影响。其发展方向也从单纯的人类演化与人种，扩展至营养、遗传、生态等领域，全面性地探讨与人类有关的议题①。

在以往苗族人类学的研究中，苗族文化人类学等领域的研究文献相对较多，对贵州苗族同胞的体质人类学特征的研究论著为数不多，集中在1992年至2007年对分布在全国不同地区苗族体质人类学特征的研究，地区包括黔、桂、滇、湖南、四川等省的苗族体质人类学特征论著，内容涉及人种种属、肤色、头面部及体貌特征、体质形态等。对苗族独木龙舟的调查，1978年国家民委组织对中国少数民族社会历史调查的民族问题五种丛书中杨通儒刊登了1962年著《施洞地区苗族划龙船的补充调查》②，2009年笔者初步完成了《苗族独木龙舟调查报告》。而对苗族独木龙舟竞赛选手的体质形态的调查研究目前处于空白状态。对苗族独木龙舟参与者的体质人类学测量与分析，可以对处于体育萌芽状态的许多少数民族传统体育活动提供研究范例。

---

① 招子明、陈刚：《人类学》，中国人民大学出版社，2008年，第32、41—42页。

② 国家民委：《民族问题五种丛书》之一，中国少数民族社会历史调查资料丛刊：《苗族社会历史调查》，贵州民族出版社，1987年，第222—239页。

1　苗族体质形态特征分析

1.1　苗族不同聚居区体质特征

（1）贵州苗族体质人类学特征。①贵州台江县苗族体质特征可概述如下：肤色浅黄、眼色褐色、发色黑、发型平直。……身高男女均属矮小型为主。台江苗族身高（男性）158.644厘米，体重52.00公斤，胸围86.10厘米。台江苗族与华南汉族、贵州的侗族最为接近……台江苗族更多地具有东亚蒙古人种类型体质特征。其中身高和面型等体质特征也属于南亚蒙古人种的成分①。②贵州王卡苗族的体质特征：属圆头型，高头型多见，阔头型为主；浅色皮肤；眼色黑褐；多为黑色直发；眉毛发育度中等，眉嵴发育度微显为主……苗族男性，身高：154.21厘米，体重：50.45公斤，胸围：82.99厘米……身材矮小，从而说明王卡苗族除具有苗族特有的体质特征外，还具有自身的体质特点。王卡苗族种族类型为蒙古种族南亚人种华南型②。

（2）云南苗族体质人类学特征。肤色较深，呈灰黄色，眼色为深褐色，发黑且平直，体毛稀少，多为卵圆面型，眉嵴微突，面部扁平……云南苗族为各民族最矮的身材，男性平均仅153.466厘米，女性平均仅143.478厘米。体重也较别的民族轻，男性平均为：49.15公斤，女性平均为43.65公斤，胸围男性平均为：80.132厘米，女性平均为：78.992厘米；两性均为瘦体型③。

（3）川南苗族体质人类学特征。合江县川南苗族青壮年……通过测量显示川南苗族身高偏矮，男性平均身高154.56厘米，女性平均身高143.89厘米，故83%个体身高类型属矮或很矮；……体重很轻，整个看川南苗族矮小、瘦弱④。

（4）湖南苗族体质人类学特征。对湖南湘西土家族苗族自治州凤凰县腊

---

① 陈翁良：《贵州台江县苗族的体质特征》，载陈国强、林嘉煌主编：《人类学与应用》，上海：学林出版社，1992年，第267—282页。

② 余跃生、陆玉炯、罗载刚等：《贵州王卡苗族体质人类学研究》，《人类学学报》，2006年第26期，第1页。

③ 余发昌、李明、刘冠豪：《云南苗族的体质特征研究》，《人类学学报》，1994年第13期，第321—326页。

④ 罗传富、胡佳、李开荣等：《川南苗族体质特征的调查研究》，《四川解剖学杂志》，2002年第10期，第3页。

尔山地区定为主测区，湖南苗族体质平均身高男 160.444 厘米，女 150.87 厘米。按马丁身高分型以矮型为主，其次是亚中等型；……本省（湖南省）苗族平均体重男 54.6 公斤，女 49.92 公斤，胸围 82.452 厘米。湖南苗族按头长宽指数分型为圆头型，按头长高指数分型为高头型，与贵州坝苗族和广西德峨苗族相似，从形态面指数分型上看，湖南苗族为超狭面型，这与他们的面宽均值偏小有关；而广西德峨苗族和贵州苗族均为阔面型①。湖南苗族有自己的语言，属汉藏语系苗瑶语族瑶语支。无文字记载②。

（5）广西苗族体质人类学特征：对广西隆林县德峨乡男性 22 至 60 岁与女性 20 至 60 岁的 576 名苗族人进行了活体观察与测量……德峨苗族体质的特征：身高男性：137.8～172.6 厘米之间，平均值：155.69 厘米，体重男性：33.5～72 公斤，平均值：50.66 公斤，男性胸围平均值：82.861 厘米。身材较矮小，指距大于身高，中腿型。头部较短而宽，高头型较多。面部低而宽。德峨苗族人多属圆头型和中头型；多属高而阔的头型。体型偏于狭长形③。

1.2　苗族体质特征的人类学分析

分析苗族的人类学体质特征表现：肤色浅黄、眼色褐色、发色黑、发型平直。头部特征为高头型为主；面部特征为阔面型为主；身高按马丁身高分型以矮型为主，其次是亚中等型；体重为瘦体型。统属于蒙古种族南亚人种。湖南苗族在以上五大地区比较有所例外，其身高与面型有别于黔、桂、滇、四川。

对于苗族独木龙舟竞赛选手（男性）的体质特征分析，就必须结合不同区域内苗族（男性）的体质人类学特征进行比较。介于苗族独木龙舟选手只有男性参加的苗族内部限制，以下本文所涉及的独木龙舟竞赛选手皆为男性。④

---

① 任家武、李严斌：《湖南苗族体质人类学研究》，《解剖学杂志》，1999 年第 19 期，第 1 页。

② 吴定良：《中国南方坝苗族的体质特征》，英国皇家学会，人类学杂志，1942，72

③ 庞祖荫、李培春、梁明康等：《广西德峨苗族、彝族体质调查》，《人类学学报》，1987 年第 4 期，第 7 页。

④ 注释：文章主要分析苗族男性体质，缘于独木龙舟竞赛的苗族民俗习惯男性参与的限制，无性别歧视。

表1　不同地区苗族（男性）形态特征比较

	贵州苗族（台江苗族，1992年）	贵州苗族（王卡苗族，2007年）	广西苗族（德俄苗族　1987年）	四川苗族（合江苗族，2002年）	云南苗族（绿劝苗族，1994年）	湖南苗族（凤凰苗族，1999年）
身高（cm）	158.64	154.21	155.69	154.56	153.46	160.44
体重（kg）	52.00	50.45	50.66	—	49.15	54.6
胸围（cm）	86.109	82.99	82.861	82.172	80.132	82.452
坐高（cm）	94.639	81.88	84.08	—	—	86.55
肩宽（cm）	—	30.14	31.306	—	35.57	37.186
骨盆宽（cm）	—	26.70	25.738	—	27.525	26.978

（注：主要分析苗族男性体质，缘于独木舟竞赛的苗族民俗习惯男性参与的限制，无性别歧视。）

表1说明，通过贵州省，湖南省、云南省、四川省以及广西壮族自治区等居住在偏远地区、大山深处苗族村寨的同胞（男性）1987~2007年不同年份的体质形态研究对比结果显示：①他们的体质在20年间，其身高、体重、胸围、坐高等身体形态指标比较皆无显著性差异。②开展苗族独木龙舟竞赛的苗族村寨与没有独木龙舟竞赛的苗族村寨的男性同胞体质20年间并没有显著性差异，竞赛苗族独木龙舟的台江苗族同胞与没有独木龙舟竞赛的毗邻村寨的贵州王卡苗族同胞比较，他们在体质形态上极其相似。说明了苗族独木龙舟竞赛锻炼时间没有连续性。表现了其无体育意识和健身动机的功能，对苗族身体发育没有显著影响。总体表现苗族体质形态为矮小和瘦弱型体态。

2　苗族独木龙舟竞赛选手体质形态分析的意义、对象和方法

2.1　引进人类学的意义

21世纪初开始调查贵州苗族独木龙舟，发现它独具魅力的原生态民族文化，吸引了国内外众多的学者在进行考察和有关民族、文化、宗教、竞技等诸多方面的研究。在研究苗族独木龙舟竞赛这一个中华民族传统体育项目中，引入体质人类学，它是从生物和文化结合的视角来研究人类体质特征在时间和空间上

的变化及其规律的科学；它研究人类的起源和进化、人类群体的体质在不同进化阶段的特征、人类体质类型的形成和分布、人类在不同自然环境下的适应和变异，人类与自然界的关系，所以研究传统体育或现代体育，迟早要涉及人类学。然而，从新中国成立初期至21世纪，苗族独木龙舟竞赛随社会发展的改变也在变化，参加苗族独木龙舟竞赛选手的体质特征和年龄结构，今昔也有不同。因此本文运用体育人类学的理论和方法，研究苗族独木龙舟竞技和测试竞舟者的体质形态特征，循序渐进地从体育人类学这个新视角去解析苗族独木龙舟竞技的本质，揭示苗族独木龙舟竞技选手的体质奥秘。

20世纪60年代以后，一般认为有关亲缘关系的体质人类学研究，采用体质测量的方法不如分子生物学的证据来得准确，但是体质测量在人类演变、适应、营养的研究上仍然是主要方法之一。为此，在对苗族独木龙舟竞赛选手体质调查方法上，吸纳了戴星翼等（复旦大学）、陈翁良等（上海自然博物馆）联合编著的《体质调查的内容、意义和方法》的原则：“1. 携带人体特征的信息较多的项目，如身高、体重、头最大长、头最大宽、胸围……2. 与其他测量项目之间相关性很低的项目，以保证独立性强的变量不被舍弃。另外一些为人们所关切的项目，或与某些调查有具体联系的项目。”①

苗族独木龙舟竞赛流行地域仅限于黔东南清水江及其支流巴拉河畔，选手的参加条件必须是世居的“方南”（音。意为下游苗）苗族支系部族人员，能参加苗族独木龙舟竞赛的选手必须是男性。借鉴以上特殊性，本文对贵州苗族的体貌特征之脸型、发色、头型等体质人类学特征不作苗族内部区别性分析，专注于苗族独木龙舟竞技选手与非竞舟苗族的体质形态分析，比较分析参加苗族独木龙舟竞赛选手体质形态与全国不同地区苗族体质形态、苗族独木龙舟竞赛选手与贵州世居其他民族体质形态的异同，以及比较苗族独木龙舟竞赛选手与国际标准竞技小龙舟选手竞技体质的形态差异，以期揭示这项独具特色的传统竞技赛事的体育性质。

2.2　测量对象和路径

（1）参与苗族竞赛独木龙舟活动的族群，分布在黔东南清水江及其支流

---

① 中国人类学会编：《中国八个民族体质特征调查报告》，云南人民出版社，1982年，第4页。

巴拉河交汇近40公里河流沿岸，山川河流阻隔，交通不便，测试以台江县施洞镇为中心，对芳寨、天堂、塘龙、塘坝、柏子坪、铜鼓塘、旧州、八梗、偏寨、石家寨、杨家寨、巴拉河、平兆、巴往寨进行调查；集中对施洞、平寨、铜鼓塘等比赛地点的考察。首先是对苗族村寨中所有参加独木龙舟竞赛的尚存42只独木龙舟进行实地确认，然后对2008年组织参加独木龙舟竞赛的苗族独木龙舟队员进行体质形态的测量评价。

（2）实际考察发现，因赛前人员组织的不确定性，报名却不能参赛的独木龙舟数量多达1/3。我们在测试工作中寻找尽可能多的样本，但测试工作并不顺利，参加独木龙舟竞渡村寨的青壮年不少系外出打工返乡参赛，受当地文化习俗、戒备心理和各种情绪的影响，许多竞舟选手拒绝测试，通过台江县政协文史办主任张云生、施洞镇独木龙舟协会主席刘诗龙和台江县中学学生潘成成等大量解释工作并亲自参与测试，同时简化测试方法并尽量减少测试指标，仅选择身高、体重、胸围、腰围、臀围、臂围等苗族同胞能接受的形态指标，克服语言、交通、民族习俗、被测试苗族同胞的心理障碍，于2008年6月23日至28日，使用体重秤、身高米尺和腰臂围软尺等简便工具，完成了参加苗族独木龙舟竞渡人员的身体形态测试工作，共测试贵州苗族男性竞赛选手227人，有效测试竞赛选手资料196人，占2008年参加独木龙舟竞赛选手总人数的约2/3，收集样本有效数据1600余个，样本采集科学合理有效。

2.3　研究方法

（1）田野工作法。20世纪，美国人类学家博厄斯（F. Boas）与英国的马林诺夫斯基等相呼应，提倡将人类学的研究场所搬到了人们生活的实地，开创出对研究对象进行参与观察（Participant observation）和深度访谈（depth interview）的方法，积累了大量的资料，形成人类学的独特理论体系和方法论。从此，田野工作（fieldwork）——参与性观察法、深度访谈和比较研究法，成了人类学者必须掌握的手段。笔者自2003年以来采用人类学“田野工作”方法考察施洞镇及其周边以苗族村寨或姓氏宗族为单位的独木龙舟竞赛，长期深入村寨、家庭、独木龙舟保存地点、独木龙舟竞赛地点、独木龙舟竞渡开展流域等地进行实地考察和田野工作，本文仅从体质人类学的角度来探讨这个传统项目与现代体育活动的异同。

（2）本文采用人类学的人体测量方法，其着眼点往往与一般的体育测量不同，人类学更注重研究人体在功能、时代和地域等方面的综合变异，对个体和族群的差异更感兴趣。通过查阅图书馆藏书籍资料，中国知网、维普资讯网等，结合国内有关期刊资料的文献检索，收集分析贵州省国民体质监测中心数据等①前期准备工作，对2008年参加苗族独木龙舟竞赛的竞赛选手进行了实地身体形态指标的抽样测试，然后把苗族独木龙舟竞赛选手体质的实地测试数据与贵州省国民体质监测中心提供的世居贵州的苗族、侗族、土家族、布依族等数据报告，国家体质监测中心国民体质报告进行对照；用SPSS统计法对数据统计处理后进行对比分析。之所以采用以前的体质调查材料进行比较分析，正是为了印证与如今苗族划龙舟的选手体质多年来无显著变化，其体育效果不明显。

3 苗族独木龙舟竞赛选手的测试统计结果分析

3.1 苗族独木龙舟竞赛选手年龄分布状况分析

2008年对苗族独木龙舟竞赛选手进行测试，被测试者的年龄分布结果分析，见图1。

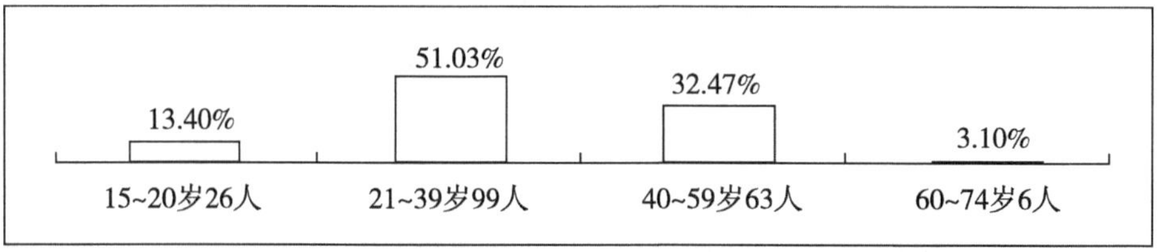

图1 苗族独木龙舟竞赛选手年龄分布状况分析

2008年苗族独木龙舟竞赛选手的年龄集中在21~59岁占83.5%；其中21~39岁年龄段占51.03%。表明中青年占竞赛人员比例较大；年龄最小的竞赛选手为15岁，最大选手为74岁。年龄较小者以初学者为主，在考察农历五月24日平寨独木龙舟竞赛活动时，初学者基本没有参加比赛，在岸边助威。实际考察年长者在苗族独木龙舟节竞赛中，大多数是负责独木龙舟竞赛的组织和协助工

① 贵州省国民体质监测中心提供的数据（内部资料），表明当今苗族独木龙舟选手的体质状况与多年前测量结果无显著差异。

作。竞赛人员40~59岁比例在竞赛活动中占的比例很高，达32.47%。说明竞赛选手中年以上居多。15~20岁的初学者和60岁以上竞赛选手之和的比例也高达16.5%，参赛者年龄向两极分化。原因可能是苗族外出务工青年人数呈逐年上升趋势，参加独木龙舟竞赛的苗族青壮年人数在减少。

3.2 苗族独木龙舟竞赛选手体质分析

表2 贵州苗族独木龙舟竞赛选手体质报告（15~74岁）

	身高（cm）	体重（kg）	胸围（cm）	腰围（cm）	臀围（cm）	左臂围（cm）	右臂围（cm）
平均值	160.8	57.3	85.9	77.2	88.8	25.9	26.5
最大值	176	83	103	105	103	36	36
最小值	150	42.3	70	61	66	20	21
标准差	4.82	7.60	5.84	8.36	5.37	2.64	2.64
标准误	0.35	0.54	0.42	0.60	0.38	0.19	0.19

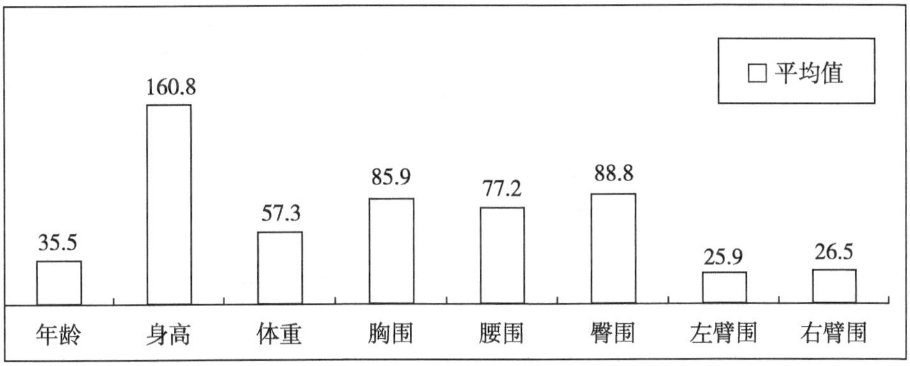

图2 贵州苗族独木龙舟竞赛选手体质报告

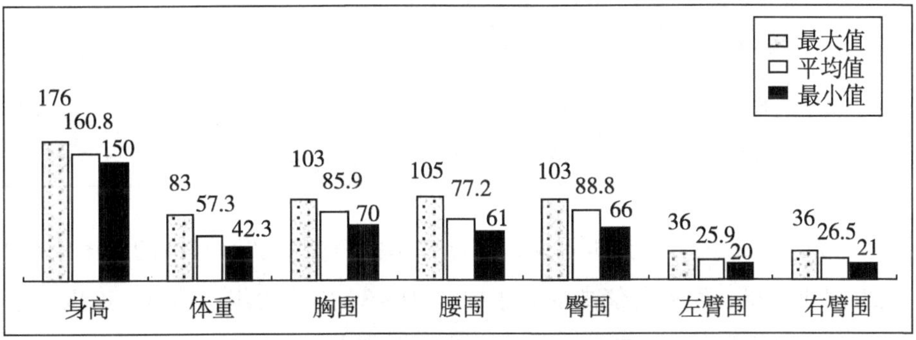

图3 贵州苗族独木龙舟竞赛选手体质报告

2008 年苗族独木龙舟竞赛选手体质调查报告（表 2 和图 2、图 3）分析；样本包括了独木龙舟竞赛的基本年龄段（除了男扮女装的锣手，年龄一般在 10 岁左右）；结果为身高平均值 160.8cm，最大值与最小值差 26cm。体重平均值 57.3 公斤，最大体重和最小体重的差是 40.7 公斤，接近最小体重的倍数。

3.3　苗族独木龙舟竞赛选手不同年龄段体质分析

表 3　2008 年苗族独木龙舟竞赛选手不同年龄段体质报告

年龄组		年龄（岁）	身高（cm）	体重（kg）	胸围（cm）	腰围（cm）	臀围（cm）	左臂围（cm）	右臂围（cm）
15～20（岁）	平均值	17.08	162.12	53.9	80.62	69.83	87.87	24.25	24.46
	最大值	20	177	74.2	92	90	101	35.5	32
	最小值	15	151	42.3	70	61	79	20	21
	标准差	1.242	3.979	7.019	4.366	5.044	4.980	2.304	1.920
21～39（岁）	平均值	30.5	162.2	58.31	86.73	77.84	89.13	26.27	26.82
	最大值	39	175	83	103	105	103	36	36
	最小值	21	151	43.6	75	62	66	22	22
	标准差	4.35	3.856	6.023	4.281	6.444	4.25	2.081	2.205
40～59（岁）	平均值	48.05	161.57	57.93	86.92	79.38	88.8	26.48	27.08
	最大值	59	175	74.8	101	100	99	31	31
	最小值	40	151	44.9	74	62	77	21.5	22
	标准差	4.719	3.124	5.517	4.220	6.152	3.674	1.768	1.675
60～74（岁）	平均值	66.17	158.7	51.29	85	75.5	87.3	23.83	24.5
	最大值	74	163	62.1	93	85	97	28	28
	最小值	60	153	45.7	80	69	82	21	22
	标准差	3.444	3	4.911	3.667	4.667	3.444	1.556	1.833

从表 3 和图 4 中分析可知，苗族独木龙舟竞赛选手身高的最大值在 15～20 岁年龄组，而平均值高的却集中在 21～39 岁年龄组；体重、胸围、腰围、左右臂围的最大值也集中在 21～39 岁年龄组；15～20 岁年龄组胸腰臀三围低

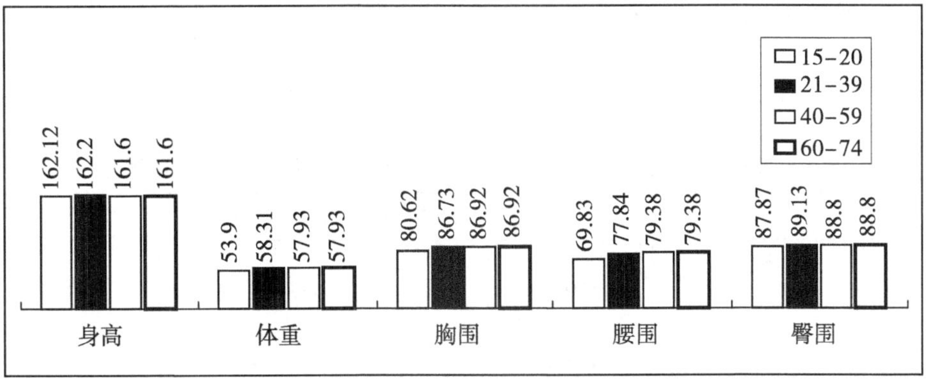

图4　2008年苗族独木龙舟竞赛选手不同年龄段体质报告

于21~39和40~59岁两个年龄组，接近60~74岁老年组，但是他们的身高平均值却高于40~59和60~74岁年龄组，表明其体重和身高比小于中青年组(较中青年单薄)；苗族独木龙舟竞赛选手体质强势年龄段在21~39岁年龄组。

3.4　苗族独木龙舟竞赛选手与贵州世居（台江县、王卡）苗族的体质分析

表4　贵州苗族独木龙舟竞赛选手体质数据与贵州世居（台江县、王卡）苗族体质表（平均值）

平均值	苗族独木龙舟竞赛选手	台江县苗族(Male)	王卡苗族(Male)
身高（cm）	160.8（台江施洞，2008年）	158.64（台江苗族，1992年）	154.21（王卡苗族，2007年）
体重（kg）	57.3（台江施洞，2008年）	52.00（台江苗族，1992年）	50.45（王卡苗族，2007年）

通过对表4贵州苗族独木龙舟竞赛选手体质数据与贵州世居（台江县、王卡）苗族体重、身高的平均值进行比较中发现：苗族竞赛独木龙舟选手的体质形态强于贵州世居（台江县、王卡）苗族体质，身高和体重的平均值指数具有显著性差异（$P<0.05$）。苗族独木龙舟竞赛选手的体质形态指数具有

明显优势。说明苗族独木龙舟选手是经过村寨或宗氏族挑选具有体质优势的成员。

4　苗族独木龙舟竞赛选手与贵州世居少数民族成年男性体质①分析

表 5　苗族独木龙舟竞赛选手与贵州世居少数民族成年男性体质分析

	民族	身高（cm）	体重（kg）	胸围（cm）	腰围（cm）
平均值	苗族独木龙舟竞赛选手	160.8	57.3	85.9	77.2
	布依族成年	163.0	58.9	85.1	76.6
	土家族成年	164.0	62.8	90.6	82.2
	侗族成年	163.0	59.5	89.6	80.8
最大值	苗族独木龙舟竞赛选手	176	83	103	105
	布依族成年	183.1	92.6	107.5	107.5
	土家族成年	182.5	93.8	110.5	111.5
	侗族成年	178.1	94.5	115	106
最小值	苗族独木龙舟竞赛选手	150	42.3	70	61
	布依族成年	140.5	37.5	61	56.2
	土家族成年	143.4	39.7	72.5	57
	侗族成年	145.7	40.4	58	57
标准差	苗族独木龙舟竞赛选手	4.82	7.60	5.84	8.36
	布依族成年	6.24	9.55	6.65	9.40
	土家族成年	6.19	10.15	6.92	9.58
	侗族成年	6.0	9.83	6.68	9.0

① 贵州省国民体质监测中心提供的数据（内部资料），表明当今苗族独木龙舟选手的体质状况与多年前测量结果无显著差异。

续表

	民族	身高（cm）	体重（kg）	胸围（cm）	腰围（cm）
标准误	苗族独木龙舟竞赛选手	0.35	0.54	0.42	0.60
	布依族成年	0.25	0.39	0.27	0.38
	土家族成年	0.44	0.72	0.49	0.68
	侗族成年	0.36	0.59	0.40	0.54

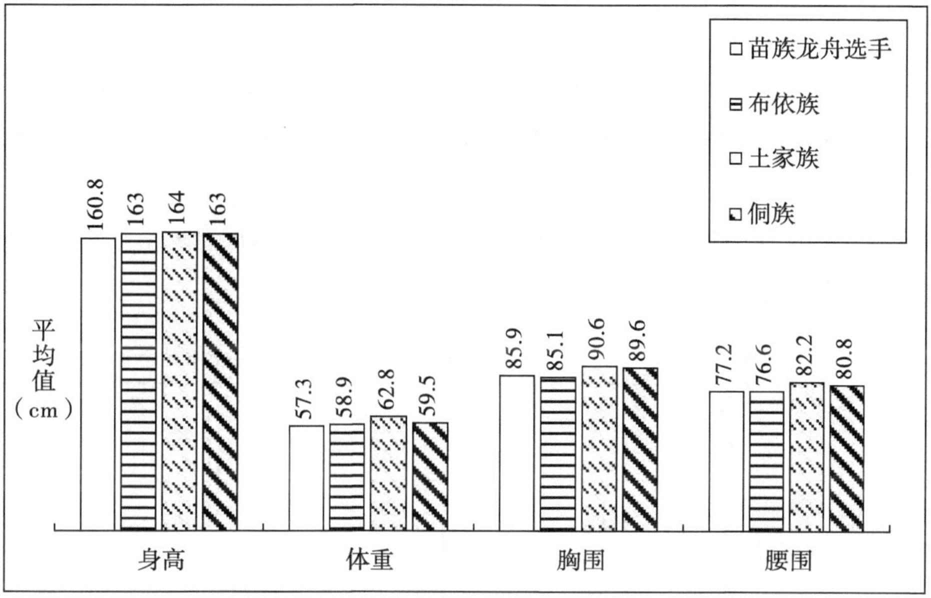

图 5　苗族独木龙舟选手体质与贵州世居少数民族成年体质比较

表 5、图 5 比较苗族独木龙舟竞赛选手的体质和贵州世居的土家族、布依族、侗族男性体质结果表明：苗族独木龙舟竞赛选手除了在身高和体重的最小值比较中，指数皆高于其他世居少数民族外，其他指数接近或低于贵州世居少数民族，所有指数差异无显著性（P>0.05）。整体体质水平表现为：苗族独木龙舟选手是经过村寨或宗氏族挑选具有体质优势的成员，然而独木龙舟竞赛选手体质与贵州世居土家族、布依族、侗族普通成年的体质比较中整体体质没有明显优势。

5 苗族独木龙舟竞赛选手与全国男性体质

5.1 苗族独木龙舟中青年竞赛选手与全国中青年体质分析

表 6 苗族独木龙舟中青年竞赛选手与全国中青年体质分析

	年龄（岁）	身高（cm）	体重（kg）	胸围（cm）	腰围（cm）	臀围（cm）
我国成年人（男性）	20~39	169.68	66.53	88.93	80.2	91.83
	40~59	167.68	67.93	91.33	84.22	92.98
苗族独木龙舟竞赛选手	20~39	162.2	58.31	86.73	77.84	89.13
	40~59	161.57	57.93	86.92	79.38	88.8

表 6 表明，在 20~39 岁和 40~59 年龄段，苗族独木龙舟竞赛选手所有身体形态指数与全国 20~39 岁和 40~59 岁年龄段成年男性比较差异明显，明显低于全国平均值。

5.2 15~18 岁年龄段苗族独木龙舟竞赛选手与苗族青少年体质和全国青少年体质分析

表 7 2000 年 7~17 岁全国城乡青少年与苗族青少年身体形态表①

年龄段（7~17 岁）	身高（cm）		体重（kg）		胸围（cm）	
性别	男	女	男	女	男	女
全国城乡均值青少年	149.34	145.725	41.38	38.185	71.165	69.5
苗族青少年	140.33	137.95	34.83	34.43	69.65	70.26

全国青少年城乡体质差异在 2000 年全国国民体质监测结果中以及说明；18 岁时，身高的城乡差距较大；男生的体重、胸围差异分别为 3.5 公斤和 2.2 厘米，农村青少年的发育明显低于城市青少年的平均水平。对中学生年龄段的体质形态研究报告，表 8 表明青少年时期苗族男中学生的身体形态发育晚于全国城乡平均水平，苗族女中学生与全国城乡青少年的身体形态发育比较部分指标超过全国城乡青少年。

① 编者：《2000 年中国学生体质与健康调研报告》，高等教育出版社，2002 年。

表 8　全国城乡青少年、苗族青少年、独木龙舟竞赛青少年选手身体形态对照表

年龄段（15~18 岁）	身高（cm）	体重（kg）	胸围（cm）
全国城乡青少年均值	169.3	57.43	82.5
独木龙舟竞赛青少年选手	161.63	52.9	79.8
苗族青少年	160.7	51.23	82.24

结果分析：2008 年参加苗族独木龙舟竞赛青少年选手 15~18 岁的身体形态测试结果分析，各项指标都低于全国城乡青少年综合均值，具有显著性差异（$P<0.05$），独木龙舟竞赛青少年选手的形态指数略高于苗族青少年均值，指数差异无显著性（$P>0.05$），说明独木龙舟竞赛青少年选手（15~18 岁年龄段）的身体发育与独木龙舟竞渡无关。

6　苗族独木龙舟竞赛选手与国际标准竞技小龙舟选手体质分析

苗族独木龙舟竞赛选手的体质与国际标准小龙舟速度竞赛的竞技体质比较，选择以龙舟竞赛速度体质有特殊要求的贵州省男子小龙舟代表队运动员体质形态与苗族独木龙舟竞赛选手体质进行比较。

表 9　贵州省国际标准小龙舟代表队运动员①（麻江，男子）与苗族独木龙舟竞赛选手体质表

	选手	年龄（岁）	身高（cm）	体重（kg）
平均值	苗族独木龙舟竞赛选手	35.5	160.8	57.3
	贵州省小龙舟代表队运动员	30	164.8	62.17
最大值	苗族独木龙舟竞赛选手	74	176	83
	贵州省小龙舟代表队运动员	51	168	70
最小值	苗族独木龙舟竞赛选手	15	150	42.3
	贵州省小龙舟代表队运动员	19	162	56

在国际标准小龙舟竞速比赛中，选手体质要求身高、体重均匀，绝对力量大与体重小是龙舟竞速的基本体质特征表现；表 9 结果分析显示：苗族独木龙舟竞赛选手分别在身高、体重等最大值上大于贵州男子小龙舟队；而贵

① 贵州省黔东南州体育局提供数据（内部资料）。

州男子小龙舟队员的身高、体重平均值和最小值等明显高于苗族独木龙舟竞赛选手，呈显著性差异（$P<0.05$）。比较说明苗族独木龙舟竞赛选手整体的体质形态指标不具备龙舟专业竞速比赛的体质形态要求。

1. 苗族属于蒙古种族南亚人种，体质形态为矮小和瘦弱型。苗族中学生的身体形态发育明显晚于全国城乡平均水平。一年一度的独木龙舟竞赛历来并无日常训练的传统，几天时间的剧烈运动对苗族的体质状况并无显著影响。

2. 苗族独木龙舟选手年龄结构宽泛（15~74 岁），是经过村寨或宗氏族挑选具有划龙舟经验和体能优势的成员。苗族青壮年大量外出务工，导致参赛选手年龄向两极分化。测试表明他们的身体形态指标高于本省（台江、王卡）苗族，说明苗族独木龙舟选手是经过筛选的体格相对健壮的选手。

3. 苗族独木龙舟选手身体形态的最大值和平均值指数明显低于贵州世居土家、布依、侗族；表明苗族独木龙舟选手的身体形态相对贵州世居土家、布依、侗族而言为矮小和瘦弱型。但是独木龙舟选手身体形态最小值的部分指数接近或大于贵州世居土家、布依、侗族。再次说明苗族独木龙舟选手是经过筛选的体格相对健壮的选手。

4. 苗族独木龙舟竞赛选手体质形态与国际标准小龙舟选手的体质形态要求相比，苗族独木龙舟选手的选拔不符合现代竞技运动之体质特征要求。说明了它注重竞赛人员的广泛参与性，而非现代竞速比赛。

5. 苗族独木龙舟作为一项旨在提高民族凝聚力和延续力的传统习俗，并无体育意识和健身动机，缺乏持续锻炼时间，对苗族身体发育没有显著影响，其运动形式可以视为体育萌芽，但实质上更应当作为一项世界级的非物质文化遗产来看待。推及其他民族、民间、民俗性“传统体育”，需要重新运用人类学方法予以辨析，使之能更好发展。

第四节　乡野体育的体育人类学解析之三

——黔东南独木龙舟竞技的体育遗产界定

运用联合国教科文组织第一七二届会议 2005 年 8 月《国际传统运动与竞

赛项目宪章》（以下简称“宪章”）对传统运动与竞赛项目的界定，剖析体育萌芽状态下的原始体育游戏——苗族独木龙舟竞渡这一传统运动。

远望世界高水平的现代竞技运动，以奥运会、世界杯、锦标赛等为代表的现代竞技运动会已经是体育文化王冠上的明珠，而“传统运动项目实际上是一种体育萌芽，幸存下来的传统运动和竞赛项目也濒临消失和灭绝的危险”。[①] 贵州苗族独木龙舟正是处于萌芽状态下的竞技娱乐。它处于与苗族其他节日文化活动交织在一起的混沌状态，很难从苗族的节日集会、休闲娱乐、宗教仪式中剥离出来。如何去认知和对待苗族的传统体育活动和他们的社会习俗，正如我国体育人类学专家所描述：民族传统体育是剖析体育起源和发展各阶段诸形态的活化石……是一笔特殊的无形文化遗产[②]。世界对于苗族独木龙舟原始体育游戏中的竞技及文化认识是陌生的，但是它的竞技娱乐文化却是世代相传和沿袭的。

1. 苗族独木龙舟竞赛参与部落的区划

（1）苗族支系部族独有竞赛

《镇远府志》记载：“重安江由胜秉入清水江，苗人于 5 月 25 日亦作龙舟戏，形制诡异，以大树挖槽为舟，两树合并而成。舟极长，约四五丈，可载三四十人。皆站立划桨，险极”。[③] 苗族同胞把居住在清水江及其支流巴拉河畔沿岸的苗族称为“方南”（音），意为“下游”，将居住在靠山的苗族称为“方碧”（音），意为“高山”。几千年来苗族独木龙舟竞赛是在苗族单一“下游苗”支系内部传承，参加独木龙舟竞赛必须是“下游苗”支系参与。

（2）苗族独木龙舟竞渡支系的区域特点

笔者多年考察发现在竞渡独木龙舟的区域共有“下游苗”苗族支系村寨 38 个，2008 年尚保存独木龙舟 42 条，2009 年巴拉河村、偏寨修复部分被毁坏的独木龙舟，增加到 45 条。在竞赛独木龙舟的清水江及其支系巴拉河沿岸夹杂有部分非“下游苗”的民族村寨，如平寨、马号、江西街寨、沙湾寨、

① 联合国教科文组织：《国际传统运动与竞赛项目宪章》，第一七二届会议，法国巴黎，2005 年 8 月。

② 胡小明：《体育人类学进展》，《北京体育学院学报》，2004 年第 3 期。

③ 编者：《镇远府志》，中州古籍出版社，1996 年，第 12 页。

望虎屯等都是明清后期及新中国成立以后形成的村寨皆不能制作和参与独木龙舟竞赛。而与苗族支系“下游苗”相距不远的地区，如施洞镇34公里远的镇远县舞阳河镇，以及南哨村上游60公里外的麻江县下司镇等他们竞渡的却是与苗族完全不同的中华传统龙舟。

2. 苗族独木龙舟传统运动与民俗龙舟节

（1）苗族民俗龙舟节

调查考证农历五月24至27日是贵州苗族独木龙舟活动节日，龙舟节日期间活动内容丰富，其中农历五月25日赛塘龙最为热闹。节日活动包括龙舟下水、出龙仪式、龙舟竞渡、各村寨接龙、踩鼓、吃龙舟饭和吃龙肉、游方等，活动地点遍及38个苗族村寨。据《镇远府志》记载：“是日男妇极其粉饰；女人富有者，盛装、锦衣、项圈、大耳环，与男子好看者答话，唱歌酬和，已而同语，语至深处，即由此订婚，甚至有时背去者”①。

远古以来，独木龙舟竞赛在农历五月24日集中在平寨码头（赛龙头），25日集中在塘龙码头竞渡龙舟（赛龙身），26日“分龙竞渡”，27日施洞“赛龙尾”。龙舟节期间苗族独木龙舟将游走于清水江及其支系巴拉河流域的38个村寨，游到其他村寨码头有亲戚的就来迎接他们的亲友龙舟。龙舟竞渡节日是众苗族村寨集中欢庆的日子。节日期间人群来自苗疆四面八方，方圆几十里众多的苗族同胞相继赶来欢度独木龙舟节，苗族同胞的节日大型民族集会，几千年传统盛大的龙舟节日盛会始终如此传承，形成苗族独木龙舟节悠久的历史文化和民俗传统。

（2）原始氏族传统运动会

2008年农历五月26日考察铜鼓码头（分龙竞渡）赛点的比赛，苗族独木龙舟竞赛表现了原生态的竞技特征，竞赛形式亦原始而又非常有趣。首先竞赛者是铜鼓村附近村寨的独木龙舟队参加，包括：旧州村、八良和大冲三只龙舟队。在独木龙舟竞赛对手的选择上，他们是自由协商解决，方式一般为一对一的挑战式；八良和大冲两只龙舟的比赛由下午15时到16：20时，双方无数次较量到劳顿，而旧州村龙舟则在河的对岸悠荡，历年来旧州村实

① 编者：《镇远府志》，中州古籍出版社，1996年，第74页。

力较强，今年旧州村比赛的积极性不高，用旧州村民的话说“他们不是我们的对手，不和他们划。”此时，铜鼓码头岸上的观众对旧州村的消极态度哗然，继而旧州村开始挑战八艮村，如是，苗族独木龙舟竞渡的参赛组织自愿、对手选择是双方协定自由的组合，挑战次数也是不确定的，双方比赛不仅多次交换河道，还进行了逆流竞渡，激烈的比赛引得河岸上观众欢呼阵阵。同时河岸上的踩鼓、芦笙、对歌活动却始终没有停止，河流中龙舟竞渡的激烈与河岸上苗族同胞娱乐活动的一片欢腾相互辉映，竞赛已经完全融入节日娱乐活动，河岸上的欢腾激起龙舟竞赛高潮一个接一个，龙舟竞渡传统运动的节日气氛达到了高潮。节日、竞渡、娱乐、商贸和谐地交织在一起，呈现一幅独特而完美的苗族独木龙舟原始竞技运动会的场景。

3. 苗族独木龙舟传统竞技组成形式相悖于现代体育竞技组成形式

（1）苗族独木龙舟竞赛大会组织形式，既简单而又富有传统的原始竞赛特点

独木龙舟竞赛大会组织形式有史以来每年都是由民间自发自愿组织赛龙舟，90 年代后成立了苗族民间独木龙舟协会：“施洞地区独木龙舟协会”。至此农历五月 25 日苗族龙舟节的“施洞地区”独木龙舟竞渡组织由“施洞地区独木龙舟协会”承办，然而，由最上游的南哨寨与河对岸的巴往寨是农历五月 24 日传统赛“龙头”的比赛点，赛点为平寨码头，为此赛“龙头”的活动由平寨村委组织。

当年下水的独木龙舟是否参加农历 24、25、26、27 日的“赛龙头”、“赛龙身”、“分龙赛”、“赛龙尾”等，仍然保持自觉自愿的传统，独木龙舟下水后可以选择性地参加以上任意地点的比赛。政府在苗族独木龙舟节只是参与协调水上安全和辅以适当的经费支助，同时重视对独木龙舟竞渡的原生态组织形式的保护和支持，保证了原始组织形式不受政策干预。

（2）苗族独木龙舟参赛队原始的宗、氏族组织形式

一条苗族独木龙舟开划，需要 40~60 人（包括后勤）参与，组成一支独木龙舟队一般为本村寨的“鼓头”组织或本村寨全体村民“村寨集资”村委组织两种参赛组织形式：“鼓头”是苗族部族村寨氏族选举，每年轮流选举本村寨德高望重的子女多的成年男性长者担当，为当年的“龙主”（俗称“鼓

头”，苗语称为“嘎纽”）。“鼓头”将负责当年独木龙舟竞赛的人员安排、饮食、亲友接待、龙舟下手、归棚、祭祀等一切经费开支，它的核心是“龙主”，当年竞赛的龙舟是以姓氏为主题（即“龙主”）身份参加比赛。“村寨集资”组织参赛形式是当年龙舟竞赛是代表村寨集体参加比赛，宗族共同承担龙舟竞赛经费的组织形式。可见它是单一部族组织的盛会，是苗族支系内部姓宗、氏族之间传存的传统习俗，“下游苗”38个村寨的姓氏代表“鼓头”组织和村寨集体代表宗族的组织参与龙舟竞渡，其形式几千年来从未被改变过，表现了苗族独木龙舟竞渡竞赛组成形式具有极其严格的宗、氏族内部传承的民族独特性。

（3）传统单性别的苗族宗、氏族竞技与现代竞技改造

苗族独木龙舟传统竞技独特的特点就是独木龙舟竞渡的男性参与制度，龙舟竞渡期间严禁女性触及龙船。苗族没有文字，历史记载方法除了服装、苗绣、银饰品外还有苗歌和神话传说，记载龙舟竞渡的起源就是以神话故事流传下来的，苗族的神话故事描述了苗族独木龙舟竞渡悠久历史和起源，在苗族歌曲中也有关于独木龙舟竞赛和独木龙舟祭祀的传说，祭师在独木龙舟祭祀唱词里也表现了独木龙舟竞渡是苗族先人崇拜、图腾崇拜等远古行为。近几年实地考察了苗族独木龙舟竞赛中的多个赛点，包括：施洞码头、平寨码头、铜鼓码头等。多年对苗族独木龙舟宗氏族竞技的考察证明，38个村寨有的是单姓氏拥有一条独木龙舟，有的是两个或两个以上的姓氏拥有同一条独木龙舟，同一条独木龙舟的不同姓氏必须是同一村寨人员。

20世纪90年代到21世纪初，施洞码头与平寨码头的独木龙舟竞赛在现代竞技改革的触动下，结合并采用了现代体育竞技规则，设赛道、定终点、抽签分组、奖名次等现代竞技标准化改造。

2008年的施洞码头、平寨码头独木龙舟竞技的现代改造在竞赛活动出现了龙船相撞和违背双方竞赛意愿等而取消了比赛；2009年平寨码头也出现了四新村竞赛异议而无果，导致比赛终止。原始竞技活动的现代改造后，往往不能再现它的本质，多少年来在经过无数次的无效比赛后，为了还原苗族几千年固有独木龙舟竞赛的民族习俗，2009年农历五月25日施洞、塘龙码头最为热闹和最具有代表性的苗族独木龙舟竞渡理智地回归为传统竞技表演形式。

4. 联合国教科文组织《国际传统运动与竞赛项目宪章》界定苗族独木龙舟竞赛性质

（1）贵州苗族独木龙舟是体育文化遗产

参照联合国教科文组织《国际传统运动与竞赛项目宪章》第六条“传统运动与竞赛项目作为体育文化遗产”6.1（备选案文1）必须编制的一个体育文化遗产名录：“具有与现代体育相对立的体育特性，具有具体的地区和渊源和特点，具有历史传统，具有文化复杂性和伦理特点”进行对照。贵州苗族独木龙舟符合“宪章”中具有代表苗族悠久历史文化渊源、单一地区（清水江、巴拉河流域）的民族（苗族“下游苗”支系）竞赛、民族文化与民族节日（独木龙舟竞渡“男性参与”与踩木鼓舞蹈“女性主持”、青年男女的游方、龙舟节日的民族商贸）、道德伦理相融合的原始体育萌芽的传统运动和竞赛项目特征。完全符合联合国教科文组织《宪章》对体育文化遗产的描述，苗族独木龙舟竞赛是中华民族之体育文化遗产。《宪章》第2条第1款规定“许多传统运动与竞赛项目属于国家、地区或全世界的文化遗产。有必要对传统运动与竞赛项目予以进一步的承认”。

（2）对苗族独木龙舟的竞技改造无须全球化或标准化

“宪章”第3条第1款“传统运动与竞赛项目有其自己的规则和标准，无须加以全球化或标准化。为使其进一步发展，对于它们的价值、独创性和练习者的需要应给以适当的关注。应对它们加以保护，使其远离商业化，因为商业化影响传统运动与竞赛项目的文化传承和价值。”① 独木龙舟几千年来基本完整的原生态的保存和传承了苗族独木龙舟竞渡文化特性，不同社会形态的变迁，它却一代一代流传下来。它是原始单一宗、氏族的竞技活动和节日；是处于原始萌芽体育状态下的氏族运动会。它无须竞赛规则全球化或标准化。

遵照联合国教科文组织第一七二届会议2005年8月《国际传统运动与竞赛项目宪章》，对照贵州苗族独木龙舟竞渡，其符合《宪章》界定为“传统运动”是体育文化遗产。

---

① 联合国教科文组织：《国际传统运动与竞赛项目宪章》，第一七二届会议，法国巴黎，2005年8月。

贵州苗族独木龙舟竞渡正是处于萌芽状态下的竞技娱乐，在苗族龙舟节日里独木龙舟竞渡包含了竞技、走亲访友、舞蹈、宗教、娱乐、民族商贸等等众多民俗活动；它处于与苗族其他节日文化活动交织在一起的混沌状态，是贵州苗族部族的欢娱节日；其运动形式可以视为体育萌芽，但实质上更应当作为一项世界级的非物质文化遗产来看待。

苗族独木龙舟的节日欢娱活动兼有教育、文化交流和增进苗族内部团结、缓释内部矛盾纠纷等作用，建议政府对它加以正确的引导和保护，使其远离体育竞技全球化或标准化改造和远离商业化。

竞技体育篇

第七章 面对当代体育运动的应用性研究

体育学是一门应用学科，需要有面向实践解决问题的功能。体育人类学的特点是脚踏实地用具体的第一手材料形成有助于解决问题的观点。总体上看，体育人类学面对当代体育运动的应用性研究，主要集中在以下三方面。

第一节 竞技人类学

体育活动中最鲜明最突出的亮点是竞技。它如此耀眼眩目，以至许多人以为它就是体育；竞技之光留下的阴影，使人误认为它是个突然冒出的怪物；也有人戴上文化放大镜仔细研究，却带来瞎子摸象的结论。竞技是体育的重要组成部分，在特定的时空环境中，竞技是体育活动中最主要的活动。以竞技为轴心推动体育事业的迅速发展。通过竞技，优胜劣败，立决名次，可以检验运动技术水平，选拔人才，激发后进，吸引更多的人参加体育活动。

竞技作为一种特殊的文化现象，它的发展对体育整体的发展起着深刻而广泛的影响，并进而影响着社会其他有关文化的发展。体育人类学必须较为完满地回答：竞技从何而来？人类为什么需要竞技？还要分析人类的种族、文化、性别、生存环境等差异，对其竞技水平有什么直接和间接的影响。

一、人种的体貌差异与竞技能力

竞技，是具有强烈抗争性质和游戏特点的比赛活动，是体育活动中最重要的构成之一。体质人类学力图回答两组不同的问题。其一是人类的产生和进化问题；其二是当代人类居民在生物特征上的差异及其原因。体质人类学的分支之一人种学，在体育人类学中的应用，使我们在体育运动尤其是竞赛中具有“类”意识。

（一）人种的分化与体貌差异

200多万年前，人类制造出石器，在进化的轨道上开始加速。旧石器时代，人类在不断迁徙中已扩散，在整个非洲和几乎整个欧洲及亚洲大部分地区定居下来，人种开始分化。从旧石器时代到现在，各大人种不断发生分化，又不断发生混合。

全世界各民族同属一个生物种属，但为什么有些民族身材高大而有些民族却体型矮小？人类族群在体质上是怎样去适应环境的？是不是某些民族（如爱斯基摩人）的体质生来就比其他民族更耐寒？是不是深色皮肤的色素对热带阳光有特殊的抵抗能力？体育人类学运用人种学研究体质差异，主要为了分析各种族在竞技选项中的利弊，寻求扬长补短的最佳途径。

人种，即种族（Race），是具有区别于其他人群的共同的遗传质特征的人群。人种与民族是两个不同的概念。人种是根据人们的皮肤颜色、头发的形状和颜色，眼、鼻、唇的形状以及血型等生理、生化性质而划分的。民族是根据在历史上形成的具有共同的语言、地域、经济生活和心理状态等特征的人们共同体而划分的。由此可见，种族是属于自然科学范畴的概念，民族是属于社会科学范畴的概念，二者是不能混淆的。比如我国五十多个民族基本上都属于一个种族即蒙古利亚人种，又称黄色人种；仅有塔克族和俄罗斯族属于欧罗巴人种即白色人种。但种族与民族又是有联系的，因为一定的种族必然包含若干个民族，而每一民族又属于一定的种族。同时，也有一个民族在形成过程中，包括几个种族的情况。

一般认为，最早提出人种科学分类法的是瑞典博物学家林奈（Linnaeus，1707~1778）。他在1735年主要根据人类不同的肤色，提出人种的四分法，即欧罗巴白种（Europaeus albus）、亚细亚黄种（Asiaticus Luridus）、阿美利加红种（Americanus rufus）、阿非利加黑种（Africanus niger）。1777年德国人类学家勃鲁门巴赫（T. F. Blumenbach，1752~1810）根据人类的肤色，结合发型、鼻型、面型、头型和住地，提出人种五分法：高加索人种（Caucasian race）、蒙古利亚人种（Mongolian race）、阿美利加人种（American race）、埃塞俄比亚人种（Ethiopian race）、马来人种（Malayan race）。1870 年著名人类学家赫胥黎（T. H. Huxley，1825~1875）在全面研究了人类的发型、头型、发色、肤色、眼色等体质特征。并结合语言和其他有关人种分类资料后，提出新的四分法：澳大利亚人种（Australin race）、尼格罗人种（Negro race）、蒙古利亚人种（Mongoloid race）、欧罗巴人种（Europaeus race）。此后世界人类学家又提出多种分类，分类标准不一，比如 1924 年英国的哈顿（A. C. Haddon）主要根据发型、头型，结合其他特征，把人类分为三大种：羊毛状（卷缩）发种、波状发种、直发种。羊毛状发种中又分为太平洋的和非洲的二支和九个地区类型；波状发种中又分为十七个地区类型；直发种中又分十一个地区类型。

目前，一般认为人类的四分法较为妥当，这种四分法是依据赫胥黎的分类法为基础的，计分为澳大利亚人种或澳亚人种（棕色人种）、尼格罗人种（黑色人种）、蒙古利亚人种或亚美人种（黄色人种）和欧罗巴人种或欧亚人种（白色人种）。另一些学者认为尼格罗人种与澳大利亚人种的共同性较多，往往把他们联合起来称尼格罗——澳大利亚人种或称赤道人种。

四大人种在体质上有如下区别：

尼格罗人种（Negro race）：皮肤黑色素含量多，呈黑褐色、黝黑色，头发呈螺旋形卷缩发，发色黑而略带暗红，眼色棕黑，颧骨不高，鼻翼短宽，鼻梁低平，唇厚外翻，颌部微突，再生毛稀少或中等。

蒙古利亚人种（Mongoloid race）：淡黄至黄褐色皮肤，硬直或微曲的发型，发色系黑色或略带棕色，眼色由浅褐至深褐色，颧骨突出，脸部扁平，鼻型和唇厚中等，铲形门齿较多，两眼内有特别的“内眦褶”，遮盖泪阜（美洲印第安人“内眦褶”较少见），再生毛较少。

欧罗巴人种（Europeoid race）：白至浅褐色皮肤，波状或直的发型，头发有褐、栗、棕黄、金黄等颜色，眼色呈蓝绿、青碧、浅褐等色，颧骨不明显，鼻型狭高而长，唇较薄，颌部略缩，胡须与体毛发达。

澳大利亚人种（Australian race）：棕色、深棕色至棕黑色的皮肤，波状发和羊毛卷状缩发，发黑色，眼色呈棕褐色至黑褐色，鼻宽短，鼻梁低凹，唇厚，颌部突出，眉嵴显著，再生毛发达。

以上种族特征，几乎全都可以通过遗传基因世代相袭。各大人种都有统一的起源，大约在旧石器时代后期，才开始发生种族的分化。这种分化是各个群体在迁徙定居后，主要受自然环境影响而逐步发生的。体育人类学感兴趣的正是各种族体质以及由此引起的身体运动能力的差异。

当代交通已空前畅达，国际及洲际间赛事频繁，奥林匹克运动把各色人种都召唤到五环旗下，检阅各自的身体运动能力。这不仅各个国家的较量，也是各人种体质的展示。因此，在大量只能用视觉观察的情况下，体育工作者有必要多了解一些人种差异。下列的一些人类学的体貌常识，建立在人类共有的基础上来描述不同人种的区别：

1. 毛发

毛发是哺乳动物特有的一种皮肤衍生物，被覆于身体表面，有防御侵害和保持体温的作用。人体除手掌及足跖外，都有毛发。人体毛发的长短与生存时间，根据身体部位，以及年龄、性别、生理状况而有所区别。全身以头发最为粗长，四肢、躯干的体毛细而短。

哺乳动物毛的脱落和更换，有一定的时期。人类毛发的更换则不是在一个时期内进行而是逐渐脱落，逐渐更换的。同一个人，不同部位毛发的寿命不同，头发的寿命，可能有2~5年；眉毛、睫毛与体毛的寿命远较头发为短，为50~150天。人在一生中，依次出现三种类型的毛，即初生毛、次生毛和再生毛。

初生毛即胎毛，最早于胚胎第三个月，临出生前，胎毛大多脱落而为次生毛所代替。次生毛是纤细的浅色毛，分布于背部、四肢等处，头发、眉毛及睫毛等也属于次生毛，但直径较粗，颜色较深。再生毛是性成熟时，两性的阴毛和腋毛，以及男性面部的胡须，胸部、腹部及四肢上的体毛均属于再生毛。

人类、类人猿及其他狭鼻类，每根毛发都有单独的毛囊，并通过各自的孔伸出表皮之外。而其他大部分哺乳动物，每束毛（2~5根）常有一个共同的毛囊，并通过共同的孔伸出表皮之外。毛皮兽的毛，是最典型的成束分布，每束毛中有一根较粗的针毛和若干根较细的细绒毛。而人类、类人猿和其他狭鼻类则没有针毛和绒毛之别。

发型是重要的人种特征之一。中亚、北亚、东亚的大多数居民以及美洲印第安人都是直发。一般认为，爱斯基摩人的头发最硬，欧洲人有浅波发的较多。属于波形发的有澳大利亚人及南亚、东南亚的居民。属于卷发的有非洲黑人及新几内亚和美拉尼西亚等地的居民。羊毛状发则为布须曼人及霍屯督特人所特有。

头发的弯曲程度和硬度与它的横断面的形状和大小有关。一般说来，头发愈硬愈直，其横断面的面积也愈大。不同部位的头发粗细不同，但总的说来都较体毛为粗。女性的头发比男性的细。头发的横断面可在显微镜下，用测微尺测量其最小径和最大径。直发最粗，最大径近 0.1 毫米；波发次之，为 0.08~0.09 毫米；卷发的变化较大，但大多数较波发为细。

头发的长度与发型有关。一般直发最长，其长度往往可超过 1 米；羊毛状发最短；波发和卷发则介于两者之间。在同一族群中，女性的头发较男性的为长；在波发和卷发的族群中，两性的差别，尤为显著。

头发的密度与粗细有关，头发愈细则愈密。头发的密度以每平方厘米的根数来表示。在现代各大族群中，澳大利亚最多，白色人种次之，黑色人种又次之，黄色种最少。根据有人不完全的统计，每平方厘米的头发根数，意大利人是 408 根，日本人是 238 根，苏丹人是 236 根，中国人是 224 根。

身体不同部位的毛发，其生长速度不同。头发在一昼夜内平均增长 0.2~0.3 毫米；胡须则增长 0.4 毫米左右。毛的生长速度具有季节性，在春夏两季，毛的生长较秋冬两季为快。

胡须属于再生毛，性成熟后开始生长并迅速发展，随年龄而变化，一般在四十岁以上逐渐增多，至老年期则更发达。胡须在族群间和地区间有很大的差别。澳大利亚人、虾夷人和外高加索地区的一些居民，胡须特别发达；北亚一些族群，特别是拉摩脱人，是世界上胡须最不发达的族群。以中国人来说，西北地区的回族和维吾尔族等的胡须，一般比汉族和西南地区少数民族发达。

2. 肤色和发色

决定人体组织颜色的主要因素是各种色素。人体组织中的重要色素有卟啉、高铁血红素、脂色素及黑色素等。肤色、发色和眼色都是由黑色素决定的，由于黑色素在皮肤、毛发和虹膜中的数量和分布状况不同，使这些器官呈现不同的颜色。色素缺乏是一种病理现象，称为白化病。白化病既见于浅肤色的人种，也见于深肤色的人种（如黑色人种），都是先天性的。色素的含量与分布状态在一生中会发生变化。肤色随年龄增长而逐渐加深；头发也一样，中年以后头发变白是由于黑色素停止产生以及细胞间含有气泡的结果。

肤色　皮肤由表皮和真皮两部分组成。黑色素集中存在于表皮生发层中，位于细胞之内，人类皮肤的真皮中一般没有黑色素。而许多猿猴类在真皮中有黑色素，所以皮肤呈青色。婴儿的骶部或其他部分真皮内，有时也含有色素，使皮肤表面显出蓝色斑（或称蒙古斑）。

黑色素不是由血红素产生的，它是在表皮生发层细胞中，由原色素（酪氨酸）在特殊酶（酪氨酸酶及某种氧化酶）的参与下形成的。过去有人认为，不同的肤色是由不同的色素造成，这是无根据的，人类学的研究证明，各种肤色是由所含黑色素数量的多寡和分布状态（颗粒状或溶液状）来决定的，绝不是由不同种类的色素所造成。此外，肤色还和血液在毛细血管中的充盈状态、皮肤粗糙程度及皮肤湿润程度等有关。

体表部位不同，肤色也不同。背部肤色比胸腹部要深得多；四肢伸侧比屈侧要深一些；颜色最深处是在乳头等处。手掌和足跖是全身肤色最浅的部位，甚至在肤色极深的族群，这两部分肤色也明显浅于其他部位。浅肤色族群的唇黏膜部没有色素，丰富的血管网使唇呈现红色。在深肤色族群中，唇黏膜部含有黑色素，因而唇呈紫色。

在阳光的作用下，皮肤会晒黑，这是由于阳光增强皮肤内黑色素的形成过程所致。阳光的散射光和由光亮表面（如海面和雪地）反射出来的光线，都有着与阳光同样的作用。无论是深肤色或浅肤色的个体都会晒黑，但是色素沉积的强度不同，深肤色的个体要比浅肤色的个体强得多。深肤色对有机体具有保护作用，因为色素可以保护位于深层的血管等组织，免受紫外线强烈的伤害。在同一族群中，由于性别不同、生活方式不同，肤色也不完全相同。一般说来，男性的肤色要比女性的深一些。

肤色的个体差异不管有多大，也不管如何受外界环境条件的影响，种族间的差异总是极为明显的。因此肤色是人种分类的最重要标志之一。

发色　在人类学上，发色与肤色一样，也是区别种族的重要标志。发色由头发皮质内所含黑色素的数量和分布状态（颗粒状或溶液状）所决定。溶液状色素的存在，常使头发呈现带有红色的色泽，而棕黄色的头发是因为含有特别多的溶液状黑色素。在深肤色的族群中，不仅头发的皮质而且髓质中也含有黑色素。老年期头发变为银灰色，是由于毛发组织空隙增大、色素减少等因素造成的。发色除因年龄而变化之外，还受健康状况以及阳光、气候等影响。

3. 头面部形态观察

人的头面部的骨性基础是由脑颅八块骨和面颅十四块骨构成的，而覆盖在头骨表面的软组织是进行活体观察的最重要的部分。

眼　下眼睑形状很少变化，但上眼睑的变化较大，在相当大的程度上决定眼部外形的整个特点。上眼睑皱褶蒙古褶（Mongoloid fold），也称内眦皱襞。是上眼睑皱褶向眼内角延续而形成的皮肤皱襞。蒙古褶发达程度有明显的族群差异，最常见于中亚、北亚和东亚等地蒙古人种中。一般说来，欧洲人、澳大利亚人、美拉尼西亚人及非洲人等都没有蒙古褶，但非洲的布须曼人有蒙古褶。蒙古褶有明显的年龄变化。俄罗斯人和日耳曼人，在成年时期完全没有蒙古褶，但在儿童中却可看到。在童年时期全都有蒙古褶的族群，随年龄增长其出现频率逐渐减少，特别在 40 岁以上变化非常明显。例如，朝鲜人在 20~25 岁的年龄组中，92%具有蒙古褶；在 26~39 岁的年龄组中有 77%具有蒙古褶；在 40~50 岁的年龄组中只有 36%；而在 50 岁以上只有 15%。在女性中，蒙古褶比同年龄的男性稍多。

眼裂倾斜度有族群的差异。细窄的眼裂是中亚、北亚及东亚蒙古人种各族群的特点，他们同时具有发达的蒙古褶和上眼睑皱褶。高宽眼裂是黑色人种各族群的特点。欧洲人眼外角较眼内角稍高；蒙古人种各族群，眼裂往往是斜的，眼外角明显高于眼内角，这与眼内角具有蒙古褶有关。

鼻　鼻的突出程度对于人种的研究具有重要的意义。欧洲人鼻根高，鼻梁突出，如希腊人，鼻高的占 95%左右，而鼻梁几乎全部是突出的；黑色人种和蒙古人种则大多数为低平或中等的。鼻形的族群差异明显。希腊人凸鼻百分比很高，约有50%的希腊人为凸形鼻。鼻形的年龄变化也很明显，随着年龄增长，凸形鼻百分比增加，而凹形鼻的百分比小。随着年龄增长，上翘鼻尖与鼻基的百分比逐渐减少，而下垂形的鼻尖与鼻基逐渐增加。在同一族群中，女性上翘形鼻尖与鼻基百分比较男性多，而下垂形的鼻尖与鼻基百分比较男性少。

唇　分为上唇及下唇，闭合时只有一条横缝——口裂，其两端为口角。唇主由皮肤、口轮匝肌、疏松结缔组织及黏膜组成。在唇中央，沿皮肤表面中线上，有一皮肤沟称人中，这是人类特有的结构。

耳郭　有一系列的特征。耳郭卷向外的游离缘称为耳轮，以耳轮脚起于外耳门上方；在耳轮前方，与耳轮平行的弧形隆起称为对耳轮，对耳轮向上分为上、下两脚，脚间的三角区称为三角窝；耳轮与对耳轮之间的凹沟为耳舟；对耳轮前方的深窝为耳甲，被耳轮脚分为上、下两部，上部称为耳甲艇，下部称为耳甲腔，耳甲腔通入外耳门。外耳门前方有一突起，称为耳屏；耳屏上缘和耳轮脚之间的凹陷处，称为耳屏上切迹；对耳轮前下端终于与耳屏相对的隆起，称为对耳屏；耳屏与对耳屏之间的凹缘为耳屏间切迹。耳郭下端为耳垂，耳垂中没有软骨，只含结缔组织和脂肪。

4. 体形

体形是指人体的外形特征与体格类型。它与人体的生化过程特别是与碳水化合物和脂肪代谢有关，通过这些生化过程，促使肌肉发达与脂肪积累。肌肉发达程度与脂肪积累程度是构成体形的主要基础，因此，体形与体育的关系很密切。

以往有不少学者对体形进行过研究，但都有一个共同的缺点，就是单从外表形态特征、体部测量与指数进行研究对比，忽视了不同体形所产生的内脏器官类型的差别。体形与内脏器官类型关系十分密切。例如，肥胖型的人，胸短，腹长，胃肠道的位置较高，胃几乎呈水平位。所以研究体形必须注意体形与内脏器官类型之间的关系。

体形随年龄而变化，因性别而差异。从胎儿至成年人，头部与躯干和四肢的比例，足以说明体形随年龄的增长发生变化。以头高与身高的关系来说，胚胎两个月时期，头高为身高的二分之一；出生时，头高为身高的四分之一；

至成年期，头高为身高的七八分之一。以体重来说，出生后半年的体重为出生时的两倍；一周岁时为出生时的三倍；六周岁时为出生时的六倍；十五岁时则为出生时的十二倍；在这段时间，两性个体间的体重差别不大。至二十四岁，两性个体间的体重差别变大。以后，两性的体重逐渐增加，至更年期，体重有急剧增加的倾向。

人类学的价值在于促进人与人之间的相互了解。它告诉我们：各民族在文化和体质上存在的差异，是为了适应某些特定的自然环境和社会条件而形成的。相互了解、理解和谅解，使我们认识到人类发展的艰辛历程和巨大成就，从而充满信心接受未来的挑战。

尽管不同的人种在社会意义上是平等的，但我们并不能否认人种在生物性方面的差异。要知道，在竞争已经进入白热化的当今国际体坛，哪怕是极其微小的差异，也影响到国旗的升降。譬如，对运动成绩影响很大的身高的差异等。两个黄面孔的青年男女生不出白人或黑人小孩，说明人类在生物学上存在差异。美国的早期白人移民杀掉印第安人而不远万里运来黑人，其因素之一是由于黑人体质更强健，更适用于在种植园当奴隶。

（二）竞技能力的人种差异

在体育和竞技中的人种、种族和种族问题的研究，以及训练和比赛的环境、性别等问题的研究，随着体育人类学的兴起，正处于起步阶段。

1. 黑色优势

当今世界体坛，刮起了来势凶猛的“黑旋风”，世界大赛中的短跑类决赛，几乎为黑人选手所垄断。黑人为什么具有如此出类拔萃的运动才能？经过运动专家们的探索研究，找到了有关运动生理和解剖学方面的原因。

首先，相对于其他人种，黑人具有肩膀较宽、臀部较窄并后翘、四肢修长、重心较高、大腿短而壮、小腿长而瘦、足弓高、脚跟脂肪垫厚、跟腱粗壮有力和全身脂肪少、关节灵活、协调性好等身体结构，使得他们从事运动自然流畅、舒展大方，特别表现为爆发力强、速度快、弹跳好，富有节奏感。

其次，黑人的血管比白人和黄种人要粗。据测定，黑人成年男子每立方毫升血液的血红细胞数为 600 万~700 万，女子 450 万~550 万，而其他人种的这个数值一般为男子 400 万~500 万，女子 350 万~450 万。血红细胞是提供氧和养料的运输机。黑人血液血红细胞多，其适应剧烈运动的供能能力和排泄废物能力较强。黑人血液中的睾丸激素的浓度比白人和黄种人高出3%～19%；成年黑人骨骼中的无机质含量较高，平均密度比白人高出一成，因此更有利于许多形式的运动。

最后，黑人的肌肉较多，并且肌肉中的快肌特别多。近年运动医学发现人的肌纤维有白、红之分，白肌纤维收缩快，但持续短，红肌纤维收缩慢但持续时间长。黑人选手由白肌纤维组成的快肌约占肌肉的85%，在速度类项目的竞赛中优势往往很突出。肌肉较多而脂肪较少有利于散热。

这些生理解剖特征，使得黑人在田径的短、跨、跳项目及拳击、篮排足球等大球项目方面具有得天独厚的生理优势。有所长则有所短，黑人在另一些项目上则表现出一定的劣势。譬如修长的四肢在举重时需要克服地心引力做更多的功；较高的骨密度在游泳时需要更大的浮力等。黑人运动员在自行车、马拉松和竞走一类长距离运动中难有建树，许多追求技巧性的项目如乒乓球、羽毛球等，要求肌肉分工非常精细，黑人中没有世界水平的名将。黑人也不太适应射击、射箭一类静力性运动。至于跳水、体操等，要求运动员有很好的稳定性，与黑人的身体结构正好相反，故鲜有名将在高水平的竞技中出现。

不少黑人体育名将称雄世界体坛。经专家研究，黑人运动员之所以能在某些项目中崭露头角，当归功于他们的生理优势：

（1）能耐高温，能经受大量紫外线照射，因为他们的散热功能及辐射功能较强。

（2）心血管粗壮，肺活量大。因而可以达到很高的血液乳酸阈值。耗氧少，呼吸快，有助于体能的发挥。

（3）全身关节极度灵活，四肢肌肉呈现长条状。在进行激烈运动时，作用于同一关节处的肌肉协调性好，易产生爆发力。

（4）脚部构造异于其他人种。二趾长，拇趾短，脚跟骨大于其他人种，脚底厚实多肉，落地时的震荡可减至最低限度。

人们还发现，黑人运动员在游泳方面却成绩平平，是因为黑人在水里受到浮力较小。人在水里受到的浮力是由人体密度和脂肪决定的。人体脂肪比重较水轻，但骨骼、肌肉及其他一些人体组织的平均比重却比水重（1.1克/

立方厘米），而黑人的骨骼比重比其他人种约重 10%。尽管目前掌握的资料尚欠全面和精确，但黑人运动员的脂肪少于其他人种的说法已被证实。因此，黑人的较重骨骼和较少脂肪导致了他们身体比重的增加，相对来说浮力就减小了。

人类学，为我们揭示了在保障直立行走的综合特性方面，各人种的统一性和细微差异。尽管各种族的个别特征有某些差异，如股骨表面凹凸不同的发展情况，股骨干断面的指数，大脚趾的缩小，骨盆形状及其他一些特征，但依然可确证，在那些保障人类直立行走、手部动作及一切劳动活动的主要特征方面，现存所有种族彼此完全相近。

测试表明，所有种族骨骼上的膜间指数几乎都相同："白种"为 70.5，尼格罗人种为 70.3，中国人为 71.1。根据其他一些学者的资料，膜间指数的种族差异程度也是微乎其微的：欧洲人为 69.1，中国人为 68.5，澳大利亚人为 68.7，爱斯基摩人为 68.7，美洲印第安人为 69，维达人为 68.1，布须曼人为 68.1。而黑猩猩的膜间指数是 107.2，大猩猩为 116.9，而长臂猿为 114.6。

脚掌长度同大腿长度相比很小，这是人类十分特殊的特征。腿部肌肉的变异情况，在各种族中都很相似。19 世纪末，曾有许多学者认为，尼格罗人种同"白种人"相比，其小腿肌发育很弱，但是，大量新资料完全驳倒了关于尼格罗人种的这种看法。例如，在男性尸体（100 个黑人和 100 个"白种人"）上测量小腿圆周绝对长度，黑人为 288.5 毫米，而"白种人"为 280.7 毫米；小腿圆周相对长度（与身高的百分比）是："白种人" 16.45，黑人为 16.5。

人类特有的肌肉（第三腓肌）在欧罗巴人种各群团（柏柏尔人、欧洲人）中的出现率为 76.4%，中国人为 81.5%。

据对大量材料研究的结果说明，人类特有的脚掌下的肌肉出现率，在欧罗巴人种为 86%~93%，日本人为 89%，中国人和黑人为 98%。

种族在生物学可能性范围内的类似相近性，说明人类身体结构的基本形态在种族分化开始之前就已具备了。但是，各人种解剖和生理方面的微小差异，可能正是高水平竞技的成绩和记录中产生明显差异的根源。研究这些差异，寻找它们的相互联系，是竞技人类学的任务之一。

2. 形态差异

世界身高的算术平均数的地理差异达 40~41 厘米（男性）。最矮的是刚果河流域的黑人（非洲俾格米人），平均身高 141 厘米。最高的是非洲乍得湖东南的黑人，平均身高为 182 厘米。

世界上最矮的群体是：中非俾格米人、东南亚俾格米人、南非布须曼人。

最高的是：热带森林界限以北的尼格罗人某些群体、苏格兰人、马克萨斯群岛的波利尼西亚人。

身材矮小（低于 160 厘米）是欧洲、亚洲和美洲最北部的人的特点；东亚和东南亚（日本人、印度、中南半岛、印度尼西亚的许多民族）、中美和南美的许多群体也身材矮小。

但是，欧洲北部、巴尔干半岛、高加索、印度西北部、北美的白种人身材也很高（男人平均 170 厘米）。

身高与营养和卫生有直接联系，与体育活动的直接相关性倒值得深入研究。许多竞技项目都需要身材高大的运动员，因为身材的高矮在很大程度上取决于下肢的长短，而不是坐高，所以一般高个子的腿长，具有明显的运动优势。人类学的研究早已指出，人类的下肢逐渐增长，与猿类已有很大差别。竞技符合人类的进化选择，腿长也符合人类的审美理想。

由此，设想是否可以进行这样的研究，即各人种的形态（如身高）与运动能力（如竞技）的比较。然而，困难的问题出现了："分布地区"指原住民，即土著居民，与近现代的移民国家如美国等完全是另一回事；竞技能力如果根据国际比赛中的成绩来确定的话，擅长的项目并不充分说明体质优势，有相当多的文化因素，与经济实力和开展意识密切相关。总之，各人种之间竞技运动能力的综合比较研究，是一项内容相当复杂和丰富的庞大课题，留待我们今后去探索。

3. 环境因素

生物的进化规律控制了世界上各种各样物种的产生和消亡，并且使这些物种逐渐演变成复杂的新的类型。人种是人类历史的发展过程中形成的。在人类历史发展早期，人们不能摆脱自然界的束缚，所以自然选择对他们的作用是很大的。不同的人种特征是人们在不同的自然条件下长期适应变化的结果。

在同一物种里，生活在寒冷地区的动物，比起生活在热带地区的动物身体要庞大些。在同一物种里，生活在寒冷地区，比起生活在温暖地区的动物具有较短的四肢。生活在寒冷地区的人一般要肥胖些，这是因为当一个人身体增大时，其体积的增加大于其表面积的增大时，而热量的散发是与表面积的大小成正比的，所以身体粗壮的人比身体瘦小的，散失的热量相对来说就少些，因而肥胖的体形适合于生活在寒冷地带。有人还认为，寒冷地区的人的头颈比炎热地区的人要短些，这可从测量颈椎的长度而得到。此外，住在赤道地区的人的手、脚，都较住在寒冷地区的要细长；躯干长与腿长的比例也小于寒冷地区的人的比例，单身高的体重也小于寒冷地区的人。

在人种形成的初期，肤色也具有适应意义，黑色皮肤在热带地区是有利的，因为皮肤的色素深在赤道地带有保护作用。我们可以清楚地看到肤色的变异在地理分布上是有规律性的：黑人比白人的皮肤深，埃塞俄比亚人比南欧人深，南欧的又比北欧深，蒙古南部的人比西伯利亚人肤色深，澳大利亚人和美拉尼西亚人比较北边的所有波发类群的人要深些。黑色素有吸收太阳光中紫外线的能力，使皮肤对太阳光的敏感性降低，从而保护皮肤内部结构不致因为过多的紫外线照射而受损害。热带地方太阳直射，紫外线很强，那里居民的皮肤内黑色素含量很高，所以皮肤为黑色；而寒冷地方太阳光微，紫外线也弱，黑色素含量低，因此皮肤呈浅色；而居住在温带地区的人们皮肤内所含的黑色素量中等，所以肤色为黄色。但是黑色人种皮肤内的厚厚黑色素层，像过滤器一样阻挡了紫外线进入体内，所以会使体内不能制造出足够的维生素 D 来，迁居到北方往往会得佝偻病。在多云的气候条件下，黑人儿童比白人儿童易得佝偻病，尤其在半明半暗的热带丛林深处，那里的黑色人种多为矮小型；但是如果在阳光强烈的条件下，那么还是有足够的紫外线穿透进去，以用于制造必要的维生素 D。

黑色人种的血液所含有的铜元素比欧洲人多，这与铜通过一种氧化酶的催化反应参加到黑色素的形成有关。黑色人种的皮肤，在很大程度上比白人更适应于炎热的气候。黑色人种的脚掌和手掌，每一单位表面的汗腺在数量上比白色人种多。黑色人种皮肤对温度的调节比白色人种完善，他们在极度炎热的情况下，可迅速地恢复到正常温度。白色人种和黑色人种的婴儿，对忍受高温及干燥的能力是不同的，如从撒哈拉、塞内加尔、苏丹吹来的炎热而干燥的风，对白色人种的婴儿会招致大量的死亡。

住在干寒的北方的人们的鼻子，较高、较狭窄，鼻孔也较狭窄，而住在湿热地带的人们的鼻孔和鼻子都较宽阔。这一方面因为鼻子高大，鼻黏膜面积相对增大，这样可使冷空气在吸入肺之前增加了预热的效果；另一方面还可使吸入的空气湿润。在这方面有人认为湿润性作用要比预热作用更重要些。

在炎热地带，空气的平均温度比体温低不了多少，黑人的口裂相对面部和头的大小来说较大。口裂加宽，增加了口腔水分蒸发表面，有助于使吸进的空气冷却，这在热带环境下也是有利的。卷发对黑色人种也是有利的。黑色人种的头发像羊毛卷，一簇簇地贴在头皮上，每卷头发周围都留有很多的空隙，当强烈的阳光照到头发表面时，由于空气的传热性很差，使热不能直接传到头皮和血管，所以这样的头发就好比是一顶凉帽，起到了隔热的作用。有人还说黑色人种的头发本身就含有较多的空气气泡。

由于自然条件和地理环境对人类的种族体质差异有决定性的影响，各国开始选择特殊的地理条件来提高优秀竞技选手的运动能力。

各色人种在体质上有一些微妙的差别，明显地表现为肉类摄入量的多少。阿根廷人平均每年食肉约 90 公斤，也就是说老弱妇幼全加起来每人每天要吃半斤肉，而且主要是品质很高的牛肉。肉类的蛋白质含量高，特别是必需氨基酸含量高，属于优质蛋白质食品，很容易被人体消化吸收。它还含有能溶于水的含氮浸出物，如肌凝蛋白原、肌肽、肌酸、嘌呤碱等，可使烹制成的菜肴味道鲜美，能增强人的食欲。据国外报道，长期大量进食肉类的人，其血浆睾丸素的浓度比一般人高。吃惯了肉食的人若转为以素食为主，血浆中的睾丸素水平就会急剧下降，而血中睾丸素是发达肌肉的重要因素，睾丸素浓度的高低直接关系到肌肉生长快慢。欧美人之所以体形高大，身强力壮，与他们长期大量进食色肉类的习惯是分不开的。

事物的发展往往是利弊相存的。对人种差异应该保持宽容接受的心态，如同矮人看到高人、胖子看到瘦子一样，没有必要为不能在所有的竞技项目上拿金牌而愤愤不平。较之中国田径、赛艇等项目的长期落后，人们大可不必为中国足球感到羞愧。

4. 其他

人类在历史上早就存在人种的差异，人们对此曾有过一般的认识和记载。可是，它成为人类学研究范围中的一个专门项目，还是在“地理上的大发现”之后的事情。19 世纪刚建立起来的人类学，需要对当时提出来的有关人种的新材料、新问题做出解答。如何识别不同的人种、种族集团；各种不同的人种和种族集团又是如何产生的，怎样演变；种族和民族的区别和关系、种族的自然性、社会性及其互相影响和联系这些项目很自然就引入了人类学者的研究项目表。

关于人种的研究，多从人体体型、体质及其测定上开始，从头型、体型、发型、肤色、血型、细胞染色体等到异同比较或复合组织形态上的研究着手。相继而来的就是探索人种分类法。种族则是以血缘为主要特征的一种人类群体，可是，它又具有其自身的发生和演变过程，需要人们去认识，特别处于不同历史时期、不同地域、不同自然条件、不同社会环境中的各种群体或群体成员，他们在流动迁徙，交错混杂，出现了许多错综复杂的现象和问题，需要人类学对他们做长期不懈的观测和探索。

世界上既有人种差异存在，就必然有形形色色的种族问题发生，这就要求人们去认识和解决。体育人类学有助于认识和理解种族差异，发掘各人种身体活动的巨大潜能，使人类整体走向健康。

黑人擅长于田径类活动，使用游泳设施、篮球，及各种对抗形式活动，特别是拳击。相形之下，黑人极少参与乒乓球、高尔夫球与射击等活动，这些传统上是属于白种中等阶级的消遣。黑人儿童与青年喜欢广泛参与音乐、戏剧与舞蹈等活动。而且，黑人家庭经常使用野餐、钓鱼及骑自行车等设备，这些都算是相当便宜的。相对于此，他们对较昂贵的活动如划船、滑雪、射击，参与也很有限。白种人多参与所谓的“上流阶层”文化品位的活动。由现有相关报道可发现，白种人较常从事阅读、文化活动、户外游憩、冬季运动、露营、滑水、高空滑雪、滑雪橇、驾雪上车、打高尔夫、旅行、做园艺、看电影，及外出用餐等。黑人则较常参与宴会、逛街，及休息、放松等。有的研究人员还发现，黑人比白人更活跃于参加竞技运动项目，但较少活跃于野外相关的户外游憩活动。黑人最喜爱的户外活动，主要有钓鱼、打猎、捉螃蟹等。除了参与活动之不同之外，种族差异还表现于场地之使用上。黑人多在居家附近娱乐，较常使用当地的地方公园，反而不常使用州属及国家公园。有的研究者发现，都市化程度愈高，则白人/非白人的休闲参与比率愈是相近。

我们要特别注意到，人种和民族是两个不同的概念。民族是属于历史学范畴的词汇，它是历史上形成的稳定的人们的共同体，它具有共同的语言，居住在共同的地域，有共同的经济生活和文化。不是由于人种的属性，而是语言、地域、经济生活、精神气质的共同性，把他们联合在一个民族之中了。而人种的特性是属于生物学范畴的。一个人种可以包括一个或好几个民族，例如，黄色人种包括东亚许多国家的许多民族，连美洲的印第安人也属于黄色人种；一个民族也可以包括一个或几个人种，例如，我国汉族也是由几个不同的人种集团所组成的：华北地区的居民属于东亚人种，华南地区的居民属于南亚人种。

人种和国家也有区别，国家是一个政治机构，是有一定的统治范围和人口，往往一个国家由好几个人种组成，同时一个人种也可以分布到好几个国家中去。美国的人口中就包括有白色人种、黄色人种和黑色人种；而一个人种如黄色人种就分布于世界上许多国家中，如日本人和中国人中的大部分人都属于黄色人种，虽然两者在体质特征上还是有区别的。日本居民的头型为中头型，和我国华北人较接近，具有东亚人种的特点；另外，日本人的毛发非常发达，肤色较黑，鼻宽唇厚，面短，腿短，身材矮小，又具有千岛人种的特点。

有国家和民族利用人类学的成果来提高竞技水平。比如，利用指纹选拔运动员。俄罗斯全国体育文化科研所运动人类学和遗传学实验室的专家曾宣布，他们已经掌握了根据人的指纹来判断人的体能技术，包括肌肉的力量、灵活性、耐力和机智程度以及协调性等。皮肤纹路反映着一系列心理和生理特点。为鉴定运动员的潜能，首先设置一个代表指纹复杂程度的系数。最简单的纹路是圆弧形，用 0 来表示；复杂些的环形，用 1 表示；而螺旋形或双环形，用 2 表示，两手总共能从 0 累加到 20。对一组优秀运动员进行的研究显示，系数低则证明其爆发力超群，这是自行车、田径、赛马等项目运动员最必需的；系数中等则证明其耐力出色，这是冬季两项运动、公路自行车赛等长距离运动项目的运动员的特征；系数高则意味着从事繁重的协调性运动的能力强，例如举重、摔跤等运动。足球和篮球运动员的系数高，说明他适合防守；系数低则意味着他更擅长进攻。所以，要根据运动的不同特点选择适合的运动员，高水平的进攻型选手，最典型的特点是速度，力量和反应超群；而防守队员则要能在复杂的情况下迅速决断，出色地完成协调行动。

二、探索极限与提高生存适应性

竞技最大限度发掘身体潜能并充分发挥操纵身体的技巧的活动，主要通过比赛的形式进行。从运动学的意义而言，竞技是展示人的身体运动能力，提高技术水平的最重要的检阅方式。没有竞争和比赛，所谓运动，所谓体育，都成了丧失活力的躯壳。没有形形色色的竞技纪录，体育便在人类文化财富的宝库中黯然失色。所以我们说，竞技是体育的特征。不能想象，离开了竞技的体育是什么样子。竞技对体育，在促进体育的生长、发育、传播、繁衍的方面的独特作用是没有替代物的，具有灵魂般的生命象征意义。

（一）重构竞技价值观

竞技是体育活动中引人注目的部分。竞技文化是构成体育文化的核心，社会往往是通过竞技这个窗口来观察体育运动的发展，了解体育事业的辉煌成就。因此，运动竞技对于社会的影响极大，早已超出了强身健体的狭小范围。我们认识到的体育日益增多的功能、价值和意义，很多是由竞赛活动表现出来的。有趣的是，竞技和艺术、科学都把自己的萌芽基质归结于游戏，寻找出精神生产的娱乐动机，显示出美学意义上的快感吸引着人们孜孜不倦投入这类活动。

自古以来，世界上几乎所有的儿童都爱玩与其环境有密切关系的追逐游戏。例如，印度阿瑟姆以狩猎著称的奥拿加斯人，在儿童时代即经常玩一种称为“堵口”的游戏。在此游戏中，竞赛者分为两队，一队扮演老虎，另一队扮演村民，老虎企图突破村民的圈子并将游戏中的牺牲品攫走。中国儿童普遍喜爱的“老鹰抓小鸡”、“抱蛋”等也是这类游戏。原始时代的儿童经由游戏学到许多关于如何做一个成年人的事，如跑、跳、投、射箭、骑马、泅水……这些游戏逐步成为一种程式化的竞技，其规则的日益严密和完善，使之变为成年人也乐于接受的趣味无穷的游戏——运动竞赛。有人把 OLIMPICE GAMES 译为“奥林匹克游戏”，从某种意义上讲不应以为错。

在史前时代，无疑为了求生，人类对跑的能力较现代更为看重。最能跑的人不论在平时还是在战时作为传达及侦察，都特别有用。举行各种不同距离的赛跑在所有北美印第安人中都是习以为常的事，且都与其部落性的礼仪相配合。沙松族举行礼仪性的男女赛跑。在接力赛跑极为普遍的东南方各部落中，甚至村外都设有圆形跑道。中国古籍载，藏族宗教活动中有“跑人”，台湾同胞中有善跑高手，元代蒙古族的“贵由赤”长跑赛比马拉松的距离还长。古代奥运会最初的竞赛项目也是跑。

历史研究表明，对抗性的运动竞技的萌芽很早就出现在东方。现存于巴格达博物馆的一尊大约于公元前 2800 年铸造的青铜像，是反映抱腰摔跤仪式的古老文物。约在公元前 1800 年镌刻在石碑上的表现狩猎、射箭、拳击、车赛的图画，反映了古巴比伦人竞技盛会的状况。在古埃及法老们的墓壁上，还发现了角力时抓握连续动作的若干图画；公元前 15 世纪创作的浅浮雕，已刻画了划船手比赛和追逐战车飞奔的战士。公元前 1360 年的赫梯文译本也反映出当时古印度已有了高超的赛马术。

从中国远古的神话传说中，可见竞技活动的端倪。蚩尤“与轩辕斗，以戴牛角而相抵。”（《述异记》）《礼记·王制》载：“凡执技论力，适四方，赢股肱，决射御。”表明先秦已出现对抗方式的竞赛。西周盛行的“礼射”，按等级排为大射、宾射、燕射、乡射，各有定规，所用的弓、箭、靶、音乐各异，是文绉绉的举世罕见的有一定规模、程序、制度及工作人员分工极细的礼仪竞技活动。在春秋战国时期，赛马车较为流行，《史记·孙子吴起列传》中记载了当时齐国的王公贵族赛马车赌钱的故事，军事家孙膑运用机动灵活的战术帮助田忌战胜了对手。令人遗憾的是，东方古国的竞技萌芽一直未脱离军事训练、宗教祭祀、娱乐游戏而受到尊崇，终沦为雕虫小技；而在古希腊，却把竞技捧上至高无上的宝座，出现了一整套的专业竞技体制，奥林匹克竞技期间甚至连战争都要停止。可以说，成型的运动竞技，已在古希腊绽放出耀眼夺目的光辉，作为典范而照亮着古往今来的运动场。

民族学和人类学中的游戏研究，对于弄清竞技的起源及其传播十分重要。在游戏理论权威格鲁斯的影响下，德国的伍勒出版了《竞技运动的民族学》，特雷拉出版了《竞技和人种》。美国学者古林于21世纪初出版了《北美印第安人的游戏》、达姆于20年代出版了《印度尼西亚和南洋的运动竞技》；日本学者寒川恒夫发表了《关于自然民族仪礼竞技的研究》、刈屋出版了《竞技运动的由来》；苏联体育史家西尼岑出版了《古代社会的身体文化》；墨西哥学者皮那辛出版了《亚洲的骑马竞技》等著作，都是属于人类学和民族学方面的研究。研究者们普遍注意到竞技活动在人类尚未开化阶段即已存在，它的萌芽及发展过程中受到极为复杂的诸多因素的影响。通过艰苦的实地考察，使这些研究成果具有较高的可靠性。

竞技对于体育，有如人体的内分泌。它是促进体育事业发展的催化剂。这像身体里的激素过多过少都有可能影响正常发育一样，对竞技活动的有效控制是非常必要的。从人类学的角度，有利于我们清醒地认识竞技与体育的关系。随着国际体坛的竞争日益激烈，参与角逐的国家必然迫切需要对运动竞技的规律性加深认识，因而出现了一些专门研究竞技的体育理论工作者，但系统性的成果很少。

根据生物学原理，遗传有稳定性和保守性，在条件不变的情况下，生物体的性状会长期保留到很远的后代；适应，则是生物体对于固有条件的适应，当条件改变时，不能适应新条件的生物便会消亡，而获得适应新条件能力的生物就继续生存并发生变异，由于遗传作用，这种变异又在其后代得到继承。正是这种遗传和适应的矛盾斗争，生物界发展为千差万别的种类。人类的遗传有不少细微的差别，利用遗传的选材，也是提高竞技水平的途径。

许多动物的种属雌雄是难以区分的。尽管这些动物的雌性和雄性在染色体构成和内外生殖器官方面有所不同，但在其他方面却没有什么差异。相形之下，人类具有性别二态性，即人类两性在外形上表现出相当明显的差异。男性一般比女性个子高，骨骼也更重。女性的盆骨按比例要比男性宽，但肩比男性窄，因此重心较低。男性的肌肉在体重中所占的比例更大；女性的脂肪在体重中占的比例更大。典型的男性比女性握力更大，按比例心脏和肺脏也更大，同时有更大的肺活量（肺活量就是在运动时最大的氧气吸入量）。要弄清这些差异是不是在部分由基因所决定的，我们还必须弄清为什么自然选择会偏偏产生这样的结果。人类的竞技项目，应该是有些适合男子、有些适合女子的。男子没有必要非要到花样游泳、艺术体操中去与女子比优美；女子也没有必要高举女权主义大旗非要参加所有的竞技项目。

运动竞技无疑是现代社会中最富吸引力的活动，竞赛结果对社会、地区、民族产生巨大的效应。竞技体制是整个体育体制的重要组成部分。在发展中国家，常常意识地利用竞技手段，围绕竞技来带动体育活动的全面开展。发挥竞技对体育的所谓“杠杆”作用，即将有限的人力、财力、物力运用于局部以带动整体。当然，仅仅看重发展竞技，使体育沦落到被竞技取代的地步，也是一种偏差。

人们还注意到，科技的发展和在体育中的滥用，最终可能违背竞技的初衷。如果应用这种档次的科技成果到选材和训练中，或者是干脆克隆出一批世界冠军去参加比赛，我们的奥林匹克竞技还有意义吗？

奥林匹克的主旋律是竞争，激活个体潜能，给群体以示范。但其过程和后果是优胜劣汰，于是我们应有意识地在赞美成功者的同时，关怀失败者，特别是应该关怀可望而不可即的绝大多数观众，宣扬竞技为人类带来的健康心态和锻炼为人类带来的健康身体。

靠近生活，是竞技发展的一种苗头。体育休闲娱乐活动中的极限运动——轮滑、蹦极、漂流、攀岩……是在新兴生活方式里挑战自我的竞技运动，它以惊险、刺激和能让普通人感受高峰体验而异军突起，成为未来人类的一种重要的竞技方式。

（二）探索极限

人类藐视一切，渴望竞争，探索未知领域，创造新的文化。在竞争激烈而社会伦理道德又对其加压限制时，最适当的方式是通过体育竞赛让人们胸中熊熊燃烧的攻击欲火得以喷发。

早期的运动形式大多很简朴，审美价值并不高。古老的跑、跳、投掷、角力等，主要是以力制胜。先民们的崇尚强悍的体力，但随着社会的进步，人们逐渐欣赏运用体力的技巧，追求体力活动的多样化。

近代运动形式大为丰富，使得单纯表现体力的狂热让位于提高运动技术的需要。竞技选手不但要善于操纵自己的身体，还要注意对手的情况，与同伴的默契，以及适应场地器材等许多复杂情况。这样，竞技者必须经过训练，并懂得更多的方法和规则。在提高运动技术水平的过程中，生物力学大放异彩，一段时间成为指导竞技的最重要的学科。

最初，科技手段大量涌入，竞技运动发展良好。很快，运动技术达到很高的水平，许多成绩屡次打破预言家的“极限值”。再要提高成绩，必须进行科学训练，进一步挖掘运动员的机能潜力。在科学训练中，教练员掌握着运动量和运动强度，对运动员进行医务监督，随时了解运动员身体机能状况，为制订训练计划提供依据。然而，当运动成绩的提高越来越缓慢时，与体育宗旨背道而驰的滥用高科技便扩散到竞技场。

20 世纪下半叶，兴奋剂像竞技场上的艾滋病，以一种难以遏制的势头蔓延开来。据查某国的运动员有组织服用违禁药物的竟有万人之多！生物力学的明争变成生物化学的暗斗。

人类学家常常用一种生态系统的概念来描述人类群体是如何影响环境又如何被环境影响。一个生态系统即是一个相互依存的网络。一个生态系统的生物体根据它们在物质和资源转换中的角色，要么是生产者，要么是消费者或分解者。每一个群体都依赖于其他群体而存在。在这些要素中，物质的流动是循环往复的，相同的物质也在不断地被重新使用。

一个生态系统必须保持平衡才能生存，这需要系统中各组成部分之间的协调。使一个生态系统能够适应变化的特性是复原力（一个系统能够承受的变化而又能保持其基本要素的程度）和稳定力（一个系统消除骚乱后恢复平衡的难度和速度）。一切生态系统适应变化的能力都是有限的，常常是人类活动造成自然生态系统的最大损害。竞技的辉煌成就和不断刷新的纪录往往使我们忘记：人类自己身体的适应变化能力也是有限的，人不应该把自己变成人工合成的怪物或体能机器。

探索人体运动极限的竞技运动，已经渐渐脱离我们赖以生存的自然，而变成在用最先进的科技手段营造的各种各样人工小环境中的争斗杂技，有朝一日，人们有可能受到像克隆出现那样的震撼。探索人体运动极限就是唯一的终极目标吗？可以不择手段吗？竞技运动与人类可持续发展的关系问题，摆在体育人类学面前。

（三）提高生存适应性

地球太拥挤！可以预见的将来，地球上的人口不会减少。

人体对于温度、湿度、海拔高度、营养成分等因素，既有敏感反应，又有极大的适应能力。根据伯格曼定理（Bergmann's Rule）同种的两个个体中，小个体更利于散热，因而更适应热带气候，也比寒带的个体纤细。而寒带个体的肢体特别是末梢如手指和脚趾较为短粗。这些生存适应性是在漫长的年代中形成的，今天却正在迅速被打破，因为人不停地给自己制造人工的“环境”。

生态学的观点，把人类行为看作是一种组织和运用某一栖息地的物质和能源流动的方法，因此，特定社会的文化实践可以看成是规定那个社会的人在生态系统中的位置的方法。人类行为的生态系统分析是一个描述工具，选择某些解决方法还要依靠人的主观能动性。在生态系统模式中，今天的人类有着特殊的地位。他们有统治其他物种的能力，而且能自觉地重建他们自己的生态系统。但是，人类依然受制于物质和资源通所确立的法则。我们像所有其他生物一样依存于其他物种，而且要根据可供的食物能源和营养情况，调整我们的数量和活动。人类要生存，首先要调整自己的社会状态。在越来越拥挤的空间，体育中的竞技发挥着稳定剂的作用。

体育活动既能增强个体的体质，又能促进人们的相互了解，增进友谊，将攻击性引向有益的渠道。体育竞赛并不是要从肉体上消灭同类，而是通过公平的竞技而使失败的对手心悦诚服地接受获胜者体格和智力上的优势。作为一种文化的仪式、运动竞赛中的礼貌，道德规范，均是为了化解对手间的攻击性的，从而显示其深层的文化价值。竞技中的各种仪式，足以控制攻击性，并且在群体间产生约束力，这种行为模式将促进人类的相互了解与友爱，是一种理想的文化适应。

人类在进化的过程中，需要适应其所在的环境，必须适应自己所创造并生活于其中的人造环境。体育作为人类生存活动的组合单元，也成为人类环境的一部分。

生物人类学家赫胥黎认为，根据可考的历史，人类进化的速度至少比以前快了 10 万倍。旧石器时代早期需要 5 万年才能达到的那种发明和改进，到旧石器时代后期只消 1000 年就完成了。而定居文明一问世，变化期的单位很快就降到百年了。信息时代的到来，使这种变化呈加速的趋势。而人体的生物学上的变化，远远跟不上这种速度。

人类反复证明自己是最能适应的一种生命形式，人们在赤道的酷夏和南极的严冬都活过来了，在珠穆朗玛峰顶和月球表面也能待一段时间。这些成就使人产生了一种错觉，以为人类的适应能力是“无限的”。然而，尽管人类不乏勇气、耐力，却仍然是一种生物体，一种“生物体系”，而所有这些体系都只能在某种特定限度以内活动。

人的机体能够承受的变化限度是可以确定的，竞技就是无休止地探索这种极限的永恒的过程。而如果不先确定极限，却无休止地加速变化，那就是在冒极大的危险。温度、压力、热吸收量、氧和二氧化碳无不规定了人类目前体质还不能逾越的绝对界限。

如果短期内你生活多变，那就会对你的身体提出很大的挑战。短期内发生大量变化，可能是你体内应付环境的机制所无法对付的。

如果环境中的新奇事过量了，人就会相应地忧虑、神经过敏起来。体内肾上腺素大增，心脏不断剧烈跳动，手冷，肌肉弹性增加，颤抖。这些都是定向反应的通常特点。每一次定向反应不仅要消耗体内有限的应急精力，而且要消耗更为有限的精力释放体。还有所谓“适应性反应”。这一反应同定向反应是密切关联的，可以把定向反应看作是更大、范围更广的适应性反应的一部分，或最初阶段。但是，定向反应的主要基础在神经系统，而适应性反应则大大依赖于射入血液的内分泌腺和荷尔蒙。

需要有一条止步的边界。我们不是可以为所欲为的。每一次定向反应，每一次适应性反应都需要付出代价，一点一滴地劳损我们体内的“机器”，一直到产生可感觉到的组织破坏为止。我们的竞技运动就正在付出这种代价，每一位世界冠军背后，有千百个经历了艰苦的运动训练后被淘汰的运动员，有数不清的伤害病痛，还有亿万很需要体育的观众在兴奋之余深深地体会到与自己同类的差距。

近几十年来，新技术革命的浪潮席卷全球，使不少人丧失了适应能力，在急剧增长的知识面前无所适从。高层次、高系列、高度自动控制和高度综合化的发展趋势，所积累的各专业各学科的知识已经浩如烟海，任何人，哪怕是最伟大的天才和最渊博的学者，所能掌握的都只不过是其中极少的一部分。人类有限的适应性，受到无限的挑战，身不由已地加快速度去适应新的生活节奏，对付新的处境，处理成倍增长的信息。

按医学生态学的观点，健康的人类适应环境成功的表现，生病则是表明没有完全适应环境。人类的身体经过千百万年的漫长过程才被大自然造就成这个模式，近来的短短几十年却要适应如此快速的生存变化，体质要面临极大的挑战。体育既是对过去生活的链接和弥补，又是对未来生活的准备和承接，体育是人类缓慢的生物进化过程与急速的社会发展进程之中的润滑剂。人类创造的体育，将成为永恒的社会实践活动。

三、疏导攻击性的观赏娱乐载体

人们为什么要竞技？什么动力促使它发展至今？在过去的研究中，我们习惯于仅仅把竞技置于人类的社会生活中加以考察，而对于产生竞技的生物学基础，则过于淡化，乃至忽略不计。

人类学为我们在物种的层面上研究竞技提供了崭新的途径。将竞技置于人类进化的漫长过程中来研究，有助于我们拓宽视野，在更为广阔的背景中加深认识。达尔文的进化论认为，各物种的生死存亡取决于竞争能力的强弱，物竞天择。人是万物之灵，是一切物种中竞争能力最强的。人类正是由于具有竞争能力才超越万物，成为主宰世界的首领。这种观点长期支撑着人类学的主导理论，并深深影响到人文社会科学的其他领域。

然而，借助于不断发现的考古材料和日益更新的科技手段，人类学的最新研究表明，人对其他物种的竞争优势并不是先天的和主动的，而是自然界诸多因素的撞击后改变了一部分猿人的生存环境，经过几百万年生活条件的逼迫，强制性地固化了包括两足直立行走在内的活动方式，后来使用了工具，改善了食物结构而促使脑容量增加，最终超越于其他物种之上。

人类依赖于自然而存在，自然制约着人生。人类是自然界的一部分，人在改造自然的过程中当然也塑造着人本身。人具有社会性，但他首先必须具有生物本性。生物本性与生俱有。著名的精神分析学弗洛伊德对人的本能具有独到的解释，他认为人既有爱和建设的本能，又有恨和破坏的本能。破坏性是人的天性，是由于创造力受到阻碍，是因为生活不合理想的后果。这种潜能外向地爆发，将给社会带来危害。

人的本性中这种东西到底称为竞争力或是破坏欲？我们在这里不必去判定达尔文和弗洛伊德孰优孰劣。我们只需看到，大师们早已看到人的本能中具有竞争性和攻击性。竞争性和攻击性是人类在漫长的进化过程中形成的，是为保存生命繁衍后代的要素中不可少的部分，也在社会生活中潜在发挥重要作用。缺乏社会联系，会助长这种原始的护种本能。

人类是从动物界中分化出来的，其攻击的本能源于自然属性。但是人类自从动物界中分化出来之时，逐步超越一切动物，经过漫长的积淀，具有了社会属性。人类从动物界分化出来的过程，就是人类在自然界中由被动变主动后创造出璀璨文化的历史。原始的攻击性一旦赋予了文化的色彩，便以崭新的面貌横空出世。攻击转化为竞技，给人的生物本能提供了一种独特的表现形式，给狂热的冲动加上了安全阀。文化将危险的本能变为和平的运动竞赛，导致一种新文化——竞技文化的诞生。文化，使竞技活动具有了人类的行为特征，人的身体竞技运动源于自然，但与一般生物活动迥异。奥地利动物学家、诺贝尔医学奖金获得者康罗·洛伦兹。这位现代行为学的创始人，早期研究本能行为，而后又研究物种行为的进化。他认为动物的攻击行为对其生存有利，并将其与人类行为对比起来，揭示了人类好战行为的先天性基础。“人类的运动并不能直接和高等脊椎动物的争斗游戏作比较。后者绝不带任何竞争性，而且在本质上它是没有目的的。两只不同大小与强弱的狗要能快乐地嬉戏，只有在严格地除一切竞争因素后才可能。运动就不同了。甚至那些纯粹为了自己的喜好而作的娱乐活动，譬如溜冰、滑雪等，我们总有一种做好它的骄傲感。而且，没有一种运动是不具竞争性的。由此观之，人类的运动比动物的嬉戏更具争斗性。而且，不容置疑的，运动具有攻击动机。实验证明，大多数的动物嬉戏却缺乏这种攻击动机。”（洛伦兹：《攻击与人性》）本能的身体运动一旦染上文化的色彩，任何生物的活动便不能与之相比。人从自然界中走出，反过来又在一定程度上改造自然，创造“第二自然”或“人工自然”。运动竞技就是如此。为了人类的进步，防止攻击造成灾难性的后果，应利用一些仪式化的活动来引导攻击行为，使其无害。竞技是最为现实的有效方式之一。

“竞技运动的最大功能是替代那些最不可或缺但又最危险的攻击类型……加上一个健康而安全的活门。奥林匹克运动会是唯一的一个当某一国国旗升起时不会引起他国敌视的场合。所有国际竞赛里的团队精神促进了许多有价值的社会行为，而这些社会行为主要是由攻击性鼓舞的，而且很可能是在自然淘汰的压力下进化来的。……愈艰难且愈危险的运动方式，特别是需要大批人团结合作的竞赛，诸如登山、潜水，近海和远洋的航行，南北极的探险，甚至太空探险等都给予战斗热情许多发挥的机会，使得种族与种族之间彼此在困苦与危险的竞赛中争斗着，却不带来种族或政治上的仇恨。……国际上的运动竞赛之所以有利，不仅是因为它替种族的战斗热情找到发泄的途径，而且因为它们还有对立于战争的危险性的两项效果：第一，它们促进不同种族或团体间人与人的认识。第二，它们促使人们为共同的利益奋斗或结合。事实上，除开这些竞赛活动，种族间就没有什么相同的。”（洛伦兹：《攻击与人性》）

物种内部的攻击性本来是击败对手，而不是杀戮。因为敌手或是逃亡或是屈服，所以就避免了物种生命被毁灭的末日。无论弱者是逃是降，对手的交锋遂告结束，争端遂告解决。然而，如果进攻者的距离很远，胜利者看不到失败者让其息怒的顺从信号，那么，狂暴的侵略就会像烈火一样不可收拾。人类社会中现代的攻击战斗，因对手之间的距离太远而导致大规模的杀戮，这在其他物种的生活中是闻所未闻的。20世纪以来，地球上已爆发了两次世界大战，还有若干此起彼伏的局部战火，似乎从未熄灭。今天，核武器的阴影仍然笼罩着地球，地球几乎每一个角落都存在凶杀。于是，人类学家肩负着强烈的责任感，从不同角度出发，透过战争、犯罪、自杀等社会现象，将研究中心聚集于人的攻击性（aggression）上。

人类学家皮尔脱等人提出动物的攻击性具有三种相互关联的功能：第一，

争夺个体与群体所需的生存空间；第二，争夺配偶，繁衍后代；第三，训练和发展固有的战斗力。（G. H. 皮尔脱等：《人类奇遇的文化维度》）

人类学家 M. 哈里斯在《文化，人与自然——普通人类学导言》一书中指出："人类的危险性在于失去了遗传本能对习得的侵犯性的控制。致使杀人行为与个人的恐惧相分离，人造武器代替天然武器。人类的杀戮能力不由本能控制，而只能由文化来控制。"

人口密度的增加会加强人的侵犯行为。这不仅表现在城市的犯罪率高于乡村，也表现在乡村中人中密度大的地区有较高的犯罪率。自杀，也是攻击性的特殊表现形式，是攻击性行为的转向——转向自己的心灵和肉体。与社会文化压力密切相关。观察发现，在有限的范围内增加小孩子的密度会增加其攻击性。在拥挤的环境中，群体成员的友好社会交往减少，破坏和攻击性模式在频率和烈度上都会显著上升。过分拥挤的空间，会增加攻击行为的出路。用运动竞技来疏导人的攻击性，从理论上看有助于减少战争和暴力行为。

在步入现代社会前的很长一段时期里，人们习惯于通过决斗的方式来裁判争端，双方中谁要是杀死了对方，他就被认为在这场争执中代表着正义。人的攻击性之猛烈，任何动物难以望其项背。人类的智慧，在战争中得到充分利用。人类漫长的历史，随处可见斑斑血迹。小规模的战争，刺激着社会的发展。而到了 21 世纪的今天，人们已经清醒地认识到，有着巨大杀伤力的核武器，足以给人类带来毁灭性的灾难。竞技场，使发泄原始形式的攻击性有各种形式的替代物，并借助文化适应的仪式得以升华。

"竞技运动代表着类无敌视的特殊形态，它被一些文化发展出来的规则严格限制。……运动的价值远胜于一些直截了当的攻击发泄，例如怒吼或连击沙包。它教导人们有意识且带责任地控制自己打斗的行为。如不自我控制就像在拳击赛中任意发脾气那样立刻且严重地遭受惩罚。更重要的是限制的教育价值，此限制乃出于公平和骑士精神需要，即使面对着最强烈的引发刺激时，也必须公平和有骑士精神。"（洛伦兹：《攻击与人性》）

控制争斗，使个体团结在一起发挥作用，以独立的自主的存在方式，与另一结合体抗衡，这在体育性质的运动竞技中发挥着最佳效益。人类的社会行为依赖文化适应的仪式扩散，礼节、抑止攻击或形成结合力，使团体分子产生互相谅解的效果；而故意违反礼节规范的态度，就等于公开的攻击行为。

在竞技中，常常有触犯对手的挑衅行为，意在激怒对方使其失去正常的竞技水平，从宏观上看，是不可取的，被旁观者视为不道德。竞技要求所有分子严格遵行社会规范，不合礼仪的特殊动作会招致群体的攻击、围攻。从而，运动竞赛就体现出一种弥足珍贵的价值——维护人类和平。

运动竞技比赛靠严格的规则来确定强与弱、快与慢、高与低、多与少、重与轻、长与短、大与小等定量化的等级和差别，然后决定胜与负、名次的先与后、荣誉的多与少、利益的大与小等。竞赛的过程是直接的对抗，硬碰硬，毫不含糊，立竿见影。国际竞赛一结束，马上就可排座次，奏国歌、升国旗。因此，运动竞技比赛常常激起强烈的社会反响，许多国家和民族都希望在运动场上扬眉吐气。

虽然每场比赛至多几十人出场，但却可以使亿万观众如痴如醉，激动万分。运动场上隆重的礼仪，运动员高超的技艺，惊险而剧烈的竞争场面，无不扣人心弦，使人们原始的攻击本能移情于此而不至给社会造成危害。

运动竞赛、劳动竞赛、市场竞争……都是体育竞技的延伸，是体育的竞技精神对社会生活的渗透，是竞技的社会效益，这充分体现了维护世界和平与进步的重要价值，各国、各民族的人们都借此和平交往，实现文化适应——竞技而守道。

维护人类社会生活的安定团结，把残酷的竞争与和平、友爱巧妙地融合到竞技中，是体育竞赛所显示的文化适应方式。在未来那无限的年轮里，战争将随着精神的昌明和物质的发达而愈来愈少，人类追求享受的心理趋向将会把战争减少到最低限度。但是，人的攻击本能不会消失，体育的竞争将代替战争，成为没有死亡、富有人道的合理争斗。不同种族、不同国度，谁也不会甘愿放弃运动场上的竞争。体育大战将风靡全球。

1998 年 2 月 4 日第 52 届联合国大会通过一项书面呼吁，庄严呼吁在即将举行的第 18 届冬季奥运会期间在全世界停止一切敌对行动。呼吁书强调，“奥林匹克休战”原则来自古希腊“握手言和”的传统，即在运动会期间停止一切战事。全世界所有国家在冬季奥林匹克运动会期间都应遵守这个原则。呼吁书敦促所有正在交战的人停止敌对行动，并促请所有会员国按照联合国宪章的宗旨与原则，和平解决争端。“奥林匹克休战”的古为今用，体现了人类对和平、善良及化干戈为玉帛的渴望。

运动竞技有明确的空间、时间限定，有明确的竞赛规则，明确的奖罚条例，其总体社会效果有益于人的身心健康，有利于全人类文化的交流与进步，而且这种良好的社会效益将随着竞技文化的演进日臻扩大。同时，就历史起源、生理机制等诸方面来看，竞技活动与表现人的攻击性的战争、暴力等行为极为相似。因此，人类学家已考虑着手将战争的演化与竞技的演化相互对照，探索这两种普遍存在而相近的人类活动产生截然相反结果的原因。对竞技运动的人类学研究，正在逐步发展成为体育人类学的重要组成部分。

竞技自诞生伊始，就寄托了人类在追求自身极限能力甚至超越极限能力的美好梦想。这个梦是古老的，也是永恒的。观赏，赋予竞技以浓烈的审美特征。

正因为如此，在竞赛中破纪录的人，成为人类表明自己存在价值的佼佼者。小到他的家乡父老，大到其所代表的国家，甚至世界范围，都会为之击节赞叹。就像世人曾为欧文斯的风驰电掣，曾为比蒙的世纪之跳，曾为贝利的拔足怒射，曾为布勃卡的凌空飞升而如痴如醉。这些毕竟代表了人类在其自身能力方面所取得的辉煌成就，体现了人类意识深层中追求一种伟力的动机。

人们对于运动竞技的观赏兴趣，首先在它的真实性。竞技要求公平竞争，从参赛选手的资格审查，规则的制定，成绩的评判和记录，体现了最为彻底的民主化氛围。社会生活中没有哪个领域，能像体育竞技比赛那样公平待人。表现人类“游戏”欲望的各种规则不断修正使之合理化，要求适应尽可能多的群体，让肤色各异、文化悬殊、地位阶层不一的同一物种在竞技场上受到平等的待遇。竞技场上坦荡荡，容不得裙带风、开后门、耍特权。较之那些虚假而空洞的劣等文艺作品来，竞技文化以其真实而显示魅力。当今的报纸无不辟出版面刊登竞赛消息，收音机里每天有竞赛新闻和评论，电视里有越来越多的竞技实况转播，互联网上的体育信息更是铺天盖地而来……精彩的运动竞技，使亿万人如痴如醉。竞技在满足人们日益增长的精神需要中是没有替代物的。

运动竞技比赛的不确定性，也给人们带来极大的乐趣。竞技和音乐、舞蹈、戏曲、电影、杂技等艺术表演不同，它不是按照预先创作出来的乐谱、脚本、设计、编导排练出来照演的，因而结果是难以预料的。竞技的结局取决于多种因素的综合，有技术、战术、身体素质、心理、智力的纵横交错，也有天时、地利、人和的巧妙配搭，往往得失于瞬息之间，爆冷门的现象时有发生。竞技比赛结果的不确定性，为竞技增辉添彩，赋予它无穷魅力，满足人们探索未知事物的心理，丰富着人类的文化生活。这正是运动竞技在满足人的精神文化生活的需求中为任何其他艺术种类所不能取代的原因所在。

人体的动作之丰富，是任何生物所无法比拟的。体育性质的动作经过反复提炼，早已避开了生活和劳动中常见的单调动作，最大限度地发挥人体潜能，在速度、方向、力度等各方面都迸放出人的主动色彩，表现出特殊的文化价值。体育和竞技的动作特点在于准确、干净、敏捷、协调、连贯、舒展而富有节奏。身体活动从开始到结束的位置移动需要动作的变化，有运动方向、路线、节奏、韵味、力量、幅度、速度等特殊要求。由于表现动作之美涉及运动员身体的灵巧性、稳定性、协调性，操纵的准确性、定向能力、反应时间、柔韧性、弹跳力、爆发力、耐力等。竞技，体育成果的结晶，一切赏心悦目的身体运动都集中了。

现代的国际比赛，能充分反映一个地区、一个国家的文化、教育水准和民族的精神面貌，所以各国都很重视这种关系到国家和民族荣誉的体育活动。同时，伴随着竞赛而进行的旅游观光、艺术表演活动，增添了越来越多的审美因素，使竞技运动会实际上成为人类最大规模的重要文化活动。

竞技之魅力，有相当一部分表现在它的各种仪式中。伴随着竞赛的礼仪，可以唤醒一种难以用语言表达的情感。例如，火炬接力及点燃和熄灭的仪式，为冠军升国旗、奏国歌、捧奖杯、挂金牌，击剑比赛前的准备仪式，球赛交换场地及互换纪念品等。在一次运动会的开幕式和闭幕式上运动员入场、重要人物讲话、民间歌舞的表演等是仪式的组成部分。

在竞赛中，运动员表现出公正无私、光明正大、纯洁朴素的精神风貌，热情奔放、斗志昂扬、显示出蓬勃向上的美。在团结协作、积极进取的拼搏中，遥遥领先的运动员以一丝不苟的认真态度贯彻始终，而落后的运动员毫不气馁地努力不懈，顽强地坚持到最后，表现出胜不骄、败不馁的“运动家风度”，给人以极大的精神鼓舞力量。在竞赛中运动员可以充分发挥技术水平，变化多端，显示出不同的风格。欧洲足球表现出大刀阔斧的力量型风格，南美足球表现出灵活细腻的技巧型风格，令球迷们如醉如痴。

运动员自身，也是富有感染力的美好形象。他们经过长期锻炼而铸成的匀称、协调、漂亮的体形，从体内旺盛的生理机能溢出蓬勃的微型机，为人们所仰羡。他们的体质、肤色、动作、姿势，无一不显出健康之美。强壮结实的形象，透出豁达大度的气质。运动员的行为，代表着主动而热情、干脆利落的风格，应该做的事立即付诸实施，处理问题果断而敏捷，在复杂的变化中迅速做出反应，而在解决人际矛盾时公平合理。在人的全面发展中，运动员的形象是较为合乎审美理想的。竞技建立在真实的基础上。激烈地对抗，最强者取胜。运动场上不开后门，没有真功夫的“南郭先生”休想蒙混过关。第一流的运动员，从亿万人中挑选出，他们是人类漫长的进化中已被赋予了极高专项发展能力的尖子，他们通过非凡的训练去不断改写人类身体运动能力的最高纪录。竞技明星在一亿人中也难找到一个。他们经过层层淘汰被选拔出来，代表着一群人；他们的成功与失败，有力地拨动着人们的心弦。人们热爱和崇拜著名运动员，因为他们在竞技场上的奋力拼搏是展示人类在发掘自己身体潜力方面所凝聚的光辉结晶。

体育活动中的审美对象主要是人的身体运动。不过，运动者的身体表面多为服装鞋帽等覆盖，可塑性极大的运动服装常常成为人们的审美趣味中心；还有运动场地、器械、灯光、记录装置等许多竞赛的辅助设施，也对运动美的表现发挥着重要作用。在现代化的体育场里，悬挂着巨型电视转播显示牌，人们可以在上面看到运动员的面部特写、慢放运作，不能同时看到他的比赛成绩及其他情况介绍。坐在观众席上，人们保持适宜的审美心境。当心情愉快的时候，往往倾向于用肯定的眼光看待周围的一切，产生较愉快的情绪体验。面对着盛况空前的运动会，由于心情舒畅，会觉得彩旗在向你招手，人们在向你微笑。如果只是为了在工作和学习之余休息消遣，在观赏中获得乐趣，充分领略运动之美，那么最好是不要过分看重输赢，尽量淡化情感中的功利色彩。

现代竞技除了要求运动员有良好的体力和技术外，战略战术的分量也增加了。教练员和裁判体制相继出现，含有许多学科的知识体系笼罩了运动场，使各种比赛日益复杂化和立体化。一些文化现象的渗透和不断增多的艺术性，使身体运动之美成为现代社会文化生活中不可或缺的成分，也使竞技成为体育审美活动的焦点。

在一些比赛中，组织者们为不使观众感到单调枯燥而往往穿插一些表演。如西方的自行车赛，一连几天都在赛车场里转圈，但场地中央不时出现歌舞杂技表演，乐队演奏各种乐曲，看台周围还有许多娱乐和服务设施，使比赛如过节一样有声有色。美国的职业篮球赛，中途休息时出现一些滑稽有趣的表演，为精彩的比赛锦上添花。

竞技还有满足群体自然交往的功能。人类学研究表明，灵长类的特点是群体关系高度发达，大多数灵长类失去发情期，一年四季都有性活动，与此有关。现代社会人口急剧膨胀，人们因生存空间极度萎缩，反而难以交往，电子征婚成为时髦。

体育中竞技形式的萌芽，可以溯源到人与大自然的斗争和人与人的争斗……人们在竞争胜利的喜悦中，对蕴蓄自身的无限生机和潜力表露出由衷的赞颂。运动竞赛，可以在这种竞争的模拟重演中享受到无穷乐趣。

第二节　传统运动与休闲竞技

一般而言，人类学着眼于人类的过去和现在；但就其新分支和属于应用人类学范畴的体育人类学来说，不能不把目光投向未来。探讨体育的未来，先要考察文明的加速发展对人类体质的严重影响，再看看体育与各人文社会领域的联系，最后给体育提出新的目标，与人类的发展协调同步。

由于竞技运动是体育活动中显示度最高的部分，是人类身体运动的王冠，而奥林匹克运动会又如同王冠上的明珠熠熠闪光，所以人们走入了把体育等同于竞技的误区，甚至把奥运会视为体育的代名词。其实，从整体看人类体育事业发展或体育活动开展，竞技运动并非主流，不是体育的主体。很多人说过的一句调侃话“大多数需要锻炼的人在观众席上看极少数需要休息的选手疲于奔命”，不能反映体育的本质。

长期以来，相当一部分人积淀了这样的畸形观念，认为现代体育就是运动场上的“更高、更快、更强”，进而把体育等同于竞技，竞技等同于奥林匹克，把体育健身置换为奖牌竞赛，把大众参与变成极少数运动精英的专享游戏。这种金牌的“保增长”意识已形成中国体育的简单化，而且助长“与人为敌”的仇恨情绪，与国家和平崛起共同发展的大政方针相悖，最后将导致尴尬与僵化，失去可持续发展的生命活力。体育人类学有责任纠正这种认识误差。

一、案例：无须金牌的区域体育

藏族，是一个有惊人的意志力和非凡的智慧的民族，在长期的历史发展过程中创造了独具一格的灿烂文化，包括哲学、宗教、历算、医药、建筑、诗歌、音乐、舞蹈、绘画等，在人类文化史上占有显著地位。在登山运动中，藏族选手屡获骄人战绩，举世无双，书写着体育史上辉煌的一页。从生态人类学的角度看，藏族体育更具有与自然环境协调、与日常生活均衡发展的意义。对其进行研究，可以从一个崭新的角度来观察人类与体育的关系。

藏族的人口近一半居住在西藏，约 1/4 在四川，其余分布于青海、甘肃、云南。这些地方笔者都曾实地考察，有的藏族聚居区从第一次涉足算起，已经去过 20 余次，除了生产、生活方面的观察，还搜集了格吞、俄多、抱沙袋、赛牦牛等藏族传统体育项目的素材。①

现代奥林匹克风吹拂着世界每一角落，青藏高原上也开展了许多竞技项目。中国首次举办亚洲运动会时，圣火于唐古拉山上点燃，世界屋脊为奥林匹克文化增添了一抹亮色。然而，令人遗憾的是，虽经各级体育部门多年不懈努力，却仅有几位藏族运动员曾在射箭、标枪等极少数奥林匹克竞赛项目中达到亚洲一流水平。

为了发展藏族体育，笔者曾应西藏体育管理部门之邀带领一个专家调查

---

① 胡小明：《藏族体育运动与发展》，（台湾）《奥林匹克季刊》，1995 年第 31 期。

队进行实地考察，具体研究藏族适合参加哪些奥运会竞技项目。调查队从1992年9月7日至1992年10月7日，历时一个月，驱车辗转于西藏的林芝、山南、日喀则、拉萨四地区，行程数千公里，在各级体委、教委的支持和配合下，对571名在校中学生的身体形态进行了较为全面的测试，并对其中部分学生的心理指标、机能指标、素质指标进行了测试。有多项指标的实测在西藏尚属首次（共有身高、体重、胸围、呼吸差、臂围、腿围、手足宽、肩宽、骨盆宽、四肢宽、四肢长、头长、头宽、背形、腿形、握力、肺活量、纵跳、引体向上等52项指标）。共获取原始数据3万余个。

由于采样地区较广，且均采用随机取样方式，故样本覆盖面较大，基本代表了藏东南及藏西南同龄学生的同类指标信息，涉及曾涌现优秀竞技选手较多的区域，剔除其他民族样本及无效样本后典得藏族有效样本450例。通过计算机对有效样本的所有原始数据进行统计处理，并产生衍生数据1万余个。

通过对男女生的身高、体重、胸围、坐高4项形态发育指标的动态分析，证明历年来这些指标均不断增长，其中身高的增长尤为显著。男生的身高和体重增长率达高峰的年龄从14岁提前到12岁，胸围从14岁提前到13岁，坐高没有提前。女生的身高从13岁提前到11岁，坐高从13岁提前到12岁，体重和胸围没有提前。历年女生突增开始和达到高峰的年龄比男生早2年左右，与进入性成熟期的时间一致。与纬度相近的毗邻地区成都的汉族学生相比，藏族的身高、体重20年的增长率均显著高于汉族，而胸围增长率却低于汉族，表明藏族儿童青少年处于生长发育的加速阶段。

身高、体重、胸围是反映青少年形态发育水平的基本指标。这三项指标既能反映人体的长度、围度，也能反映人体的壮实程度，并在一定程度上反映与运动能力有关的心肺功能。从1985年以来中国学生体质与健康的调查资料看，藏族各年龄组的体重、青春期之前的身高、坐高及青春发育期间的胸围均值，均明显落后于同期全国乡村同龄组的水平。青春期后的身高、坐高仍低于全国城市的均值，接近全国乡村同龄组水平。与内地平原和低海拔地区相比，藏族的生长发育水平偏低，青春发育期较晚，在体形特点上，藏族具有身材细长，胸廓较厚，腿相对长于躯干的特点，身高有迅速增长的趋势。

值得注意的是，根据调查资料，按藏族组（父母均为藏族）、汉族甲组（父母均为汉族，本人出生于低海拔地区，移居西藏不超过一年）、汉族乙组（父母均为汉族，本人出生于西藏）、汉藏组（父亲为汉族，母亲为藏族）的测试指标综合比较，藏族男女均以胸围最大领先，其他指标却不占优势。这表明了世居高原，为适应地理环境的遗传影响。①

我们将藏族 13~17 岁学生的 1992 年实测的形态指标与 1985 年所测指标进行对比，发现各项指标均有所提高，但大部分指标还略低于汉族同龄学生水平。1995 年寒冷的冬季，笔者与美国塔夫兹大学人类学系比利·史蒂芬（Stephen M. Bailey）博士在四川阿坝马尔康中学测试了部分藏族学生，也证实了这一点。1997 年 5 月笔者在四川甘孜康定附近的考察也表明，藏族的体质并不强于其他民族。

藏族青少年身高增长，但肩宽指标没有增长，这说明由于经济的发展使物质文化生活水平提高，青少年的体力劳动减少，呈现出细长型体型。这种体型在许多奥林匹克竞技项目中并不能发挥优势。

令人赞叹的是，藏族普遍臂长值大于身高值。据我们实测的数据显示，藏族学生除男子 13 岁组外，各年龄段的肩臂长全部大于身长。肩臂长的身体形态优势，特别适合从事射箭、拳击、摔跤、柔道、标枪等竞技项目。

人体机能，在运动竞技中的作用举足轻重。测试表明，藏族 18 岁男性的肺活量在 28 个 10 万人以上的民族中排序列第 9 位，低于汉族（7 位）；藏族 18 岁女性的肺活量排序第 14 位，也低于汉族（5 位）。因此，高原环境能增加肺活量的论点值得商榷。

调查发现，藏族的脉搏较慢，18 岁男性在 28 个民族中排序第 7 位，女性排第 13 位，均低于汉族。此外，藏族的收缩压也明显低于汉族，说明高原慢性缺氧对平滑肌有松弛作用，引起血管扩张而导致血压下降，显示了环境因素的重要作用。中国在第三次人口普查时发现，西藏的百岁老人比例为百万分之 24.3，仅次于新疆，居全国第二位，高于平原地区 2~3 倍。但是，藏族的运动能力之弱却令人意外：对中国 27 个少数民族统一测试和计算的 7 项

① 《中国学生体质与健康研究》，人民教育出版社，1988 年。

（50 米、立定跳远、立位体前屈、50 米（8 次往返跑）、800 米或 1000 米跑、斜身引体向上或引体向上、一分钟仰卧起坐）身体素质指标的数据资料，按其均值大小对其各项身体素质指标的均值进行排序，并以序号之和再排序，其结果表明：藏族男生 7 项身体素质指标在 27 个少数民族中排序 24 位；藏族女生 6 项身体素质指标在 27 个少数民族中排 27 位；男女综合排序，藏族排序 26 位。①

在世界各民族中，藏族是长期居住在世界最高海拔地区的最大人群，其生长发育必然受到高原特殊环境的影响。海拔 3000 米以上的高原环境，低气压使人体的血红蛋白减少了氧的携带量，组织内氧压降低，造成缺氧。高原环境中寒冷、干燥、强紫外线等因素对人体发育也有影响，但明显以缺氧为最。

一般来说，在高原缺氧条件下训练，可以增加人的血液中的血红细胞的数量，而血红细胞数量的增加有助于加强血液携带氧气的能力，从而提高运动水平。根据这一理论，许多项目的运动队定期到高原基地训练。有些不便去高原的运动队在训练时让队员戴上特制的口罩，减少氧气的摄放量，模拟高原训练，也获得了较好的效果。实践证明，在 2000 米左右的海拔高度进行高原训练以后，运动成绩可以提高。而世世代代居住在海拔 2000 米以上的藏族（首府拉萨海拔 3658 米），到低海拔地区比赛是否能提高运动成绩？这是个问题。实践证明，在拉萨市进行大运动量训练，太高的海拔使运动员很快就感到疲劳，运动强度和密度比平原地区大打折扣，运动量上不去，严重影响运动成绩的提高。

人体形态和机能的发育，为身体素质发展提供了必要的物质基础；然而，身体素质的潜能的充分发展，主要依赖于后天的体育锻炼。藏族有优越的身体形态，但未能充分发挥身体素质的后天可塑性，其基本制约因素仍然是特殊的地理环境。

藏族居住的地区，是人类生活所能接受的海拔最高的地方，号称“世界屋脊”。

---

① 《中国学生体质与健康研究》，人民教育出版社，1988 年。

生活在海拔 3658 米的拉萨藏族与相同纬度的成都、武汉、上海等汉族相比，各形态发育指标均低；而与海拔 4447 米的那曲地区藏族相比，则各项指标均高。这说明高原地区体格发育不如低海拔地区，海拔越高差距越大。

根据 1982 年调查资料，西藏的拉萨市和泽当（农区）、那曲（牧区）的 7~17 岁的儿童、青少年身体成长发育存在明显的差别。身高平均值，男女都是城市高于农区，农区又高于牧区，呈梯状分布。体重平均值，男性城市高于农区，农区又高于牧区；女性则农区高于城市，城市又高于牧区。胸围平均值，男性城市高于牧区，牧区又高于农区；女性农区高于城市，城市又高于牧区。在城市生活的藏族在身体形状指标上具有明显优势，但女性的胸围、体重则是农区的发育最好。

在极端寒冷、干燥、生物种类稀少、生物量微小的地区，人的生存比较艰难，生物食物链基础薄弱，自然生产力低下，人类的生产活动受到局限，人口增长慢，生产力难以提高，社会发展迟滞。自然地理环境是形成藏族身体特点的基本条件，通过生产和生活方式（饮食、居住、娱乐及其他传统习俗）的综合性衍射，逐步积淀着内在的因素和外在的文化氛围。

从人类学的角度看，自然环境与人类社会的相互作用在不同圈层之间是有区别的。环境与体质有关的一些因素，使体育活动的开展不能采用同样的模式。

高原世居者的基础氧耗量和基础代谢率高于平原居住者，因此，在高原地区生活应有更充足的营养才能保证生长发育的需要。藏族聚居区由于自然条件的限制所形成的生活习惯，人们一般饮食较单调，牧区几乎不吃蔬菜，维生素、矿物质、微量元素摄入极少。这在体质人类学上的特殊性，只有北极的爱斯基摩人可以相比。

藏族的食物和饮料主要是糌粑、肉类、奶制品、酥油茶和青稞酒。糌粑是将属大麦类的青稞晒干炒熟，磨成细面，加酥油茶拌捏而成团食用，也偶有加肉、菜煮粥而食；肉类多为牛、羊肉，除煮食外，还生食晾晒而成的风干肉，偶有生食鲜肉；奶制品有酥油、酸奶、奶渣等，牧区居民的摄入量远大于农区；茶叶对长期缺乏新鲜蔬菜和水果的高原居民，是补充维生素的重要来源，熬煮的茶水加酥油搅拌，能提供充足热量；至于用青稞煮熟发酵制成的青稞酒，是喜庆节日必备的饮品，非每日必饮，故对身体发育的影响有限。在藏族聚居的牧区，牛羊肉和乳制品的摄入量很大；即便在农区，动物蛋白的摄入量也大于中国的平均水平。然而，对蔬菜、水果等维生素类食物的摄入，藏族可能是最少的。在干燥和缺氧的环境中，藏族每日大量饮茶来补充水分以维持正常代谢，帮助消化高热量的饮食，使血液保持正常的酸碱度。

众所周知，饮食对体质影响很大，但一般人难以想象饮食结构的变化对一个群体的影响速度有多快。在21世纪初期，日本人是世界上身躯最矮小的民族之一，素有“倭国”之称。然而，根据日本文部省1985年的调查报告与中国四部委1985年的测试数据相比较，日本7~22岁的男女学生的身高、体重、胸围等大部分指标高于中国同龄者，比中国男女学生相对要高而粗壮，各项身体素质也占明显优势。日本人的身材增长和素质的提高，其主要原因是饮食构成的变化，由碳水化合物的一般粮食为主而转向动物蛋白、乳制品、禽蛋类，蔬菜和水果的摄入大量增加。我们再看看那些身材高大的美国黑人，与他们的非洲同辈相比体质有多么大的差别。

1985年在中国学生体质、健康调查研究课题中，抽样调查了分布在14个省、自治区的27个少数民族（占55个少数民族人口总数的90%以上）。27个少数民族学生的形态指标均值排序，藏族的坐高、胸围、肩宽3项指标排序居中，而男生的身高居11位、体重居21位、骨盆宽居26位；女生的身高居6位、体重居16位、骨盆宽居25位。说明藏族青少年尤其是女性的身材具有较高的审美价值。上体饱满、下体瘦长的苗条身材显得轻灵矫健，在评分类竞技项目中容易获得理想的“印象分”。这与藏族的生活习俗尤其是服饰的影响有密切关系。藏族服装的基本特点是长袖、宽腰、大襟、肥大。藏族的袍子一般比人的身高还长，穿上后把腰部提起，系上腰带，夏天或劳动时脱去右袖或脱去两袖掖在腰间，怀里可作为装随身用品的大行囊。这种服装袍袖宽敞，臂膀伸缩自如，胸廓呼吸自如而又能御寒避风，但对下肢运动却有一定制约。因此，藏族手臂长、胸围大、髋窄、腿细长的身体形态特点，显然在一定程度上受传统服装的影响。

农区及城镇的藏族人，均住房屋，形式为平顶立体，墙厚窗户小，门也小。牧区藏族人一般住帐篷，形状为长方形或椭圆形，顶部有缝可通风，用牦牛皮制成。有的帐篷周围还有草坯垒成的矮墙，以避风力。藏族的传统居室为了保暖避风，一般室内空间面积不大，光线较暗，不宜进行激烈的身体锻炼活动。根据我们多年在藏族聚居区的实地考察，藏族的室内体育活动极为罕见。带有体育性质的传统游戏多在户外进行，而且集中在夏季和节日喜庆活动时开展。

藏族长年在居室内生火、烹饪兼取暖，每日有相当长的时间沉浸在烟雾中，不能不给体质带来影响。根据 1977～1980 年全国结核流行病学调查对西藏 20 个点的抽样分析，结核病检出率高达 1202/10 万，其中 5～9 岁、10～14 岁两个年龄组患病率高于全年龄组平均水平。可见，对藏族体质起主要影响的还不是体育。

藏族是一个在恶劣环境中有较强耐受能力的优秀民族。考古学家早已证明，青藏高原远古时期就有人类居住。1961 年在位于雅鲁藏布江与尼洋汇流处东北岸，发现新石器时代的人头盖骨，经研究确定属蒙古人种现代 A 组西藏人祖先，从人类学方面证明古代西藏与北方的联系。学术界一般认为，古代羌人的一部分与当地土著居民融合，逐步发展为今天的藏族。而现代藏族的血液分析测试表明，藏族属北方人种。遗传学研究也证实，羌、藏均属北方蒙古人种，藏族与东北少数民族的基因关系也很近。① 因此，从人类学的角度看，藏族与其他民族一样，本身具有潜在的优秀运动能力，但为特殊的极端环境所消解。

然而，藏族居住在广袤的高原上，时时体验着大自然严酷的威慑力量，感受着宇宙的神秘和深邃。日月星光，风霜雪雨，高山大湖，茫茫荒野，人的力量如此渺小，维持生存如此艰辛，难以抗争和进取，把精神托付给神。藏传佛教成为全民族每一成员都异常虔诚的顶礼膜拜的崇高信仰，是佛教传入特殊的地理环境后经过改造融合后的形态，是一个在千年历史中创造出绚丽的文化财富的宗教派别，可以说，藏族传统文化的精髓，在很大程度上是宗教文化。因此，传统的精神生活一方面与奥林匹克精神中的和平、友谊、

① 杜若甫、肖春杰：《从遗传学探讨中华民族的源和流》，《中国社会科学》，1997 年第 4 期。

参与等宗旨相吻合；另一方面却与“更高、更快、更强”的拼搏竞争等内涵存在明显反差，在身心两方面均不具有参与现代高水平竞技运动的充分条件。

为了进一步了解藏族的心态，我们采用安菲莫夫测试法，对4个地区的195名藏族学生进行了神经类型的测试，不带抑制实验。获得数千个数据进行常规统计处理后，我们发现：藏族青少年的神经类型曲线总的趋势是上升平缓，多属强—均衡—安静型；神经过程强度中等偏小；藏东南、藏西南学生的神经过程稳定性较好，特别是海拔高度较低的林芝地区，受试者的认读错误率最少，与其他地区呈现高度显著性差异，说明了不同的地理环境可导致人的心理素质的不同。在奥林匹克竞技中，藏族的心理素质可能较适合从事射箭、射击、投掷、摔跤、柔道、中长跑等项目。2012年的研究表明，藏族青少年的速度、爆发力、耐力跑素质，仍然明显低于全国平均水平①。

综合运用体质人类学和文化人类学对民族体育进行综合研究，是提高民族体育研究水平的主途径。独特的地理环境和生活积淀，使藏族在体质上与其他民族存在差异，难以全面参加所有的奥林匹克竞技项目，更难在领奖台上出现藏族选手的身影。根据藏族的身体形态机能特点和心理素质，藏族可能在射箭、射击、投掷、摔跤、马术等一部分奥林匹克竞技项目中可能获得较好成绩。在评分类项目中，藏族的身材符合现代的审美评价，也具有开发的潜力。近年来藏族青少年的身体各项指标提高很快，存在不均衡性。认真制订长期的全民健身计划，致力于民族体质的整体提高，大力开发高原户外运动的独特资源，是发展藏族体育事业的根本途径。②

竞争，是当代社会生活的主导意识。体育活动是培养这种竞争意识的沃土。不过，尺有所短，寸有所长；金无足赤，人无完人。每一个民族和群体都有自己的特点。以上案例说明，自然环境对人类的身体形态和运动能力差异有显著影响，青藏高原及类似地区居住的人群不适宜参与高水平竞技运动，不同的种族也有自己的优势和非优势运动项目群。因此，没有一个种群可以

① 张世威等：《我国藏族与塔吉克族学生身体素质比较研究》，《中国体育科技》，2012年第5期，第92—99页。

② 刘建和、胡小明等：《关于西藏自治区竞技体育项目设置及训练工作的研究报告》，《体育科学》，1994年。

在人类所有的体育运动项目中都获得优胜，我们也没有必要在非优势竞技项目中制订难以完成的奖牌指标。

二、倡导分享运动的人文观念

何谓“分享运动”？“分享运动”与“运动分享”本意并无不同，都是实现体育运动权利平等价值观的最浅显易懂的人文诉求。“运动分享”要求：以提供公共体育基本条件为杠杆，通过促进广泛的运动参与以实现公共服务均等化，使更多的人获得更多的运动体验以提高身体运动能力，从而实现增进大众体质与健康水平的体育宏观发展目标。分享运动，是体育改善民生的新观念。倡导“分享运动”的观念，目的在于使体育进入以全民健康为本的轨道。①

人类进步以动为本；运动惠及大众，是体育的普世价值，是体育人文价值观的核心。通过体育人类学的视角可以发现，人类作为世上唯一两足直立行走的物种，以不同于任何生物的运动方式通过上百万年的历程适应大自然，在漫长的史前社会具有大致均等的身体运动机会和条件，才能缓慢进化至今。人类进行身体运动的权利是天赋的，对身体运动的需求是刚性的，是为满足基本生存和延续的恒久性条件。“分享运动”，就是为了使身体运动皈依公平公正的始发原点。

原始的竞技运动，几乎是人人都可以参与的。人类史前主要是通过身体运动来学习和提高生存和繁衍的能力，古老部落里的竞技游戏是身体锻炼、休闲娱乐、社会交往、传承文化的主要方式，其核心价值观一直源于“分享运动”。这也从“残存”至今的现代儿童游戏中可看出，不仅人人都可以参加丢手绢、老鹰捉小鸡之类的游戏，就是借助运动器械的踢毽子、跳绳等也是谁都可以参与的公众活动。但随着运动规则及器械的复杂化，高难度的运动技巧使参与运动的人越来越少，如自由体操、花样游泳或跨栏、撑竿跳等。一般而言，简单的身体运动人人都可参与——比如用手捡一块石头投掷，但

① 《分享运动：让体育进入以全民健身为本的轨道》，《学习日报》（中共中央党校），2011 年 2 月 28 日第 6 版。

发展到用弹弓射出泥丸，参与者就会减少，进而用弓射箭时更少，再进而发展到以弩放矢则少之又少。然而，在偏远地区遗存的具有原始生态的竞技运动中，无论规则（礼仪）和器械发展到何等复杂的程度，并未排斥大众参与。如体育人类学的实证研究表明，黔东南苗族的独木龙舟赛，本族群从少年到老年，几乎无须经过任何训练都可以参与运动①。人类比其他哺乳动物的哺育培养期长很多，需要在十几年的成长期有效提高体质健康水平；体育人类学研究表明，原始教育活动与劳动方式以身体活动为主②。

进入阶级社会后，经济政治地位的差距使社会各阶层处于不同的生存状态，闲暇及物质财富出现较大悬殊，身体运动才逐渐失去了公平公正的社会环境，成为部分人的“独享”或“专享”。作为人类迈进文明社会早期古希腊竞技，虽然提供给古希腊自由民公开竞技的集合，但人数更多的奴隶们却绝不能参与，竞技场对非希腊人更是禁脔。而古罗马的竞技场却逆向走到极端，以人类相互杀戮为乐，观众赋予角斗士运动权利是为了使其走向死亡。身体运动失去分享权利的社会条件。

在奴隶社会和封建社会，以贵族为代表的统治阶级掌握文化资源，独享余暇，垄断用以休闲娱乐的竞技活动。所幸，在数千年的农耕文明中，全身性的体力劳动必须吻合昼夜、四季的自然节律，因此对个体在客观上具有体育的效果，并无“分享运动”的迫切需求。一直到工业社会，过细的分工和巨大的科技成果彻底异化了人类的生存环境，使全社会萌生了对体育的强烈需求。经过无产阶级和教育精英几个世纪的奋斗，在已进入后工业社会的发达国家，几乎人人都知道自己应该享有参与体育运动的权利，联合国的《体育运动宪章》使其成为主流意识，各国政府提供公共运动场地设施的状况成为衡量公民生活质量的重要方面。

而在社会主义初级阶段的中国，跃过了工业革命资本原始积累期体育文化在全社会积淀成熟的常规过程，受几千年的封建残余和几十年的计划经济体制遗留的影响，致使体育和教育行业潜意识地封闭优质运动资源，从部门

① 胡小明等：《体育人类学的实证研究》，《体育学刊》，2009 年第 12 期。

② 胡小明：《体育人类学》，广东人民出版社，1999 年。

利益出发的对优质体育资源实施垄断的形式。“中国历史上根本没有什么人本主义，说得确切点，只有民本主义。……而民在封建等级制度中，只能从属于一种依附关系，没有独立人格可言。……我们把个人的依附性称作集体主义。所谓集体，就是人人等于零。”① 构建体育事业的思想和理论基础受到潜移默化的影响，形成政府集中管理亲手操办的体制，使部门所有的“专享”、“独享”成为客观现实。

“分享运动”的理念源于体育人类学的最新研究成果——运动普惠论。研究表明，人类为弥补直立行走后所发生的身体形态结构的变化和隐患，为萌生体育行为提供了生物学依据和客观存在；古人类的身体活动是整个物种集体适应自然的漫长行为，史前时期的人体运动作为公共权利是相对平等的，在无拘束限制中体现公平。进入阶级社会，非生产、生活性的身体竞技游戏为少数上层有闲者独享，大多数人被强制或半强制性从事体力劳动，但身体的隐患并未暴露；在工业革命带来的突变中，过细的社会分工严重破坏了人类的自然生物适应能力，以“文明病”的形式损害人类发展，完整的体育意识才得以成熟。人类具有两脚直立行走的物种特征所带来的生理隐患不断暴露而危及健康，使体育成为人类每一个体生存发展的必需。文明社会把群体性身体活动发展为一种独特而永恒的文化创造，并在经济发展到一定水平的基础上实现运动资源的普惠。②

体育人类学“分享运动”观念的来源，是人类学归纳出文化具有“共享”特征的理论成果。正如人类学家所言，文化是一套共享的理想、价值和行为准则。正是这个共同准则，使个人的行为能为社会其他成员所理解，而且赋予他们生活以意义。我们可以把社会定义为，不仅为生存而互相依赖，而且也分享共同文化的人群。③ 体育文化，也是每一位社会成员所共享的。体育人类学关于“分享运动”的理念，是反对少数人的独占、独享，倡导多数人分享体育资源以体现公正平等的普惠论。这一发展体育的理念，遵循生物自然规律和公平公正的社会伦理，抵御非人道的异化行为模式，既顺应中国

① 何家栋：《一个童话：天人合一》，《方法》，1998 年第 6 期，第 36 页。

② 胡小明：《分享运动——体育事业可持续发展的路径》，《体育科学》，2010 年第 11 期。

③ ［美］威廉 · A. 哈维兰：《文化人类学》，上海社会科学院出版社，2005 年，第 36 页。

社会和中国体育发展的大趋势，也可用于探索走出当前体育运作困境的科学发展之道。

众所周知，当前中央提出的科学发展观，其核心是以人为本，基本要求是全面协调可持续性发展。为贯彻落实科学发展观，在发展的整体战略部署上，注重经济、政治、社会、生态等方面的协调可持续发展；在执政理念上，推行从权力本位向权利本位转变，强调发展为了人民、发展依靠人民、发展成果为人民共享的新理念。由此"共享"理念，引申到体育领域为"分享"。"分享运动"的理念内核与科学发展观相符。"分享运动"的理念，汇聚了贯穿于人类身体活动实践中的人文精神，作为体育的人文价值观，关注身体运动中每一个体的价值，认为体育运动应该提升人的价值，维护人的尊严，美化人的身心，促进每个人的全面发展。倡导"分享运动"，其核心价值是在体育活动中倡导以人为本的理念，实施人文关怀，以每个人的身心健康带来每个族群乃至整个人类的发展。此乃体育的根本目标。"分享运动"承认每个人权利和价值的人本理念，与科学发展观坚持以人为本的核心理念如出一辙。"分享运动"的理念体现了科学发展观"以人为本"的核心要求，强调确保大众"运动分享"的权利，把体育管理的重心转向公共体育服务的实践。

源于体育人类学的"分享运动"理论，因其具有符合中国社会发展趋势的人文价值，具有与以人为本的科学发展观相符的精神内涵，可借以开拓思路，破解困境，重构体育改革理论，使之走上科学发展之路。倡导"分享运动"的理念，适应了中国体育发展的大环境、大趋势，具有其历史的合理性。可以说，体育属于一项"分享运动"的社会实践，它由政府利用公共资源组织实施，其成果理应由大众分享。只要承认体育的公益性，它就应该是被大众分享的。

三、改善人类生活方式的运动休闲大趋势

20 世纪 70 年代以后，发达国家从工业化走向后工业化的过程中，伴随着居住状态的都市化和人口老龄化，以及"分享工作"（work sharing）社会用工机制的世界范围的认同，大步向休闲时代迈进。即便正值 21 世纪初金融风暴的间歇，人们也并没有放弃憧憬雨过天晴后休闲时代的彩虹。以"休闲"

作为下一个即将到来的时代标志，大众将获得运动休闲的权利，也将使人类体育活动的方式和内容发生巨大而深远的改变。

分享工作机制是形成休闲时代的必要机制。因为在生产力大发展之后，用于生产社会所需物质资料的时间便越来越少，生产者的工作时间也相对缩短。工业革命时期，当工厂对劳动力的需求得到满足的时候，工厂就停止对外招工，并陆续辞退一部分工人。这种劳动力的相对过剩造成一部分人失业，造成社会问题。而随着分享工作机制的成熟，有限的工作时间分配给更多的社会成员，在社会分工的宏观调控上使全体社会成员不断地减少工作时间。例如，以前是实行六天工作制，每星期拿出一天来做礼拜；后来随着社会生产力的发展，便压缩为五天半，再后来就变成五天工作制；而金融风暴后有不少国家把工作时间压缩为四天半，乃至实行四天工作制；同时不断增加法定节假日。例如，我国把传统节日列为法定节假日，使人们有更多时间享受休闲的乐趣。我们作为一个发展中国家，正在努力提高社会福利以保障失业者的基本生活，并提升劳动者的单位时间工资水平，采用轮流待岗休假、竞争性轮岗、缩短法定工作时间、提前退休和过渡性退休、延长休假时间等，辅以黄金周假期的成功推行，使休闲撬动生产力的杠杆，运动休闲也由此成为推动社会发展的积极动力。

除了居住状态的城市化、人口老龄化和分享工作机制的成熟，个人普遍具有了休闲的四大条件，即有钱、有闲、有心情、有技能。拥有一定的经济基础和可自由支配的时间是进行休闲活动的必要条件，这一点是学者们所认可的。其中有闲是一切休闲活动开展的基础条件，有钱是参与休闲活动所应该具备的物质条件。然而，有钱、有闲也未必能够进行休闲活动，例如，政治巨头、超级富豪进出公共场合需要保镖陪伴，失去了参加休闲活动的轻松心情。所以，最能够拥有休闲心情的阶层是中产阶级。就运动休闲而言，参与各种活动都需要有技能，越是有趣的项目越需要高超的运动技能。

社会机制形成和个人条件的具备，休闲便从少数人的特权变成了大众的权利。正如马克思在《资本论》提出的那些至理名言一样，真正的自由王国只有建立在必然王国的基础上才能繁荣起来。工作日的缩短是根本条件。劳动生产力越增加，劳动日便越能缩短。社会劳动日中必须用来从事物质生产的部分越是缩小，个人从事自由活动、精神活动和社会活动的时间部分就会越是增大。当前，人类正在加速工作日的缩短，尽管始料未及的金融风暴也从其侧面对工作时间的减少频频施压，尽管由于寿命的不断增加而迫使许多国家延长退休年龄，但人类只能在非谋生工作状态之中进行自由创造的事实，仍然为人们广泛认同。

不过，面对休闲时代的来临，中国体育界在思想观念上还没有准备好。改革开放 30 多年来对专制主义的批判和公民意识的逐渐增强，政府垄断的强制性体育方式逐渐为社会厌倦。今天，中国体育需要更能满足大众提高生活质量愿望的健全体育制度，对大众运动休闲进行有效管理，让全体公民充分享有改革开放以来积累的优质体育资源，共同品尝越来越多的体育公共物品带来的运动休闲乐趣。

在现实生活中我们也可以看到，越来越多的人把运动休闲作为提高生活的重要指标，节假日期间的运动休闲项目更是备受追捧，健身场地租用供不应求。在社会迫切需要运动休闲的情况下，专业人才学习体育知识的需要也越来越迫切。体育发达国家和地区早已纷纷在大学里设立休闲娱乐系科，不少以娱乐与健康作为体育院系的名称，加紧培养专业人才。运动休闲正在进入人类理想的生活方式，推动人类文明进步。

体育运动与休闲娱乐结合，正在成为健康娱乐的生活方式的组成部分。正如体育与运动不能分离一样，娱乐是休闲活动的特征，是人的一种需求，满足这种需求是为了得到快乐的结果。人们追求快乐、把握娱乐的过程及因娱乐而创造的成果，也是人类创造文化的过程。

工业革命给人类生活带来极大的便利和舒适、增加生物性快感的同时，也抑制了许多快乐。这些快乐包括本能的快乐、原始的快乐，特别是身体缺少活动就难以体验的快乐。人类依靠科技给我们带来的舒适主要是导致生物性退化的生理快感，而不是精神愉悦的快乐。现代科技使得信息的传递速度越来越快，人们可以足不出户地便利完成各种社会活动，然而也导致一部分人对现实生活的不适应，以致产生健康问题和社会适应障碍。人们工作时间不断减少，生活越来越舒适，节奏却越来越快，压力越来越大，幸福感越来越低，这真是令人始料不及。因此，生活在原始自然经济时代的人类所能体会到的一些身心快乐，现代人已经很难体会到了。这就正如生活在钢筋水泥环境难以体会茂密的森林、辽阔的草原给人带来身心愉悦的快感一样。因此，体育活动所发挥的娱乐功能，是通过运动休闲恢复人与自然和谐的一种绿色生态回归。

快乐是以生理上的快感为基础所产生的一种心理反应。娱乐是人类在基本的生存和生产活动之外获取快乐的非功利性活动，它包括生理上获得快感，更主要是指心理上得到愉悦。为了得到快乐，人类创造了丰富多彩的娱乐方式，其中有运动休闲等健康的方式，也有许多是不利于健康的。这就需要我们对娱乐方式进行选择，需要理论的指导。因此，应该辨明享乐与娱乐的区别。人类的某些娱乐方式或某些人的娱乐活动只局限于生理快感的层面上。过度的生理快感难以带来心理上的愉悦和精神上的享受。因此要在休闲中提倡健康、高雅、完善人性的娱乐方式。譬如看电视，有节制地观看能够起到愉悦身心的作用；一旦沉迷于电视节目当中，就会损害我们的健康，降低我们的智商，丧失了独立思考的能力，思维被电视节目牵着走。又如，打麻将作为一种休闲活动，偶尔玩玩亦无不可，但使人沉溺其中并且带赌博性质，便成为一种低俗的娱乐活动。而体育运动几乎都是高尚的娱乐，因为体育活动带有回归自然的健康追求。

享乐的“乐”往往是低级感官的刺激，多次重复后麻木导致快感消失。就像吸毒一样，刚开始给人的刺激非常大，然而等到成瘾之后，每次获得到的快感便逐次减少。快感随着刺激次数的增加呈现出递减的现象，是一种边际效应。而娱乐是人类在基本的生存和生产活动之外获取快乐的非功利性活动，它建立在生理上获得快感的基础上，但要上升到心理上得到愉悦。娱乐的“乐”是把生理快感上升到精神享受，是可持久的。

特别需要指出的是，以极限运动为代表的运动休闲，并不否定身体锻炼的痛苦和艰难，而是勇于面对艰苦的现实，显示了生命的广袤和深度。运动休闲获得的娱乐能够战胜悲观的享乐，获得永恒的快乐。

认为娱乐就是享乐的人，往往觉得运动休闲也仅仅是一种轻松愉快的微小运动量的身体活动，等同于“轻体育”。“轻体育”的意思，是强调身体运动不拘形式、种类繁多、方式灵活，强度小，耗能低，轻松愉快的特点，这一类身体运动既注重精神调节与心理调适，又有达到良好的健体之功效，非常适合于老弱病残及忙里偷闲的健身人士。不过，正如娱乐与享乐有区别一样，运动休闲与所谓“轻体育”也不能混为一谈。

娱乐之所以比享乐高级，在于娱乐给人带来的意义在于体验生命。生命的意义和价值在于人的体验的深广度，其最高的境界就是高峰体验，这也是运动休闲追求的理想境界。享乐不用教，谁都会——享乐性的“轻体育”也几乎不需要学习和训练，给人带来的主要是生理上自然本能的低级刺激；而高水平的运动休闲娱乐带来的是高峰体验，往往需要艰苦的锻炼。运动休闲与高水平竞技在个人体验的“更高、更快、更强”方面，具有内在的一致性。

运动休闲是高峰体验的结晶，是与众不同的强刺激娱乐，而不等于轻松和享乐。以运动量轻、运动技能简单、运动规则少为特征的“轻体育”与运动休闲混为一谈，是我国体育界常见的误区。运动休闲方式并不局限于某些项目，其实几乎任何的竞技运动项目都可以作为休闲的内容。譬如，高尔夫固然可以作为休闲项目，但当它成为奥运会的比赛项目时，它便是专业竞技运动；而在此之前，它的最高水平和观赏市场都在职业竞技领域。从运动休闲最早兴起的小轮车项目走进北京奥运会，到今天休闲运动几大代表性项目如蹦极、漂流等仍然带有挑战身心极限的激烈性质，充分证明运动休闲从一开始就带有向极限挑战的高峰体验的性质，并不排除大运动量甚至激烈的运动方式。

可以说，所谓“轻体育”是运动休闲的一部分，而且是很大的基础部分，但它只是大众体育的一种初级水平的健身形式。因此，“轻体育”绝不等于运动休闲，更不是高水平的运动休闲。生命体验方式是什么？就是运动休闲，也是人生竞技。通过身体游戏—竞技的娱乐化来获取健康效益，是休闲时代的体育发展新路径。当前，需要重视运动休闲的娱乐要素，通过游戏方式，使运动竞技彻底休闲娱乐化。

第三节　体育事业发展的生态化趋势

一、生存环境的异化——文明的进步与体质的弱化

人类学研究现代人们在躯体和文化上如何的相异和相似，及他们的躯体和文化是如何进化的。换言之，人类学的主题是研究横跨整个地球和贯穿整个历史的所有人类，研究他们的躯体和文化的各个方面。体育人类学则要重点关注人类的体质健康与社会文化的同步发展。

人类是体质发展促进了文化，最初的双脚直立行走、单胎生育，到目前越来越漫长的培育期、越来越延缓的衰老期，使人类包括体育在内的组织行为不断加以调整。然而，文化的发展给人类体质带来的却不都是良好的促进作用。

人类在自然环境中的生存时间很长、很长，人作为一种生物与其他生物平等地参与优胜劣汰的竞争。在生态基本平衡的空间里，人类的劳动对象是动植物，身体活动完全处于充满自然物质的世界。时至今日，生产方式已发生巨变，使我们生活在人工制造的物质环境中，人类与自然之间悄然建起了坚实的屏障。

工业革命时的机器体系，由发动机、传动装置、工作机三个环节组成，采用蒸汽动力，机器操作的工艺过程比较单调，同后来的机器劳动相比，对工人操作的灵敏性和技术熟练程度要求不高，但需要身体的某部分长时间承担相当强度的运动。这样，增强劳动力体质的强烈需求促使了近代体育的诞生。

19 世纪末期，兴起了新的技术革命，产生了新的机器体系。其特点是：用电力代替蒸汽为动力，实现了工作机的动力自治。20 世纪中叶以后广泛采用的组合机床，是真正的机器体系。自动控制的机器体系的出现，特别是以电子计算机为基础的控制装置，使工人脱离了同劳动对象的直接接触。人力被机器力取代，体质的弱化不可避免。

在进入 20 世纪以后，现代技术的进步，除了表现在机械化、自动化和电

气化方面以外，另一个显著表现是化学化。主要工艺设备，是能力和容量越来越大的封闭式机组。在这类机组中不存在影响劳动对象形态的工具，人的异化问题在这时显得突出。这种异化反映到体质上，是对人类自诞生以来的运用体力谋生的固有方式的否定。劳动方式的改变，使人与动物相比，早已不具备体力、体能、体质等生物性方面的各种优势。如果不借助工具和人工的异化空间，人类很难在大自然中生存。

工业社会强调的规模化生产，以机器取代体力劳动，以分工限制了人的全身性运动；信息革命将人类的体力劳动降至最低强度和范围，而分散性的社会组织和多元化的生活方式，使强制性体育的领域迅速萎缩。

近年来的社会发展大体上反映一种趋势：智力在生产上运用的规模扩大，生产中体力劳动的比重下降，脑力劳动的比重上升，各类就业人员在生产中运用智力的机会增多，而对体力要求不高，“身体健康”通常仅仅是要求无疾病而已，运动是健康身体的自然需要。由于以前的劳动要求身体运动，劳动的过程同时也就成为锻炼身体的过程，虽然它不能代替体育活动，但可以不同程度地满足生理上的新陈代谢需要。固然，在机器生产代替繁重的体力劳动以后，减轻了过重的体力负担，有利于工人的健康；但是，一旦生产发展到不需要工人支付必要的体力的时候，它反而违背健康肌体的自然需要，并使人的活动单调化。这种异化，不仅对人的精神，也对人的身体产生极大的影响。这也带来肌肉长期得不到运动的“饥渴症”。

闲暇的增加，为人们投身体育提供了条件。人们会有越来越多的时间参加体育活动。体育的目标从生存竞争，到增强体质，再到追寻健康，随着人类的生活和劳动方式的进步而提高。

人类离开优胜劣汰的严酷的自然选择，为自己创造了一个新的越来越舒适的生存环境，几乎可以完全用不着使自己的器官再去被动地适应自然条件，甚至可以乘航天飞机遨游太空，然而其代价却是体质的弱化。现代文明制造了生存环境的异化，这一结果是不可逆转的，用体育手段来解决人类的生物性退化问题，其作用是不可取代的。

人类经过选择性进化，初生的时候是软弱而不能自助的，要经历一段较长的儿童期。人类的哺乳期比其他哺乳动物长。人类早已离开了与其他动物竞争的自然环境，需要越来越长的时间进行抚育、培育、教育。这个“育”，是人工，是社会，是文化。

如果说农业是经济发展的第一阶段，工业化是第二阶段，那么，现在我们还看到，第三阶段——后工业阶段已经悄然来临了。人类在万年务农，一二个世纪勤工之后，现在面临的是超工业社会。人类不仅挣脱了农业枷锁，而且又在挣脱体力劳动的枷锁。现在，多数人生活在现代文明制造的框架里，长年累月面对钢筋、水泥、塑料、玻璃……参与脑力发展和体质弱化的背离过程。

令人担忧的是，人类脑、体的背离发展，伴随着健康的衰退和体育活动的减少。“现代国家居民的寿命延长了，但是他们的健康却每况愈下。当然，身体虚弱的人如今可以把生命拖延得更长一些，但这不可能是导致这一问题产生的全部原因。科学研究发现，加拿大在 70 年代出现过健康衰退的情况，澳大利亚在 80 年代开始出现这种情况，在日本这种衰退从 50 年代一直持续到 90 年代。……健康不佳的部分原因在于近期内人们从事的身体锻炼活动和体育活动不断减少，而看电视的势头不断增强。……尽管现代国家正在努力推动体育锻炼，群众对体育活动的参与可能仍将持续下滑。70 年代体育活动曾出现过早期增长，但如今北美体育的衰落日益明显，其原因并不仅仅是健康状况的恶化或人口的老化。国家健康数据中心（the National Center for Health Statiatics）曾在全国范围内对有代表性的公众进行了大规模调查。在此基础上，罗宾逊和戈比（1993）发现，1985 年到 1990 年间，公众对体育和健身运动的参与减少了 10%。出乎意料的是，与男性相比，这种衰减在女性当中更为显著，这样便形成了体育健身活动中不断扩大的性别差距。”（杰弗瑞·戈比：《21 世纪的休闲与休闲服务》，第 145 页）

在科幻作品中，外星被描绘为头脑很大、身体萎缩的形象，这是人类对高文明生物的想象，也是人类对自己未来形象的想象。今天，我们已经身处由我们自己创造的异化环境，信息时代、知识经济，脑力劳动已不可避免地走向主导地位，人类比任何时候都需要体育。

二、体育生态化——与自然、社会的协调发展

体育对人类而言，在具有自然价值的同时也具有社会价值，需要符合自身发展的良好生态环境。体育的生态化，目标是营造人类体质与文化同步协调发展的一个适宜环境。理想的体育活动，既能够有效提高人的身体运动能力，使人类在大自然中能保持符合生物成长规律的良好生存状态；也能够发挥惠及民生的独特人文价值，在文化演进中维系人的生物本能，以提高身体运动能力来保持物种创新和进步的活力，使之与社会协调发展。

为此，需要借鉴的是新进化论理论。20 世纪 40 年代至 60 年代，怀特摒弃了摩尔根等人认为心理是人类进化过程中的终极动因，认为只有技术才是文化进化原因。怀特认为：任何文化都要利用能量并把能量投入为本民族服务的生产中，因此能量因素是测量所有文化进化程度的标准；能源使用量与技术相乘的积，是文化进化的原动力；利用能源的技术决定文化进化的速度、文化复杂的程度和文化发展的阶段。

另一位生态人类学家 J. H. 斯图尔德把摩尔根的进化理论称为“单线进化论”，把怀特的进化理论称为“普遍进化论”，而把自己提出的进化理论称为“多线进化论”。他认为，这三论的共同点都是注意发展的连贯性，不同点是多线进化论不是关注“普遍的相同现象”，而是要说明各种不同社会结构的不同发展路线与生态环境的因果关系。斯图尔德的多线进化论的根基是文化生态学。文化生态学研究生态环境与文化的互动，从而造成文化的差异。他以生态环境对技术、行为模式以及其他文化层面的直接、间接和再间接的影响，阐明了文化生态学的要义。他指出，文化是人类适应环境的工具，各民族文化的发展便因生态环境的差异而走上不同的发展道路。怀特和斯图尔德的理论在其学术传人 M. D. 萨林斯和 E1R1 塞维斯的评析中得到整合。他们认为怀特的“普遍进化论”和斯图尔德的“多线进化论”可以作为人类文化进化的两个方面而同时并存。在未来的体育活动中，以人为本的价值观与倡导生态文明的和合，在摆脱出政治或经济的工具化阴影后，最主要的危险可能来自挥舞科学主义大旗的传统观念。

现代科技可以为人类带来极大便利，也可以助长人类的狂妄和贪婪。科

学技术本身并无过错，只是在忽视了人类与自然相互不断变化的物质生产关系过度追求经济增长和增加利润时，非理性应用科技才可能造成生态危机。在体育活动尤其是高水平竞技运动中，几乎所有能够用到的最新的尖端技术都能够迅速出现在发达国家的运动员身上，而且人们往往难以在短时间内正确对其进行价值评估。

技术总是作用于自然界的局部，而不是作用于宇宙自然的整体，因此技术的力度越大，越是强烈地改变自然界原有的平衡，使事物走向反面。例如，人类发明了抽水机，使干旱地变为水浇地，获得丰产。然而大量抽取地下水必然导致地下水位的持续下降，持续演化的结果导致更严重的干旱；又如，人类总是选择高产、高质的作物来极大面积的推广，然而却不可避免地在大面积上淘汰多样性的其他物种，必然使物种和物种的品系丧失多样性，然而失去生物的多样性就是丧失了重要的生物资源；原子技术的突破，使人类面临核灭亡；农药的使用使农业获得丰产，然而却污染了土壤、河流，危害着有益生物；世界的和平和医学的进步使新生儿死亡率大为降低，人类获得了长寿，然而，造成人口爆炸和老年人群体迅速增多，使社会老龄化，这正在给社会造成越来越严重的负担。动力机械极大地取代着体力劳动，而电脑又在取代着脑力劳动，于是必然使人们失去就业的机会，失业将成为人类普遍的生存状态。科学技术越是发展，对自然的作用力度也越大，有人认为，科技是当代社会发展的一种巨大的异化力量，科学技术总是包含着负面影响，因此科技是“双刃剑”，科技表现为既是“天使”又是“魔鬼”。人类所能做到的只是把这种危害控制在人类暂且可以忍受的范围之内，使人类不会因为科学和技术而立即夭折。而运动场上的高科技成为“魔鬼”后，人类很难对其彻底清除，譬如体育竞赛中挥之不去的兴奋剂。

体育活动中的生态化，需要更多的团队的协作精神来平衡竞争意识，调整违反自然规律和少年儿童生长发育天性的铸型体育教学方式，检讨与自然相对立的高生产、高消费的竞技比赛方式，实现人类和生态的协调发展。建立有效合作机制，来对付人类共同的危机。今天的世界需要全人类的联合、协调和团结，需要进入一种“包容”与“宽容”意识的时代，人类正由生存竞争转向生存联合。全球化的必然趋势是实现国家间、民族间、人与人间的平等与联合，这是不可阻挡的历史潮流。物竞天择的古典进化论在体育发展中的作用将逐步被减弱，而更多地认同体育与人类社会在自然环境中协调发展的生态化趋势。

生态化的外在显现标志是绿色，是生命的象征，绿色体育，是体育欣欣向荣持续发展的审美理想。体育运动源自人类对自身生存价值反思，这种自觉创造的文化表达出满足自身延续需求的能力，未来体育发展与人类美好生活的追求协调一致。当代人类社会已经离不开体育，人们需要广泛持续参与体育活动，走向美化物种的审美理想。

体育是社会实践的产物，为一种客观的社会存在，是人的能动创造的结果，就其本质而言，具有非自然属性。只有人类，才把体育作为一项社会事业；只有人类，才能创造体育文化。人在体育活动时的社会性，表现在其行为总是在一定思想指导下的有意识、有目的的自觉活动。这是人的自觉能动性的客观表现。人有本能活动，但人的行为的主要特点不是本能，也不单纯表现于他的肢体和器官的动作，而是在一定思想支配下的有意识有目的的自觉活动。自觉的意识和目的，是人的体育活动特有的内控因素。人的自觉能动性一经产生，就把人的活动同动物的活动区分开来，以理想的形式努力推向审美的层面。所以，从体育的目的上，可以看出它鲜明的社会组织关系和人文价值。

人们抱着体育目的进行运动，是对自己身体的自然规律的认识和驾驭。作为体育基本手段的运动形式和过程，也充满了人文色彩。人之所以能支配和控制身体，按照自己的目的改造身体使之为自己服务，是因为人能根据身体的自然规律，利用身体的各种物质的属性和力量，转化为能为自己服务的各种运动手段，又用来反作用于身体。所以体育的各种手段虽然来源于自然物质的属性和力量，但它们又是人的理性和实践的创造物，因而它们又高于自然界那种纯粹自在的物质对象。

人为自己的生存和发展锻炼身体，并不是单个地孤立进行的。人是社会存在物，其本质由人与人之间的社会关系的总和构成，进行任何运动均以一定的文化条件为背景，通过具有社会目的的体育活动来增强体能，以解决人类自身的生物性弱化的问题，建立人类社会生活的良好物质基础。人类并非简单地任自己的身体去适应自然界，而是要使身体活动组织管理社会化，主动改变自然的身体，按自己的理想发展。

运动是体育的物质手段，虽然有许多是在动物自然肢体活动的基础上加工改造制作出来的，但并不是天然存在物，而是通过人的对象性活动本身创造的人工制造物，是能把人的社会要求传达到体育对象上的具有稳定继承性的中间媒介物。运动的作用和意义在于锻炼了人体自然器官，增强了体力，人们通过运动作用于体育对象，使之发生符合于自己目的、适合于自己需要的改变。因此，运动不是自然产生的运动，不是生物本能的表现，而是人按照自己预先设想好的目的、用途和方案进行的一种身体活动，人对运动倾注了意图和目的，使之成为体育的物质外壳。而且，运动也还不是体育的最终目的，而是通过运动“强筋骨”，进而“调感情”、“增意志”、“增知识”①，满足文化娱乐的需要，为人类的精神生活提供条件。

体育理想，代表人类对于美化自己的身体运动的不可遏制的冲动。身虽难至，心向往之。理想的体育不是历史发展的起点，而是历史发展的航标。

三、追寻健康

体育人类学对人类身体活动的研究，至少有以下六点理论贡献：

第一，两足直立行走是人类体育需求的生物学基础；

第二，竞技运动远早于体育是可以实证的；

第三，身体运动对原始文化形成有重要作用；

第四，劳动方式的转型强化体育的“分享运动”特征；

第五，民族传统体育的休闲娱乐价值将得到重视；

第六，倡导体育发展的生态化趋势。

文明的发展与体质的弱化同步进行，人类生存环境的变化已达到自然适应的生物极限；体力活动的异化和萎缩，是人类发展至今变得越来越突出的矛盾。这个矛盾在大工业诞生时，综合性体力劳动过渡到片面性体力工作的问题变得尖锐，因而创造出近代体育而得以缓解；知识经济的兴起，体力工

① 毛泽东：《体育之研究》，人民体育出版社，1979年，第6—9页。

作快速被脑力劳动取代、自然环境人工化、感性世界抽象化的趋势，使矛盾再次尖锐。如果说旧体育是针对人体活动部位的失衡而设立了增强体质的目标，那么新体育则要针对人体运动量减少所带来的弊端，设立新目标——追寻健康。

（一）体育是促进健康最积极的方式

体育涉及人类自身发展的基础问题，即如何健康生存和繁衍的问题。体育人类学要配合有关学科，从事人类身体培育、营养、运动、工作、休闲、学习、娱乐、环境保护、公共卫生、防治疾病等综合研究，以促进人类的健康成长。体育要关心人类生命起源、遗传、体质改善、儿童养育、妇女保护、劳动力提高、老年人长寿以及社会公共福利等有关问题，以促进人类文明。体育人类学涉及与人类自身有关的各种问题，为创造人类良好的生存条件服务。

在远古时代，对人类健康威胁最大的主要是外伤疾病，即人体受到外界的损伤造成组织破坏，因而引起局部或全身疾病最终导致死亡。上古之世，人少而兽多，原始人完全暴露在大自然的风霜雨雪中，与毒蛇猛兽的搏斗以及后来部落间的战争，都会造成各种外伤疾病。譬如咬伤性疾病、刺伤性疾病、颅骨骨折、肱骨干骨折、骨性关节炎等。妇女疾病和小儿疾病，也严重威胁原始人类生存和繁衍。人类接受自然的选择和淘汰，两足直立行走的运动方式在严酷的自然条件下，进行着非常缓慢的适应过程。

两足直立行走，人类以长距离追逐猎物的超强优势战胜了其他动物。然而，两足直立，也带来人类与其他任何动物不同的问题：人的内脏器官是悬挂着的，这就给人带来一些特有的毛病，尤其是易患心血管方面的疾病。这个体质弱点在人类进入信息社会之后表现得更明显。随着社会的发展，科技的进步，文化的提高，营养的变化，人类的体质在弱化，有缺陷体质的人越来越多。医疗技术的提高，使人类的出生存活率大为提高，从以前按自然淘汰规律必然降临的死神手中夺回大批先天不足的婴儿；战争、生产、车祸，以及各种化学产品的使用，也导致大批残疾人……发达的医疗卫生事业，保证了他们的生存权利，为残障者提供社会福利，是人道主义的正确选择。轮椅、假肢、助听器……甚至大量的近视眼也可以用激光手术矫正，给体质缺陷者带来莫大的福音。但是，人类的终极目标并不是制造越来越多的缺陷，而是追求从个体到类的不断完善。

追求健康，体现了人类对自身的终极关怀。医学，从某种意义上讲，体现了人类维护体质健康的手段的非自然化。与医疗卫生相比，同样具有更加积极的意义。体育是追寻健康的积极方式。当今，特别是未来还有一些社会问题必须依靠体育事业和医疗卫生事业共同努力，才能得到圆满解决。例如，提高人口质量问题；在全世界减小发病率、死亡率问题；健康促进问题等。体育学与医学的对象都是人，体育与医疗卫生事业两者的基本目标都是增进人的健康。随着现代科学技术在两者不断渗透，两门学科体系不断通过原理的推广、方法的发展、研究对象的深化以及相互转移，体育和医疗卫生在实现“人人享有健康”这一目标的进程中，很可能在体制上出现根本的变化，产生一个有机互补的综合体，从而使体育和医疗卫生事业为人类的文明做出更大的贡献。

（二）体育是促进健康最有益的方式

体育较之人类的其他保健事业更为积极的意义是：体育是节约能源的，或者是说可以更合理地使用资源来促进健康。

促进健康，只能在生活中大力提倡体力活动，大量应用人力于休闲娱乐之中以减少不可再生资源的消耗，这只有用体育的方式才能推行，只有用健康的魅力才能吸引人。用人的肌肉力量代替部分能源和机器，既锻炼身体又经济实惠，何乐而不为？从这个意义上说，体育是追寻健康的最有益的方式。

大约 1 万年以前，人类开始了农业经济，烧草毁林，垦荒耕种，逐步向自然界索取，开始改变生态系统的原始平衡，但自己的身体仍然处于一个自然适应的合理界限之内。18 世纪以后，人类的生产活动从农业经济发展为工业经济，机器的使用和煤与石油能源的开发使人类的生产力大大提高，掠夺和破坏自然界的能力也大大增强，从而破坏了生态平衡，形成环境蜕化，人和自然的和谐关系宣告终结。为了对应大自然向人类身体施行的报复，人类积极推行体育活动，使之成为维护健康的最大规模的文化教育活动。20 世纪 70 年代以后，西方发达国家进入后工业社会，促使人们对自己的身体和生存环境进行重新思考。随着高科技使用不当会给生态环境带来灾难性的后果，人类必须与自然和解，通过保护包括自己身体在内的生态环境来恢复自然平衡。

万物不可用其极，人类对自己的身体也不可用其极。大自然需要生态平衡，人类自身也需要生态平衡，人类的身体也需要“环保”。除了极少数人在高水平竞技运动中去冲击人体生物极限，绝大多数人的最佳途径是投身到全民健身运动中，维持少数人竞技和多数人健身之间的协调。

体育人类学特别关注文明发展给人类体质带来的负面后果，促进人类的体质健康与社会文化的同步发展。未来体育的可持续发展，需要借鉴生态人类学的理论，应该是绿色的、生态的。

（三）体育是促进健康最有趣的方式

身体运动量的减少与观赏时间的增加，是现实矛盾。运动场上极少数需要休息的选手在超强度运动，而越来越多需要运动的人却坐在看台上或电视前。竞技的高层面，似乎离体育越来越远。当社会已经迈进强制性体育向自娱性体育的过渡时期，后工业社会、信息社会导致人类个性差异化的体育需求，体育活动越来越丰富，只能以其自身的魅力来吸引人们。

从某种意义上讲，体育即娱乐。体育无“乐”，就没有生命力。

体育作为追寻健康的最有趣的方式，其娱乐效果的产生来自运动方式的游戏本质。游戏，是业余的娱乐，通俗的说法就是玩。体育运动中游戏因素的体现，表明其不可或缺的娱乐性。游戏，反映出运动的文化学意义。缺乏游戏因素的运动形式，是没有生命力的。

从某种意义上讲，体育活动是有组织有目的的游戏，相当多的竞技项目从简单的民间游戏发展而来，由英文单词 play-game-sport 的演变也可表明，指在户外靠体力进行的充满欢乐的活动。国外把篮球、足球等视为游戏，甚至连四年一度的规模宏大的奥林匹克运动会，也具有浓烈的游戏意味。正是这种游戏意味，使体育运动具有一定的审美价值。而运动的游戏和竞技特征，不仅使体育性质的运动形式与其他身体活动形式区别开来，还在增添体育运动的审美价值方面发挥着主要作用。

体育的游戏特点，其含义是“离开工作”，通过一些令人愉快的身体活动来化解日常生活的压力，游戏和娱乐的因素始终贯穿于体育之中。在现代社会里，丰富多彩的运动形式将去扩展人们的生活空间，提供各种有趣的体验。

由于社会本身提供了越来越多的自由时间，休闲时代的娱乐问题将日益成为生活方式构成的重要基础。随着人类劳动时间继续下降，为众人所喜爱的消遣、爱好、游戏、运动和娱乐的项目日新月异，人类将主要在休闲时间里从事体育活动，体育内容将加速生活化，成为整个生活方式的有机构成。

体育人类学的研究认为，在 21 世纪休闲时代来临之际，民族体育特别是东方的民族传统体育活动将重新显现其价值。当后现代理论批判工业化带来的种种弊端，使回归自然、恢复生态的观念得到越来越多的共识，东方传统体育的养生自修、悠闲游乐的特色将会给世界体育文化带来积极影响。在中国民间，千百年来流传着许多传统游戏，比如摔跤、拔河、跳绳、踢毽、放风筝、龙舟竞渡等，还有一部分如杠子、皮条、空竹、高跷、旱船、舞龙舞狮等已衍化为民族节庆表演中脍炙人口的传统节目。这些渗透着东方文明的运动项目丰富而有趣，具有游戏特点和娱乐价值，将成为未来体育活动中广泛采用的特殊而有效的手段和方法。

人类满足基本生存的物质需求是很有限的，而满足快乐享受的需求却几乎是无限的。在 21 世纪，体育将以培养人类健康身体的方式来提供快乐，努力保持人类作为一个生物物种的生存活力。

健康，体现着人类对自身前途和命运的终极关怀；体育，是体现这种终极关怀的最佳执行者。体育人类学为实施终极关怀提供理论依据，把健康作为新时期体育的目标。

追寻健康，其价值观包括个体身心的健康、社会的健康、人类文明的健康。健康的概念将因人类认识的发展而从生物学意义扩展到人文价值判断。中国体育随着社会的和谐进步，必然以健康作为新目标，遵循“分享运动”的发展导向。站在全人类发展的高度，提供日益绚丽多彩的身体运动方式以源源不断生产健康，未来的体育将是最积极、最有益和最愉快的途径。

这是体育人类学的结论。

参考书目

1. 邵象清：《人体测量手册》，上海辞书出版社，1985 年。

2. 胡小明：《民族体育集锦》，四川民族出版社，1989 年。

3. 胡小明：《体育人类学》，广东人民出版社，1999 年。

4. 胡小明：《民族体育》，广西师范大学出版社，2000 年。

5. 胡小明：《体育人类学》，高等教育出版社，2005 年。

6. 席焕久：《体育人类学》，北京体育大学出版社，2001 年。

7. 黄淑娉等：《文化人类学理论方法研究》，广东高等教育出版社，1996 年。

8. ［美］威廉·A. 哈维兰：《当代人类学》，上海人民出版社，1987 年。

9. ［美］R. M. 基辛：《文化·社会·个人》，辽宁人民出版社，1988 年。

10. ［美］F. 普洛洛：《文化演进与人类行为》，辽宁人民出版社，1988 年。

11. ［美］C. 恩伯 & M. 恩伯：《文化的变异》，辽宁人民出版社，1988 年。

12. ［苏］罗金斯基 & 列夫：《人类学》，警官教育出版社，1993 年。

13. ［美］查尔斯·威尼克：《人类学辞典》，上海辞书出版社，1991 年。

14. ［美］理查德·利基：《人类的起源》，上海科学技术出版社，1995 年。

15. ［美］哈肯·史密斯：《西洋体育史》，台湾黎明文化事业股份有限公司，1971 年。

16. (Leisure and Human Behavior, Gene Bammel & Lane Burrus-Bammel 原著)，涂淑芳译：《休闲与人类行为桂冠前程规划系列从书》，1996 年。

17. ［美］Kendall Blanchard & Alyce Tayce Cheska. The Anthropology of Sport An Introduction, 1985; Kendall Blanchard. The Anthropology of Sport An Introduction (A Revised Edition), 1995 年。

18. ［美］Robert R. sands. Anthropology sport, and culture, ISBN 0 - 89789 - 599 - 1, 1999 年。

19. Robert R. Sands, Ginn Pr. Sport and Culture at Play in the Fields of Anthropology, 2002 年。

20. 庄孔韶主编:《人类学通论》, 山西教育出版社, 2003 年。

21. 吴汝康:《古人类学》, 文物出版社, 1989 年。

后记一

致《乡野体育——体育人类学理论和实践》一书出版

我夫胡小明远渡美国访问学习，并在国内较早从事体育人类学理论与方法的学科建设。2005年身患重疾，亦坚持不懈地写作和完善体育人类学相关理论，他念念不忘地追求进一步完善学科理论，同时思考在实践过程中检验体育人类学理论方法的实证运用。

2008年小明大病初愈，6月即刻前往贵州开展长达一个月的体育人类学田野实证调查，在杨世如、张云生（台江县政协文史办主任）、熊根东（施洞镇副书记）的陪同下，共同完成对“苗族独木龙舟节日竞渡”的体育人类学田野工作预调查，为组织2009年首次中国体育人类学学科田野调查工作——华南师范大学、贵州民族大学两校开展“苗族独木龙舟节日竞渡”联合实证调查奠定基础。

2010年小明就为两校共享体育人类学全新成果，收集该学科最新研究进展相关资料和信息，寄予杨世如尽早出版《乡野体育——体育人类学理论和实践》一书，记录体育人类学发展的又一新路程。

国际、国内人类学田野工作先驱，既有调查人无穷尽的传奇。马林诺夫斯基无意间驻留荒岛的成果《西太平洋上的航海者》；我国人类学先驱费孝通老先生在广西开展田野调查痛失娇妻，一部《江村经济》以告慰亡灵；时光流逝，小明在与病魔抗争中离开了我们，昔日他们那些跋山涉水、浪迹乡野、走村串寨的田野苦乐得以我国体育人类学首次田野调查成果形式发表，是以告慰他在天之灵。

我谨致《乡野体育——体育人类学理论和实践》一书出版，同时寄希望于小明的学生、弟子在小明热爱和从事的体育美学、体育人类学、体育休闲学、民族体育等学科领域取得更多、更前沿、更有学术价值的成果。

胡小明妻： 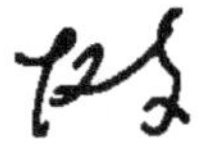

2015 年 5 月 19 日

后记二

谨以《乡野体育——体育人类学理论和实践》发行怀念导师胡小明

2014 年 5 月 30 日正午时分，正在驾车前往昆明的高速公路上，胡门师兄弟短信和电话频传，告知当日 13 时 10 分，中国体育人文社会学学科之巨匠——华南师范大学体育科学学院博士生导师胡小明教授离开人世，告别了他创建的中国体育美学、体育人类学学科与他热爱的体育休闲学、民族传统体育学、体育社会学、体育经济学、体育伦理学事业。巨星陨落胡门悲伤，中国体育学界痛失良师。

2008年伊始，我拨通了从未谋面的胡小明导师的电话，申请他接受我为民族体育方向国内高级访问学者。“我身体不好，刚刚出院，学校领导对我的关怀，安排我带几个博士生以减轻工作压力。”胡老师回答。在与导师通话之前，仅简略了解到他大病初愈，同时是我国民族体育的领军人物级别的学者，仅此而已。“我到乡下去看苗族独木龙舟节日竞赛好多年，热闹，每次看完后很兴奋，可是回到家又不知道是什么让我激动，第二年又去……”我回答。思想敏锐的他话锋急转，“如果你能够申请你们学校同意3月份入学（他的研究生课程安排在每年3~5月授课），可以来参加学院研究生课程的旁听学习。”他回答。直到2009年我们首次完成中国体育人类学两校联合实证田野调查工作，以及随后7月底在云南大学举办的《国际人类学与民族学联合会第16届世界大会》——“体育人类学专题会”结束时导师关于文化人类学、语言人类学、体质人类学和田野调查（民族志式调查报告）之间的关系与当今发展中的中国体育人类学的讲解①后，恍然顿悟，贵州众多的民族民间竞技、游戏和节日欢娱活动中备受众人关注的“苗族独木龙舟节日竞渡”正是他渴望已久用以验证体育人类学理论和方法的最佳田野之一。

2008年3月开始华南师范大学体育科学学院为期一年的访问学习。期间来自广东、广西、福建、云南、贵州等地众多体育人文社会学学科访问学者。每周我们能参加和旁听一两次的讲座或论坛，这样的座谈学习机会在贵州算是天文数字；硕士、博士研究生课程旁听包罗万象，华南师范大学体育人文社会学学科众多泰斗们开设的研究生课程、主题讨论会、开题报告会、论文答辩会等。信息广泛，如何确定研究方向不知所云，一学期中能与导师交流的就是每周晚上2小时的“胡说体育”②。脑袋里装的民族体育，已经被丰富的体育人文社会学前言学科信息搅得一塌糊涂，满脑子糨糊比喻亦如是也。

2008年6月12日胡小明教授、谭华教授一行抵达贵阳机场，6月13日在贵州民族学院开设体育人文社会学学科讲座。“爽爽的贵阳、秀美花溪”给两位博士生导师留下深刻印象，“听虫鸣入睡，闻鸟欢起舞”适宜的气候，难得

① 倪依克、胡小明：《发展中的中国体育人类学——国际人类学与民族学联合会第16届世界大会体育人类学专题会议述评》，《体育科学》，2009年第10期。

② 胡小明说体育课件的简称。另外广州天气热，他的研究生课程安排在晚上。

清闲。随后我与胡老师开始了黔东南苗族独木龙舟节日竞渡的预调查，调查期为6月21日至7月2日结束。

苗族独木龙舟节日竞渡田野工作预调查：苗族独木龙舟节日竞渡活动世界独有，仅存在于贵州省黔东南苗族侗族自治州台江县、施秉县辖区清水江与巴拉河流域38个苗族（下游苗）自然村寨。

2008年农历五月18日至28日，在时任政协台江县文史办主任张云生和施洞镇副书记熊根东的陪伴下，我们开始实施苗族独木龙舟节日竞渡预调查。

调查内容：环境器物调查，民俗调查（宗教、禁忌），龙舟协会成员、参赛队伍调查，赛事赛会和竞赛组织调查，起源和竞赛文化调查，体质人类学调查（赛事人员体质测量）。

调查方法：调查前期体育人类学的询问准备；实证调查选题；田野资料收集（参与性观察、深度访谈）的体育人类学记录；体质测量数据收集；图片资料与器材使用技巧；最终民族志式的调查报告。

预调查体会：苗族好客，嗜酒，喜酸、辣、腌制食品；性格：坚守传统民俗习惯，固执、倔强、好斗。

体质测量工作体会：受当地文化习俗、戒备心理和各种情绪的影响，许多竞舟选手拒绝测试，通过政协台江县文史办张云生主任、施洞镇独木龙舟协会主席刘诗龙和台江县中学学生潘成成等大量解释工作并亲自参与测试完成数据收集，再次对他们的帮助表示感谢。

苗族独木龙舟节日竞渡田野工作联合调查：2009年6月12~22日华南师范大学体育科学学院和贵州民族学院体育学院组成联合调查队①，对“黔东南苗族独木龙舟节日竞渡”进行了体育人类学的田野实证调查。这也是我国首次体育人类学理论运用于田野调查的实证检验工作。

参加人员：来自华南师范大学的教授、博士、硕士研究生；广州体学院教授；香港体适能总会成员；贵州民族学院教授、副教授、硕士研究生等17人以及中国《体育科学》、《体育与科学》的主编和编辑②。

---

① 调查队成员见《黔东南苗族独木龙舟田野调查——体育人类学的实证研究（一）》中的19名作者，《体育学刊》，2009年第12期。

② 同上。

成果：2009 年两校联合调查组，是在系统地运用体育人类学理论为指导的前提下，运用“田野工作”（fieldwork）方法，采集最原始、最可靠、最真实、最基本的第一手资料为本次科学研究的基础。坚持实行参与性观察的深度访谈，不主观引导和文字问卷填写方式的干预被调查者的行为，以求获得的调查资料更为翔实，具有在世界范围内通行的认可度。尽可能多地在 2008 年预调查的基础上实地开展采集少数民族“小样本”的身体机能、形态测量等体质测量和评价数据的复查工作。对“民族传统体育”项目 11 天的田野实证调查研究工作有目的、有任务、有分工、有协调的实施。

我国首次体育人类学田野实证调查研究，取得了被誉为“21 世纪最重要的体育学论文”《黔东南苗族独木龙舟田野调查——体育人类学的实证研究（一）》① 成果，以及《独木龙舟的文化解析——体育人类学的实证研究（二）》②、《苗族独木龙舟竞渡的体质人类学分析》③、《苗族独木龙舟原始竞技的体育文化遗产界定》④、《体育人类学“田野工作”运用实践》⑤、《原始礼仪竞技的体育人类学研究》⑥ 等涵盖少数民族节日竞赛的体育性质；田野工作结束后民族志式的《调查报告》；体质人类学的应用分析；带有身体竞技活动的文化人类学的实证研究；遵照联合国教科文组织《国际传统运动与竞赛项目宪章》对民族体育项目进行体育遗产界定和涉及体育项目的传承保护与非物质文化遗产研究等系列成果。

良师：老师年幼经历“文化大革命”时期坎坎坷坷。他博览群书、自学成才（电大文凭）、勤奋博学、无师自通。134 篇论文、28 部著作、15 项省级以上课题、海外发表论文 7 篇，开创中国体育美学、体育人类学学科。高屋建瓴地引领中国体育人文社会学学科发展的新视觉，在中国体育学界留下良好的口碑。

---

① 《黔东南苗族独木龙舟田野调查——体育人类学的实证研究（一）》，《体育学刊》，2009 年第 12 期。

② 《独木龙舟的文化解析——体育人类学的实证研究（二）》，《体育学刊》，2010 年第 1 期。

③ 《苗族独木龙舟竞渡的体质人类学分析》，《体育科学》，2009 年（第 29 卷）第 7 期。

④ 《苗族独木龙舟原始竞技的体育文化遗产界定》，《体育学刊》，2010 年（第 17 卷）第 8 期。

⑤ 《体育人类学“田野工作”运用实践》，《贵州民族研究》，2009 年（第 29 卷总第 130 期）。

⑥ 《原始礼仪竞技的体育人类学研究》，《贵州民族研究》，2010 年第 5 期（第 31 卷总第 135 期）。

2008年的预调查工作结束返校，开始酝酿2009年的正式体育人类学实证调查准备，准备工作中与导师的交流逐渐频繁。周末的郊游、傍晚时分散步、闲暇时的漫步、水塘旁的垂钓等，在不经意间成了我向导师学习体育人类学的第二课堂。拓展民族传统体育赖以生存的理论空间①，解决了我心中民族体育与体育人类学关系的认识。

“学无捷径、重在耕耘”。在我访问学习期间，身为在职人员的访问学者，学期一年，学习时间和机会有限。如何利用导师的学术地位和在学界的影响，解决我职称评审。通过老师推荐发表文章！成为初期访问学习的想法之一。第一次拿出初稿，沾沾自喜，还没有回过神来，邮箱中老师的修改意见从根本否定了文章的发表意义。一个字——改！一个月、三个月、半年，反复再反复。一年的学习结束，没有一篇成果发表。“学无捷径、重在耕耘”是他的治学理念，“耕耘”首先是阅读。阅读什么？如何阅读？是每一次同学聚会交流必不可少的话题。其次在“耕耘”中完成个人能力培养。在学科“耕耘”中提高阅读能力、书写能力、创新思维方式、信息采集能力、分析问题能力；生活中人际交往能力……老师在2010年3月到2014年3月间发表学术论文28篇，他用勤劳的“耕耘”证实了他的治学理念。导师的每一位硕士生、博士生、访问学者皆以他“甘为孺子牛”的精神为榜样和自豪。

体育人类学实证：2009年导师设计的体育人类学走出书斋迈向田野的时代即将到来。如何培养学生的实证调研技能。“黔东南独木龙舟节日竞渡调查”是理想的试验田。从“人类学的询问与记录”② 的阅读，到体质人类学、文化人类学、社会人类学、物质（非物质）文化遗产、影视图像人类学等调查实践中的细节观察与收集方法；参与性观察法之深度访谈，以获取具有国际认同的、最原始的第一手资料。实证调查技能的培养是运用他多年在川藏地区的调查经验的具体传授。其中，如何区分调查区域少数民族与汉族交汇地区中两者的文化特征；如何识别少数民族原始文化遗存现状；如何利用简易器材完成体育人类学的询问与记录；如何整理最具有实证价值的而不加以

---

① 胡小明：《拓展民族传统体育赖以生存的理论空间》，《体育学刊》，2003年5期。

② 英国皇家人类学会编订，周云水、许绍明、谭青松等译：《人类学的询问与记录》，国际炎黄文化出版社，2009年第2版。

人为臆断的调查报告；影视人类学器材的使用技巧等。探索少数民族传统节庆多以年为周期，节日时间基本固定，活动时间不长等特征和条件下，实现短周期完成体育人类学实证调查工作中调查准备的完善，避免重复调查和实现调查回访的验证。2008 年我们实施的“苗族独木龙舟节日竞渡”预调查结束后，体育人类学走出书斋迈向田野的计划他信心满满。

我是幸运的学生。每逢聚会，导师总是提前通知我做好准备一同前往，同学们大多不知其然。从师生情谊发展到无话不谈的良师益友之秘密，其中的媒介还是“田野”。其一，贵州有丰富的少数民族传统体育项目适合田野。其二，每次组织实施田野工作计划时有我在身边，学问以外之繁杂琐事都不影响或者不会打乱他运筹帷幄、统领全局地完成实证调查计划的实施。

“田野工作”实证调查能力培养。从原始资料的采集、参考文献的阅读整理、统计数据的加工和运算、图标表格的制作、研究现状和代表性引用文献

到阅读与实践。“学无捷径、重在耕耘”实证调查能力如斯是也。

2009 年《国际人类学/民族学联合会第十六届世界大会》“体育人类学分会”上华南师范大学体育科学学院与贵州民族学院体育学院联合调查组建设性的成果得到充分展示，促进了贵州体育人文社会学研究成果在国际国内学术交流中的影响。体育人文社会学、民族传统体育学者在面对贵州 18 个世居民族庞大的体育类非物质文化遗产数量和民族传统体育项目繁多、田野广阔、有待挖掘的事实，体育人文社会学、民族传统体育学科在贵州必将迎来蓬勃发展的明天。

感谢贵州省民族和宗教事务委员会为保护贵州世居民族传统体育的大力支持，今借贵州民族大学民族学博士点建设和即将迎来学校体育人类学学科建设之契机。谨以此书纪念我们伟大的导师胡小明先生。

杨世如

2014 年 11 月 23 日于宅吉